世界的扬州·文化遗产丛书

风从四方来
——扬州对外交往史

韦明铧 著

东南大学出版社

图书在版编目（CIP）数据

风从四方来：扬州对外交往史/韦明铧著. —南京：东南大学出版社，2014.5
（世界的扬州·文化遗产丛书）
ISBN 978-7-5641-4866-9

Ⅰ.①风… Ⅱ.①韦… Ⅲ.①中外关系—文化交流—文化史 Ⅳ.①K295.33

中国版本图书馆CIP数据核字（2014）第072773号

书　　名	风从四方来
	——扬州对外交往史
出版发行	东南大学出版社
社　　址	南京市四牌楼2号　　邮　编：210096
出 版 人	江建中
责任编辑	戴　丽　杨　凡
网　　址	http://www.seupress.com
印　　刷	利丰雅高印刷（深圳）有限公司
开　　本	960mm×650mm　1/16　印张：19.75　字数：272千字
版　　次	2014年5月第1版
印　　次	2014年5月第1次印刷
书　　号	ISBN 978-7-5641-4866-9
定　　价	68.00元
经　　销	全国各地新华书店
发行热线	025-83791830

本社图书若有印装质量问题，请直接与营销部联系。电话（传真）：025-83791830

世界的扬州·文化遗产丛书
风从四方来 —— 扬州对外交往史

总　　编：董玉海
主　　编：冬　冰
副 主 编：刘马根　徐国兵　姜师立　刘德广

组织编撰机构：
　　江苏省扬州市文物局（扬州市申报世界文化遗产办公室）

执行主编：谢青桐　刘尚杰　徐　亮
著　　者：韦明铧

序

郭旃　国际古迹遗址理事会（ICOMOS）副主席

满怀欣喜祝贺《世界的扬州·文化遗产丛书》成书，发行。

关于扬州，古往今来，不知有多少记录和描述。

这次，史无前例的，是在世界遗产的语境中，从全人类文明史发展进程的角度和高度，对扬州所可能具有的世界价值进行新的探讨；是对扬州的过去和现在广泛、深刻的再发现，再认识；是在吸收新的考古发现和研究成果的扎实基础上，梳理和依据确凿的事实和深邃的内涵，进一步发掘、升华和弘扬她的历史成就和当代意义；也是对扬州文化遗产保护新的全面推动、引导、促进、加强和发展；并将影响到扬州以外相关的方方面面。

世界范围的对比，是彰显一个文化、一处文化遗产组合的特质、意义和价值最令人信服的一种途径和方式。

千百年来，不同文化、不同族群、不同地域之间的和平交流和融合，始终是促进人类文明整体进步和繁荣最重要、最明显、最富有成效、不可或缺的因素之一。海上丝绸之路因而受到了联合国教科文组织一致、高度的重视；也因而，有了上个世纪80年代末、90年代初来自全球的学者和政府代表对丝绸之路的国际联合考察盛举。

扬州不仅在海上丝绸之路中熠熠生辉，而且牵挂着陆地丝绸之路的远行……

运河作为人类文明交流、沟通的动脉，是人类历史上最伟大的工程和创造。其对文明社会发展的保障和贡献，犹如循环往复、融会交流的大动脉；在古代社会，其作用和意义更是无与伦比。

国际公认，中国的大运河无疑是运河中最伟大的一个。无论悠远的过去，还是磅礴的现在，中国大运河对于人类文明进步的影响和作用，都值得全世界赞叹和借鉴。

有国际同行深思和探问，可以看出，西方很多运河都体现出中国运河的古老技术和成就。但是，无论是已经被列入《世界遗产名录》的，还是那些其他的运河，迟于中国运河千余年的她们，是何时，经过何种途径、方式和过程，实现了跨世纪的引进和移植，还是一个谜。

而无论这个千古之谜的答案会有多少，可以肯定的是，和大运河的初创与发展始终密不可分的最著名城市扬州的千年风流，都会是谜底中一幅华丽的篇章。

也有哲人讲，作为人类最杰出成就之一的大运河对于沿岸历朝历代的人民来说，"不是生母，就是乳娘"。作为不同经济、文化发展区域结合点和特殊地理、水域汇合处的扬州，在运河初创和形成过程中的关键地位和作用，和她伴随运河而促生、延续与蓬勃扩展的繁荣，使得她无论在城市格局、建筑、规模、风貌，还是在融汇北雄南秀的综合文化内涵与人文气质，乃至政治经济地位和影响力等各个方面，都独占运河城市的鳌头。以至有国际同仁感叹，世界上再也找不出哪座城市，如扬州般与世间一条最伟大的运河如此相辅相成，造就如此的人间昌盛和永恒。哪怕是驰名的运河城市——荷兰的阿姆斯特丹。

说到扬州融汇的"北雄南秀"，还会想到她历史上特有的庞大的盐商群体、盐商文化，可追溯到战争与和平的瘦西湖，那独具一格的扬州园林，以及这一切关联着的社会政治经济制度和变迁。

世界遗产事业作为人类深层次、高水平、多维度大环保事业和人类可持续发展战略的一部分，不分民族、地域、国度、政体，受到普世的关注、重视、支持和热情参与，长盛不衰。

扬州丰富的内涵、特色和潜质，给扬州争取世界文化遗产的国际地位带来了极大的优势，但也造成了"纠结"——多样的可能和选择，多种机会，但可能只能优先选一。这体现在本丛书的内容和章节中，分出了几大类：瘦西湖、大运河和海上丝绸之路。

一般单从世界遗产的申报来讲，考虑到世界遗产申报的组合逻辑，及当前世界遗产申报限额制与国家统筹平衡的现实，首先申报与扬州历史城市特征及盐商文化传统密切相关，同时也与运河相呼应的瘦西湖、扬州历史城区和园林，妥善命名，作为一组申报，不失为一种选择。

在这一组合申报成功之后，再在合理调整内容的基础上，分别加入大运河、海上丝绸之路的申报组合，形成或交错形成扬州多重世界遗产的身份，是可行的。

另一种选择，作为大运河最突出典范的运河城市和最关键节点，首先参加大运河的世界遗产联合申报。这无疑在近期排除了再单独申报扬州为世界遗产的选择。但这应当不会削弱扬州整体的文化地位和内在的遗产价值，也不影响未来在海上丝绸之路申报世界遗产时的关联。

海上丝绸之路的世界遗产申报还没有近期的计划和预案。可以肯定的是，一旦行动，扬州必会是其中一个亮点。

扬州申报世界遗产的"纠结"源于她的优势，是一种挑战，但不是负面的问题。相信《世界的扬州·文化遗产丛书》会给我们很多相关的启示，进一步有助于"解题"，更加明确地全面促进和推动相关的研究、保护、解读和展示工作。

最要紧的是，扬州有着深厚的文化底蕴，有着不同凡响深爱着家乡和国家、具有高度文化自觉和文明水准的民众和来自四面八方的拥趸；有着顺应民意、愈来愈重视文化遗产保护与传承的当地政府；还有一支淡泊名利，珍视历史使命和机遇，痴心文化遗产事业，又特别能战斗，求实认真，并日渐成熟的专业队伍。这使得相关的努力与世俗的"文化搭台，经济唱戏"不可同日而语，成果和效应也必然会泾渭分明。《世界的扬州·文化遗产丛书》的编辑出版就是又一次明证。

扬州从来就是一个开放的国际化城市。近几年在文化景观、运河遗产等文化遗产各个领域的国际研讨中，扬州又成了全世界同行的一处汇聚地和动力源。联合国教科文组织倡导的新形势下的"城市历史景观"（HUL）保护，扬州的实践也早就在其中。

全世界庆祝和纪念《保护世界文化与自然遗产公约》40周年的活动还在余音缭绕之际，在中华大地上，《世界的扬州·文化遗产丛书》为世界遗产这一阳光事业又奏响了新的乐章。

是为之序。

2013年2月18日

序：让历史成就未来
——扬州文化遗产概述

顾 风

2007年夏，在时任扬州市长王燕文的倡导下，我们鼓足勇气赴京参加了由国家文物局主持的大运河牵头城市的角逐，并最终如愿以偿。政府破例给了十个全额拨款事业单位的名额，于是招兵买马，网罗人才，筹建大运河联合申遗办公室，开始踏上原本我们并不熟悉的申遗之旅。五年过去了，我们这艘"运河申遗之舟"，涉江湖，过闸坝，绕急弯，正在一步步驶近申遗的目的地。五年之中我们在承担大量行政工作的同时，有机会与不同学术背景的中外专家、高校和科研机构接触、合作，通过环境的熏陶和实践的锻炼，我们这支队伍正在快速地成长进步，成为当下和未来扬州文化遗产保护的生力军。五年当中，我们通过对扬州文化遗产全面的研究梳理，2012年扬州市被列入世界遗产新预备名单的申遗项目已从2006年仅有的"瘦西湖及扬州历史城区"扩展调整为"大运河（联合）、瘦西湖和扬州盐商历史遗迹（独立）、海上丝绸之路（联合）"三项。五年之中，我们另外的一大收获是，通过学习和探索，得以用新的视角对扬州的文化遗产及其价值做出判断和阐释，使我们对扬州这座伟大的城市有了更加清晰、贴近历史真实的深刻认识。

扬州是一座在国内为数不多的通史式城市，她的文化发展史可追溯到6500年前新石器时代中期，在高邮"龙虬庄"文化折射出江淮东部文明的曙光之后，便连绵不绝。进入封建社会以来，更是雄踞东南，繁荣迭现，影响中外。从汉初开始，吴王刘濞凭借境内的铜铁资源、渔盐之利，把吴国建成了东南地区最具影响力的经济文化中心。其后虽有代兴，但终其两汉，广陵的地位未曾动摇和改变。六朝时期，南北割据，战争频仍，作为南朝首都的重要屏障，广陵战略地位的重要性凸显出来，成为兵家必争之地。隋文帝南下灭陈，结束分裂。一统天下后，在扬州设四大行政区之一的扬州大行台，总管南朝故地，扬州成为东南地区政治、经济、文化中心。杨广即位后，开凿大运河贯通南北，连接东西，扬州具有面江、枕淮、临海、跨河的优越交通条件。作为龙兴之地的扬州，顺其自然地跃升为陪都。中唐以前，扬州虽然有着大都督府或都督府的行政地位，但主要还是依靠隋朝历史影响的延续。

"安史之乱"爆发以后，北方广大地区遭受了严重破坏；北方人口躲避战乱，大量南迁；唐王朝依赖东南地区粮食和财富；国家的经济结构和布局发生了重大变化，不得不作出相应的调整。扬州成为东南漕运的枢纽和物资集散地，赢得了历史上难得的发展机遇，区位优势得到了整体的发挥。扬州成为长安、洛阳两京之外，全国最大的地方城市和国际商业都会。唐末扬州遭受毁灭性的破坏，此后，通过五代、北宋的修复，依然保持着江淮地区政治、经济、文化中心的地位。进入南宋，淮河成为宋、金分治的界线，而扬州则成了南宋朝廷扼淮控江的战略要地。其城市性质发生了相应的变化，由一座工商繁荣的经济城市逐渐向壁垒森严的军事基地转变。蒙元帝国建立后，对全国行政系统进行了重大改革，行省制度的建立从政治上巩固了国家的统一，加强了中央集权。元代扬州作为江淮行省机关所在地，管辖范围包括今天江苏的大部、安徽省淮河以南地区、浙江全省和江西省的一小部分。作为东南重镇，其政治、经济地位和文化的影响力远在同时的南京、苏州等城市之上。明清扬州作为两淮盐业中心和漕运枢纽仍然保持着持续的繁荣，尤其在文化方面所具有的影响力和号召力并不因为行政地位的下降而有丝毫的动摇和变化。相反，到清代中期，愈发熠熠生辉，光彩照人。扬州的衰落始于盐业经济的衰落；继之于上海、天津等地的开埠，江南铁路铺设，漕运中止，商业资本大量转移。在这些因素的综合作用下，熊熊的火炉渐渐地失去了以往的能量和温度而慢慢地熄灭。失去了历史风采的扬州，最终不得不让位于上海。这座兴盛于汉，鼎盛于唐，繁盛于清，持续保持了两千年繁荣的城市曾经为中国封建社会的发展进步作出过巨大的贡献，也因此经受了无数次的毁灭和重生。

大运河（扬州段） 盘点扬州文化遗产，大运河和扬州城遗址具有举足轻重的分量和特殊的价值。邗沟是中国最早开凿的运河之一，同时也是正式见诸史籍记载的最早的运河。邗沟的开凿为千年之后大运河的开凿起到了重要的示范作用，这是大运河扬州段的价值之一。其二，自春秋以来，扬州段运河的开凿和整治以及城市水系的调整几乎没有停止过。运河在扬州段形成了交通网络和水系，也形成了运河历史的完整序列，扬州段的运河就是一座名副其实的运河博物馆。其三，由于古代扬州优越的地理位置和经济地位，扬州从唐代开始，一直是漕运的枢纽，所以无论是隋开大运河以后，还是元开南北大运河以后，扬州段的地位都极为重要。其四，作为承担历代漕运繁重任务的运河淮扬段在处理与长江、淮河、黄河三大自然水系的诸多矛盾的过程中，在中国这一用水治水的主战场上，集中使用了最先进的治水理念和水工技术。其五，漕运停止了，北方的运河渐渐失去了活力，有的甚至消失得无影无踪。作为今天北煤南运的重要通道，作为南水北调的东线源头，扬州段的运河还呈现着勃勃生机，这种充满活力的状态不仅体现了大运河这个世界运河之母的强大生命力，也是对大运河这一大型线性活态文化遗产价值的有力支撑。

在农耕文明生产力水平十分低下的条件下，古人"举锸如云"，用血肉之躯开凿运河把一座座城镇联系起来，运河的形成又为沿河城镇提供源源不断的能量，让城镇得以成长和兴旺，同时还不断催生出新的城镇，运河不断积累着中华民族的智慧和经验，也不断促进着中国封建社会的繁荣与进步。

尽管运河城市大都有着相似的成长经历,但是扬州城市和运河同生共长的历史和城河互动的发展关系堪称中国运河城市鲜活的杰出范例,同时也体现着扬州文化遗产的特殊价值。大运河孕育了扬州的多元文化,大运河也成就了扬州两千年持续的繁荣。

扬州城遗址(隋—宋) 扬州城遗址面积近20平方公里,是通过专家评审遴选出来,又经国家文物局正式公布的全国100处大遗址之一。把一个联系着城市的前天、昨天和今天的遗址公布为全国重点文物保护单位,它的突出及普遍价值在哪里呢?首先,扬州在文明发展进程中具有历史中心的地位和作用。长期以来作为国家或区域性的政治、经济、文化中心,它的作用和影响长期超越地域范围,是代表国家民族身份的。其次,由于城市东界运河,南临长江,特定的地理环境决定了城市的发展空间和发展模式。扬州城的历史发展变化具有空间和时间上的延续性,有别于长安、洛阳那些具有跨越发展特点的城市,从而成为中国历史城市类型的独特范例。其三,扬州兼有南方城市、运河城市、港口城市的性质,因此,它在城市形态、城市水系、城市交通、建筑风格方面都有着鲜明的特点。其四,曾经作为国际国内的商业都会、对外交往的窗口、漕运的枢纽、物资集散地和手工业生产基地,扬州城遗址蕴藏的文化内涵是极为丰富的。它的考古成果对研究中国城市的发展历史十分重要。其五,城市制度的先进性。作为繁华的经济中心,发达的商业和手工业必然对城市的布局、功能分区有所影响,并在城市制度方面也应有所体现。根据史料记载,唐代扬州是有别于两京,率先打破里坊制,出现开放式街巷体系的城市。扬州热闹的夜市,丰富的夜生活,赢得了中外客商和文人雅士的由衷赞美。扬州城市制度划时代的变革对中国城市产生了深远的影响。其六,正因为扬州城存在着发展空间和时间上的延续性,所以城市遗址是属于层叠形态的。它的物理空间有沿有革,但始终存在着有机的联系。

尽管扬州历史上屡兴屡废，大起大落，但城市的性质是延续的，城市发展规律还是渐变而非突变的。

明清古城 明清古城位于扬州城遗址的东南部，面积仅有5.09平方公里，属于全国重点文物保护单位扬州城遗址的重要组成部分。作为扬州主要的文化遗产，它的价值也是多元的。第一，历史空间和历史风貌。作为明清时代扬州的主城区，它是在元末战争结束之后，当时根据居住人口和经济状况重新规划建设的。但很快随着经济的发展和人口的增加，在城市东部出现了新的建城区，最终在嘉靖年间完成了新城的扩建，形成了新城、旧城的双城格局。明清古城蕴含着城市600年来大量的历史信息，尤其还保存着真实并相对完整的历史风貌和历史空间。第二，复杂而发达的街巷体系。由于商业的繁荣和高密度的居住人口，为不断适应城市生活的需求，交通组织需要作出相应的调整。复杂而发达的街巷体系成为了扬州独特的城市肌理。第三，城市物理空间的组织和利用。城市物理空间的组织利用水平体现了前人的智慧和能力。明代后期扩建新城一定程度上满足了城市功能的需要，缓解了人口居住的压力。但入清以后，随着盐业经济的迅猛发展，大量外地人口的迁入，这一矛盾又凸显出来。由于运河流经城市的东界和南界，建城区的扩张受到空间的制约。解决问题的有效办法只能是提高城市土地和空间的利用率。狭窄的街巷、鳞次栉比的建筑，凝聚着千家万户的智慧。不同的空间，不同的形式，在这里得到了统一；通风采光的共同需求在这里得到了满足。前人这种高度节约化又体现和而不同的城市规划成果，不仅赢得了当今国际规划大师的赞叹，也足以让众多死搬洋教条的规划师们汗颜。第四，建筑风格的多元化和对时尚的引领。扬州从历史上来说就是一个移民的城市，毁灭与重生，逃离和汇聚，在这里交替发生。商业都会的地位、漕运的枢纽、盐商的聚居、各省会馆的设立，带来了安徽、浙江、江西、山西、湖南等不同地域的建筑文化。这些不同的建筑文化在扬州并不是被简单的复制，而是通过交流、融合，在结构、布局、功能分配甚至工艺、材料的运用上都不断创新，最终汇集为外观时尚新颖、内涵丰富多元的扬州地方建筑特色。博采众长、开放包容、和而不同作为扬州文化的主旋律在扬州建筑文化方面表现得十分直观和生动。扬州式样在引领时尚的同时，也不断辐射和影响着周边省市。第五，盐商住宅的独特价值。两淮盐业经济是扬州的传统产业，明清时期盐业成为这座城市赖以生存和发展的支柱产业。由于靠盐业垄断经营，作为两淮盐业中心的扬州，自然成为盐商聚集的首选之地。扬州在唐代就拥有许多以姓氏命名的私家园林，在盐业资本的作用下，盐业经济呈现出畸形繁荣。建造豪宅、庭园成为一时风尚。个性设计、外观宏伟、结构严整、功能齐全、材料讲究、工艺精湛、园亭配套，成为这类建筑的基本特征。现存的这批盐商宅、园既是扬州盐商的生活遗迹，也是曾经对中国经济、文化产生重要影响的扬州盐商的历史符号，更是中国建筑艺术的不朽作品。它们的独特形态和价值有力地支撑了明清古城的风貌和内涵。第六，传统生活方式的延续和传承。尽管扬州一直以来是一个移民城市，来自不同地域的人们从四面八方带来了不同的文化和习俗，加之盐业经济长期以来对城市生活的深刻影响，扬州的城市生活方式本应该是庞杂无序的。恰恰相反，扬州的城市性质和地位让扬州产生了超强的包容性和融合力，海纳百川，终归于一。扬州不仅有自己独特的生活方式和风俗习惯，也有着自己的社会秩序和价值取向。丰富的传统节庆活动，和谐的邻里关系，相近的价值观念和人生态度。这种依附于城市特色物理空间的非物质文化遗产同样承载着城市的历史记忆，凝聚着城市的精神，反映了城市的个性，体现着城市的核心价值。

瘦西湖 瘦西湖历史上称保障河，是扬州文化遗产中的奇葩。它的前身原本是隋唐、五代、宋元、明清不同时代城濠的不同段落。作为城市西郊传统的游览区，对它的开发利用可以追溯到隋代。明清之际，在盐业经济的刺激下，盐商群体追求享乐，在历史景观的基础上，扬州的造园活动形成了新的高潮。这种风气从城市延伸到郊外。不同姓氏的郊外别墅和园林逐渐形成了规模和特色，扬州水上旅游线路正式形成。营造园林的市场需求吸引了国内，主要是江南地区的造园名家和能工巧匠向扬州汇聚；同时，本地的营造技术专业队伍也迅速地成长壮大。入清以后，康熙皇帝多次南巡，两淮巡盐御史营建高旻寺塔湾行宫，给扬州大规模的营造活动增添了政治动力。之后，乾隆皇帝接踵南巡，地方官员依赖盐商的雄厚财力，对亦已形成的盐商郊外别墅园林进行大规模的增建、扩建，并着力整合资源，提升景观品质，完成了以二十四景题名景观为骨干的扬州北郊二十四景，实现了中国古代造园史上最后的辉煌。瘦西湖景观作为文化景观遗产具有以下的价值：

一、景观艺术价值。瘦西湖景观是中国郊外集群式园林的代表作。瘦西湖狭长、曲折、形态丰富的水体空间，园林或大或小，建筑或聚或散，或庄或野，形成带状景观，宛如一幅中国传统的山水画长卷。它是利用人工，因借自然的典范；是利用人工妙造自然的杰作，极具东方艺术特质和审美价值。体现了清代盐商、文人士大夫和能工巧匠师法自然的追求，与自然和谐合一的理想。在这个景观之中，一座座园林，一处处景观像画卷一样徐徐展开，气势连贯，人工与自然天衣无缝地融为一体。

二、历史文化价值。瘦西湖景观经过历代演变，层累的历史记忆，深厚的文化内涵，最终形成了中国景观设计的经典作品。它既是中国文化景观发展史的缩影；代表了清代中期、中国景观艺术的伟大成就；见证了17～18世纪扬州盐业经济的繁荣和对国家经济文化生活的影响；见证了清中期盐商群体与封建帝王、官员和文化人相互依存的特殊社会关系；也见证了财富大量集聚对社会文化振兴和城市建设发展的特殊贡献。

三、体现人和自然和谐互动的价值。瘦西湖景观是城市聚落营建与水体利用充分结合的杰出范例。它在形成和发展过程中始终兼具城防、交通、生态、游赏等多种功能，与城市发展和人居环境存在着紧密的联系。同时，它在不同阶段功能各有侧重，生动地体现了人与自然和谐互动的关系。

四、瘦西湖景观折射出现世性价值取向。瘦西湖景观体现了造园者和文人雅士模仿自然、寄托理想、营造精神家园的共同追求；也反映了前人对山水的热爱，对自然的尊崇和美的认知。2000多年来，扬州饱经战争的浩劫，战争的残酷成了这座城市痛苦悲摧、挥之不去的集体记忆。在和平的年代里，在繁华的现实中，人们追求及时行乐，注重感官享受，崇尚现世幸福，在城市的文化精神和价值取向上呈现出显著的现世性特征。这种现世性价值取向也深刻地影响了扬州景观的审美取向和使用功能。与东晋诗人谢灵运开辟的以寻求自然与隐逸、体现"人"的主体性为特征的中国文人的山水审美相比，瘦西湖景观则具有浓重的世俗社会色彩、大众文化情趣，呈现出更加鲜活的生命力。

五、瘦西湖景观诠释了战争与和平。扬州自古以来就是兵家必争之地。城濠是城市防御系统的基本设施。战争对城市的毁灭性破坏，城市政治、经济地位的变化都会对城市产生重大影响。因为城市的变迁，废弃了的城濠成为了城市变化的历史记录。能否化腐朽为神奇，考验着古代扬州人的智慧。饱受战争之苦的扬州人民把对战争的厌恶憎恨和对和平美好生活的向往追求的情感投向了这些水体和岸线；用千年的热情，持续的努力，把它改造成充满生活情趣和自然之美的景观带和风景区。化干戈为玉帛，瘦西湖成为战争与和平的矛盾统一体，瘦西湖风景区的前世今生，向全世界诠释了一部战争与和平的动人故事。

海上丝绸之路遗产　扬州是陆上丝绸之路与海上丝绸之路的连接点，它与海外的交通可以追溯到西汉时期。唐代扬州成为名闻遐迩的国际商业都会，又是中国的四大港之一。它不仅与东北亚的暹罗、日本有着频繁的联系，而且与东南亚、南亚、西亚、东非有着贸易的往来。大量西亚陶瓷的出土，印证了史籍上关于扬州有着大食、波斯人居留的记载；城市遗址发现的贸易陶瓷其品类与上述地区9、10世纪繁荣的港市出土的中国陶瓷有着惊人的一致性；印尼爪哇岛"黑色号"沉船打捞出6万多件瓷器和带有"扬州扬子江心镜"铭文的铜镜；扬州港作为中国最早、最重要的贸易陶瓷外销港口，"陶瓷之路"起点的地位和作用越来越清晰；成功派遣到大陆13次的日本遣唐使节，其中有9次是经停扬州的；鉴真东渡，崔致远仕唐，商胡贸易这些文化交流事件影响至今。南宋以来特别到元代，是扬州中外交流另一个重要的历史时期。穆罕默德裔孙普哈丁在扬州建造仙鹤寺传播伊斯兰教，最后埋骨运河边；一批阿拉伯文墓碑和意大利文墓碑出土；基督徒也里可温墓碑的发现；加之，著名旅行家马可·波罗、鄂多立克、伊本·白图泰等人在扬州的行迹证明侨寄扬州的外国人不但数量多，且来源广泛。道教、佛教、伊斯兰教、基督教并存的状况反映了扬州国际化的提升和文化交流的成果。

"海上丝绸之路"属于文化线路遗产。从公元前2世纪开始到公元17世纪，扬州作为中国对外经济文化交流的重要窗口，一直发挥着作用，但它的突出历史地位是在唐代，重点在公元8、9世纪的中晚唐时期。由于历代战争的严重破坏、城市的变迁、长江岸线的位移变化，扬州与海上丝绸之路相关的文化遗产已经很少，除了扬州城遗址（隋—宋）以外，直接相关的遗产点有大明寺、仙鹤寺、普哈丁墓园等。幸好还有扬州城遗址不断出土的考古资料做支撑，大量史籍记载作证明。

扬州海上丝绸之路文化遗产价值主要体现在这几个方面：

一、对佛教文化的东传的贡献。扬州自东晋、南朝以来，就是与朝鲜半岛进行政治文化交流的主要城市之一，也是佛教东传的重要节点。特别是作为新罗使节、日本遣唐使、留学生、留学僧登陆、经停的主要城市，扬州不仅具有特殊的经济地位，同时也是佛教传播的重点区域，它在佛教东传过程中的桥梁作用是独一无二的。鉴真东渡作为佛教东传过程中的重大历史事件，其在文化交流史上的意义超出了宗教本身。

二、在伊斯兰教传播过程中的作用。早在伊斯兰教创立之前，扬州就有大食、波斯人的踪迹和祆教的活动。伊斯兰教创立不久，从海上丝绸之路到达扬州的大食、波斯及东南亚地区的人越来越多，扬州成为他们在中国经商贸易的基地和传播宗教的场所。这种传播活动在唐以后，又形成了新的高潮。伊斯兰教的传入，丰富了中华文化的内涵，体现了中华文明多元并蓄、包容一体的特点。

三、见证了海上丝绸之路带来的繁荣。唐代扬州不仅是国内最大的商业、手工业中心，也是中外商品十分齐全、闻名世界的国际市场，当时它在世界上的知名度和影响力如同今天的纽约、巴黎、伦敦、上海一般。大食、波斯、东南亚地区的商人带来珠宝、香料、药材，运回中国的陶瓷、茶叶、丝绸和纺织品、金属器皿。扬州不仅是本国商人最理想的经商目的地，也吸引着大批国外的商贾聚居于此。就连各地行政机构也在扬州设立办事机构，从事贸易活动。通过海上贸易往来和交流，扬州增进了与世界上不同国家和地区的相互了解，推动了文明的进步，对世界也产生了深远的影响。

四、见证了陶瓷之路的兴盛。古代中国通过海上贸易最大宗的商品不是丝绸而是陶瓷，海上丝绸之路实际上也是海上陶瓷之路。扬州是唐代四大港口中地理位置和经济地位最为重要的港口，也是陶瓷贸易的主要港口。当时南北各地生产外销瓷的主要窑口，如浙江的越窑，江苏的宜兴窑，河北的邢窑、定窑，河南的巩县窑，江西饶州的昌南窑，湖南长沙的铜官窑，广东汕头窑等都把产品运到扬州,再远销东南亚、南亚、西亚,甚至东非。迄今为止,国内还没有哪一个城市遗址出土过数量如此巨大、品种如此丰富的陶瓷实物和标本。扬州的考古成果不仅见证了陶瓷之路的繁荣,也见证了扬州为中国陶瓷走向世界所做的历史贡献。

五、见证了中外文化交流的成果。作为当时中国经济中心的唐代扬州,在中外交流方面既能绽放美丽的花朵,更能结出丰硕的果实;既有量的积累,也有质的提升。中国的建筑艺术、造园艺术、中医中药,包括陶瓷、茶叶以及漆器等各类生活用品通过扬州传播出口到朝鲜半岛、日本、东南亚、南亚、西亚等地。对各个国家各个地区的审美观、价值观,包括生活方式都产生了长远的影响。与此同时,通过扬州这个交流窗口和平台,唐人引进了制糖工艺,改进和提升了金银器加工工艺技术,学会了毡帽等皮革制品的制作。"划戴扬州帽,重薰异国香"成为唐代社会上青年人追求的时尚,扬州毡帽成了炙手可热的畅销品。

长沙铜官窑的窑场主把在扬州市场上获取的经济信息迅速反馈给生产基地。他们通过外国商人了解西亚地区的风土人情、生活习惯、审美要求,甚至在外国商人的直接指导下,对外销产品进行包装、改进,确保适销对路。年轻的长沙窑力压资深的越窑,一跃而成为中国唐代外销瓷的主角。同样,河南巩县窑,在三彩器物的设计、制作上也成功吸引了西亚文化元素。更值得一提的是,由于迎合西亚游牧民族的色彩喜好和风俗习惯,巩县窑还创烧出青花这一外销瓷器新品种,并从扬州出口进行试销。

扬州是一个通史式城市,传统的海上丝绸之路上的重要港口、古代的世界名城。今天我们用世界遗产的视角和标准对其保留的文化遗产进行审视和评估,我们在看到遗产历史跨度大、内涵丰富、具备潜质的综合优势之余,也看到遗产在真实性、完整性方面存在的不足和问题。尽管遗产数量较大、类别众多，但特色不够鲜明，质量不够优秀。扬州如同是一个参加竞技体育比赛的全能运动员，当他在参与每个单项赛事的时候，却没有绝对优势可言。这就需要我们用世界遗产的标准，而不是自订的标准；用文化的眼光，而不是行政的眼光；用敬畏审慎的态度，而不是随心所欲、急功近利的态度；用科学的手段，而不是普通的手段；对扬州现有的主要文化遗产进行深入研究，科学规划，整体保护，不断修复，全面提升，有序利用，合理利用。保护文化遗产是一项系统工程，需要有爱心，有信心，有决心，有耐心，有恒心，坚持不懈地做下去。

回顾新中国成立以来扬州文化遗产保护的不平常的经历，从军管会一号通令开始，历经十几届政府的接力，依靠三代人的努力……在实践过程中，我们有经验、有心得、有贡献，但也有迷惘、痛苦、教训和失败。

扬州的文化遗产保护之路是中国文化遗产保护艰巨历程的缩影，新任扬州市委书记谢正义在总结扬州文化保护经验的时候说到，扬州文化遗产保护之所以取得这样显著的成绩，原因是多方面的。但从政府层面上总结，是因为我们舍弃了一些短期利益，克制了一些开发的欲望，控制了一些发展的冲动，值得中国城市的管理者尤其是历史文化名城的管理者思考和借鉴。

中国是世界文化遗产大国，多元文化内涵、连续发展的历史，创造和形成了富有民族个性特点的灿烂文化和与之相对应的文化遗产。但我们国家的文化遗产保护起步较晚，力量单薄。在砸烂旧世界、创造新世界的口号声中，我们原本饱经战乱、损毁严重的文化遗产更是雪上加霜。此后，又经历"文化大革命"急风暴雨的洗礼。改革开放以后，倡导一切以经济建设为中心，文化遗产保护事业更面临着空前的压力和全新的考验。三十多年的改革开放取得了伟大的成就，但如今需要对我们的发展方式进行反思和调整。唤起文化自觉，以高度的文化自觉来保护民族的文化遗产是时代的新要求、新任务，也是社会主义政治文明和精神文明建设的重要内容。当前，从世界范围看，对文化遗产的态度是衡量一个国家、一个民族、一座城市、一个社会人文明与否的重要标尺。一个不能敬畏自己的历史，不尊重自己文化的民族是可耻的，也是可悲的。乐观地估计，通过经济发展方式的转变、管理考核机制的调整、政府管理者文化遗产保护意识的增强和文化自觉的提升、全社会文明素质的提高，再有十五年至二十年，我们硕果仅存的文化遗产才能度过危险期。

在我们继往开来向更高水平的小康社会迈进的历史发展关键时刻，我们这座具有近3000年历史的城市即将迎来2500年城庆的喜庆日子。对一座城市来说，我们需要继承物质遗产，但更需要积累精神财富，因为精神遗产对城市的作用更久远，更长效。我们申遗办的同仁在日常承担三项繁重申遗任务之余，对近几年的研究成果进行了梳理和筛选，编写出这套文化遗产丛书。它不仅记录了扬州申报世界遗产的足迹，反映了申遗工作的研究成果，同时也寄托了大家对这座伟大城市的深情和敬意。这套丛书也是我们向扬州2500年城庆献上的一份小小的礼物。

回忆过去，展望未来，我们愿同城市的管理者、建设者和全体人民一道，为把这些属于扬州、属于中国、属于全世界的系列文化遗产保护好、利用好作出我们应有的贡献！让历史告诉今天，让历史告诉未来，让历史成就未来！

2013年2月28日

目 录

楔 子

第1章 东渡与西行——走向世界的先驱 …………………………… 007
    一　是为法事 何惜身命——唐代过海大师鉴真 ………………… 007
    二　采药秦人旧有祠——明初使日高僧道彝 ……………………… 014
    三　引进西方科学的先驱——明末扬州推官王徵 ………………… 020
    四　见证钓鱼岛——清朝册封琉球正使汪楫 ……………………… 026
    五　师夷长技以制夷——放眼世界第一人魏源 …………………… 031
    六　从广储门到卢浮宫——旅法画家张玉良 ……………………… 034
    七　自由的骑士——旅欧学人盛成 ………………………………… 038
    八　谁把《扬州十日记》介绍给世界？——翻译家毛如升 ……… 045
    九　中国雷达之父——爱因斯坦的中国助手束星北 ……………… 049
    十　中国童子军代表——扬州中学童子军张敦训与武学深 ……… 052

第2章 留学与布道——来自异国的使者 …………………………… 061
    一　明月不归沉碧海——日本留学生阿倍仲麻吕 ………………… 061
    二　日本的玄奘——日本请益僧圆仁 ……………………………… 067
    三　广陵风月待衔杯——新罗学子崔致远 ………………………… 073
    四　西域先贤——伊斯兰使者普哈丁 ……………………………… 084
    五　架设中西之桥——意大利旅行家马可·波罗 ………………… 089
    六　邗沟美景赖君书——日本遣明使策彦周良 …………………… 104
    七　两淮盐商翘楚——高丽儒商安岐 ……………………………… 107
    八　天使遗爱中华——英国传教士戴德生 ………………………… 114
    九　唐城研究的先行者——日本历史学家安藤更生 ……………… 121
    十　扬州评话之友——俄罗斯汉学家李福清 ……………………… 129

第3章　域中与域外——华夷之间 … 137

一　扬州工 走天下——扬州与世界博览 … 137

二　扬州风 遍天下——扬州与国际交流 … 144

三　近代扬州实业的先行者——扬州与南洋劝业会 … 152

四　商胡离别下扬州——寻找丝绸之路的印迹 … 160

五　外国人眼中的扬州运河 … 168

六　日本人笔下的扬州风物 … 175

七　有朋自远方来 … 180

八　戴安娜访谈记 … 187

第4章　洋务与洋楼——西洋建筑踏访录 … 194

一　从澄碧堂说起 … 194

二　北河下·天主堂 … 196

三　泰州路·神在堂 … 198

四　北柳巷·真道堂 … 201

五　南柳巷·福音堂 … 202

六　皮市街·基督堂 … 203

七　萃园路·礼拜堂 … 205

八　南通路·仁爱楼 … 206

九　国庆路·盐务所 … 208

十　淮海路·稽核所 … 209

十一　大汪边·树人堂 … 212

十二　高桥路·麦粉厂 … 213

十三　新胜街·绿杨旅社 … 216

十四　新胜街·大陆旅社 … 218

十五　南通路·浸会医院 … 219

十六　甘泉路·蒋氏盐号 … 220

十七　广陵路·周氏洋楼 ········· 222
十八　淮海路·王氏憩园 ········· 224
十九　吴道台宅·吴氏小洋楼 ········· 226
二十　寄啸山庄·何氏毓秀楼 ········· 227

第5章　南洋与北溟——《扬州画舫录》的国际视野 ········· 230
  一　扬州清明上河图——《扬州画舫录》品谈 ········· 230
  二　扬州　吴门　秦淮——《扬州画舫录》比较 ········· 240
  三　南洋帆影　北溟驼铃——《扬州画舫录》中的外国 ········· 249
  四　他山之石　可以攻玉——《扬州画舫录》中的舶来品 ········· 260
  五　忽如一夜西风来——《扬州画舫录》中的西洋数学 ········· 280

后　记 ········· 286

楔　子

我这两天在看周有光先生的新书《百岁忆往》。这位一百〇七岁的老人，身经板荡，阅尽沧桑，对人间诸事自有真切的看法。我关注他，还因为他的夫人张允和的母亲陆英是扬州东关街有名的美人。

他的许多观点先得我心。如他说中国的现代化是从晚清开始的，他肯定外国传教士在中国现代化进程中的积极作用。他说："晚清时候，有很多传教士来到中国。他们到中国来当然主要是传教，同时办了许多教会学校。那个时候，中国自己办的学校很少，大学大都是教会学校，没有几个是中国办的。教会学校影响了几代中国人，影响大得不得了。这是一个进步的现象。"他说，教会学校并不勉强学生信教，相反，教会学校培养了无数杰出的人才，林语堂、邹韬奋等都是他在圣约翰大学的同学。他说："基督教传来了好多很好的事情。"他的这些观点，启发我们重新审视和评价同治年间发生的轰动一时的"扬州教案"。

周有光更为鲜明的观点，是认为太平天国比清王朝更为落后。他说："太平天国实际上比清朝还落后。这叫农民革命。古代就讲，不以成败论人。论什么呢？要看它对历史是推进还是拉后的。如果它能够推进，即使打了败仗，也是成功的。如果是落后，打了胜仗也是反动的。"他讥讽道，封建皇帝尚且号称有"王法"，而洪秀全却说"生杀由天子，诸官莫得违"。周有光认为曾国藩是了不起的，理由是"他组织中国知识分子来抵抗落后的太平天国"。他的这些观点与长期以来流行的观点大相径庭，却与马克思主义创始人的观点惊人的一致。

1862年，也即清同治元年，卡尔·马克思用德文写了一篇《中国记事》，发表在当年7月7日的《新闻报》。这篇文章是专论中国太平天国运动的。在这篇文章中，马克思已经不再像前几年那样，对中国的这场农民运动抱有几分欣赏的态度。早在1853年，也即清咸丰三年，马克思曾用英文写过一篇《中国革命和欧洲革命》，发表在当年6月14日的《纽约每日论坛报》。在那篇文章中，马克思这样论及太平天国：

> 中国的连绵不断的起义已经延续了约十年之久，现在汇合成了一场惊心动魄的革命；不管引起这些起义的社会原因是什么，也不管这些原因是通过宗教的、王朝的还是民族的形式表现出来，推动了这次大爆发的毫无疑问是英国的大炮，英国用大炮强迫中国输入名叫鸦片的麻醉剂。满族王朝的声威一遇到英国的枪炮就扫地以尽，天朝帝国万世长存的迷信破了产，野蛮的、闭关自守的、与文明世界隔绝的状态被打破，开始同外界发生联系……

那时的马克思认为，太平天国运动毕竟顺应了闭关锁国的天朝帝国不得不睁开眼睛面向世界的大趋势。但是十年之后，马克思对太平天国的看法发生了完全相反的变化。他的《中国记事》是对那场所谓农民革命的彻底否定。

马克思在《中国记事》中写道："在桌子开始跳舞之前的一些时候，在中国，这块活的化石，就开始革命了。这种现象本身并不含有什么特殊的东西，因为在东方各国我们总是看到，社会基础停滞不动，而夺得政治上层建筑的人物和种族却不断更迭。中国是被外族王朝统治着。为什么过了三百年不能来一个推翻这个王朝的运动呢？"然而，马克思说，"我曾感到很奇怪，鸦片没有起催眠作用，反而起了惊醒作用。其实，在这次中国革命中奇异的只是它的体现者。除了改朝换代以外，他们不知道自己负有什么使命。他们没有任何口号。他们对民众说来比对老统治者们说来还要可怕。他们的使命，好像仅仅是用丑恶万状、毫无建设性的破坏来与停滞腐朽对立"。马克思接着援引

英国驻宁波领事夏福礼的一封信,来说明太平军给江南带来的巨大破坏:

宁波落入革命太平军之手已经三个月了。这里同这些强盗们统治所及的任何地方一样,破坏是唯一的结果。难道他们还追求别的目的吗?在他们看来,使自己拥有无限的胡作非为的权力实际上同伤害别人生命一样重要。太平军的这种观点,同胡说太平军将"解放中国"、"复兴中国"、"拯救人民"和"推行基督教"的英国传教士们的幻想实在不相符合。他们吵吵嚷嚷煞有介事地闹了十年,结果是破坏了一切,而什么也没建设起来。

马克思说,"在每个地区,所有的流氓、游民和坏蛋都自愿地归附太平军,军纪只要求在执行任务时服从命令"。同时,太平军还禁止结婚,违者处以死刑,作为补偿,太平军在攻下一个城市的头三天可以任意强奸妇女。马克思指出:"引起恐惧,是太平军的全部战术。"他写道:

制造恐惧的一大法宝就是太平军身上穿的五颜六色的丑角式衣着。此等装束只能使欧洲人觉得好笑,而对中国人来说却有神奇的作用。因此,这种丑角式衣着在作战的时候给叛乱者带来的优势比线膛炮还要大。况且,他们还有一头又长又黑或者染黑的乱发,目露凶光,发出凄厉的嚎叫,装出狂怒的样子——这就足以把古板的、温顺的、循规蹈矩的中国老百姓吓死。

马克思最后的结论是:"显然,太平军给人的印象就是中国人想象中的那个凶神恶煞下凡。而这种凶神恶煞只是在中国才可能有。它是停滞的社会生活的产物。"马克思的这些观点,可以用来解释为什么康乾时代的繁华扬州没有给今人留下任何可观的物质遗产。因为那场近乎巫术的运动,"结果是破坏了一切,而什么也没建设起来"。

而在另一方面,倒是虔诚布道的西方传教士给扬州带来了清新的空气。在晚清，天主教、基督教纷纷来扬州兴建教堂，传播教义，设立学校，开办医院。因为他们，西方文明才逐渐为扬州人所理解、所接纳、所包容。扬州的年轻人开始学习英文，扬州的老百姓开始认可西医，甚至扬州的官宦、商贾、绅士也以在庭园中兴建洋楼以为时尚之举。

一场号称为"革命"的运动，结果除了破坏之外什么也没有留下。一种被指为"麻醉"的宗教，倒是实实在在为社会而建设。近代西方文明在扬州的传播、冲突和融会，从一个侧面体现了古老的华夏文明是怎样在封闭状态下被动地遭遇西方文明，从开始的新奇、抵制、困惑，直至理解、接受、包容的漫长历程。在这一悲壮的历程中，充满了民族主义、爱国主义与反对帝国主义文化侵略的感性与理性之间的巨大纠结，东方价值观与西方价值观两种异质文化之间的艰难对话，以及像扬州这样典型的东方古城在从中世纪走向现代化的征途中所必然出现的痛苦而必需的历史嬗变。

扬州已被确定为海上丝绸之路重要节点城市，并列入海上丝绸之路申报人类文化遗产的计划之中。很多人认为，是1840年的鸦片战争打开了中华帝国的沉重之门，欧风美雨伴随着洋枪火炮进入古老的中国。但是实际上，扬州人接受西洋文明的历史，要大大早于鸦片战争。史书中关于商胡在扬州活动的传奇记载，屡见不鲜。扬州与世界的联系，不但应该追溯到远嫁西域的江都公主刘细君和东渡扶桑的扬州高僧鉴真，还应该延续到放眼看世界的思想家魏源和师从爱因斯坦的物理学家束星北。而世界与扬州的关系，不但应该看到来扬州朝圣的日本留学生晁衡和在扬州为官的新罗学子崔致远，还应该看到在扬州教案中蒙屈的英国传教士戴德生和倾心研究扬州说书的俄罗斯院士李福清。

幸好在扬州寻找中外交往史的遗迹，并不是一件很难的事。宋代阿拉伯人普哈丁不远万里来扬州传教，他建造的仙鹤寺如今仍是中国南方四大清真寺之一。元代意大利人马可波罗随其家族来华经商，后奉大汗之命驻扬州三年，相传由他手植的紫藤至今枝繁叶茂。明代扬州推官王徵与德国传教士邓玉函合作编译的力学—机械学开山之作《奇器图说》，其扬州崇祯首刻本依然存于各大图书馆的书架上。至于清代以来用各种形式传播到扬州的西方文明，如扬州园林常用的"西洋水法"，扬州八怪尝试的"西画素描"，扬州学派研磨的"西人算学"等等，均历历可考。

  令人意想不到的是，早在康乾盛世瘦西湖畔已经建起了洋房。那时广州人得欧洲风气之先，率先在珠江岸边建造了西式洋房，而扬州人随即从广州引进了西洋建筑风格。广州洋商与扬州盐商的超前生活方式，给古老中国带来了一场建筑风格上的革命，在珠江和瘦西湖旁所建的中西合璧的新式建筑，与中原传统的秦砖汉瓦、飞檐翘角迥然相异。因为广州有一座西式建筑叫做"碧堂"，所以千里之外的扬州很快仿造了一座"澄碧堂"。这是扬州人自觉接受西方文化的最早的实例。

  从澄碧堂之后，扬州便有了无数的澄碧堂。无论是北河下的天主堂还是萃园路的礼拜堂，是奇啸山庄的毓秀楼还是吴道台家的小洋楼，它们的背后都隐藏着中外交通史、建筑史、宗教史、艺术史和文化史的密码。我们能不能在走进它们的同时，真正读懂它们，并且解开其中的密码？

  这本书是我的一个尝试。

韦明铧
2014年3月15日于墅园

楔子

第 1 章 东渡与西行
——走向世界的先驱

一 是为法事 何惜身命
——唐代过海大师鉴真

一千多年前,中国有两位伟大的佛教高僧,先后往西天取经,向东瀛弘法。他们,就是我们崇敬的玄奘法师和鉴真法师。

往西天取经,表现了中华民族追求真理的虚怀若谷。向东瀛弘法,显示了古代圣贤普度众生的慈悲为怀。

玄奘法师在浩瀚的戈壁中经历了九九八十一难,鉴真法师在浩渺的大海中历尽了九死一生。他们留给我们的精神与财富,与其说是佛教的,毋宁说是民族的和人类的。

鉴真(688—763)俗姓淳于,唐代扬州人。少时在扬州大云寺出家,后游学洛阳、长安。回扬州后,建佛寺、造佛像、讲佛法达四十馀年,江淮间尊为授戒大师。因日本僧人邀请,鉴真发愿东渡弘佛,十数年间,六次渡海,九死一生,百折不挠,终于抵达东瀛。鉴真将律法、医药、雕塑、绘画、书法、建筑等盛唐文化弘扬扶桑,成为中日两国友好的先驱。

鉴真

唐代扬州，佛教盛行，民间大兴崇佛之风。鉴真的父亲诚心向佛，曾在寺庙受戒。鉴真十四岁时，随父亲到扬州大云寺参佛，见佛像而心生感动，向父亲要求出家。父亲认为他与佛有缘，同意他的想法。鉴真十六岁时，在大云寺出家。两年后，道岸律师为鉴真受菩萨戒。从此后，鉴真一心钻研律学。

唐景龙元年（707），鉴真为进一步深造，从扬州千里迢迢前往东都洛阳。洛阳是华夏古都，佛教文化历来兴盛。自白马寺建成后，洛阳成为中国北方佛教重镇，中外高僧常在此交流心得，佛教的节诞、俗讲、赏花、结社、观灯等也在民间蔚成风气。鉴真在洛阳，时刻浸润于佛国氛围之中。

唐景龙二年（708），鉴真来到大唐京城长安。在长安实际寺，由著名的律宗法师弘景主持，为鉴真举行具足戒仪式，见证的各寺高僧有十二人。此时鉴真才二十岁。此后数年间，鉴真来往于长安、洛阳二京，潜心于经、律、论三藏，终于成为学识渊博、道行深厚的僧侣。

唐天宝元年、日天平十四年（742），日本僧人荣睿、普照来到扬州大明寺，诚邀鉴真到日本弘法，鉴真欣然允诺。当鉴真历经劫难到日本时，已六十六岁。鉴真在日本受到隆重礼遇，被封为传灯大法师、大僧都，在日本建立了正规的戒律制度。唐广德三年、日天平宝字七年（763），鉴真在唐招提寺圆寂，享年七十六岁。

鉴真东渡六次，屡渡屡败，屡败屡渡，终于获得成功，这正是他留给后人的精神财富。

第一次东渡，于唐天宝元年（742）年底开始准备，在扬州附近的东河既济寺造船。天宝二年（743）春，准备工作大致就绪。不料，僧人道航和如海发生矛盾，如海诬告道航等造船入海，勾结海贼。于是荣睿、普照、玄朗、道航等均被拘禁。经说明情况，被拘僧众得到释放。首次东渡就此夭折。

唐天宝二年（743）冬日，鉴真准备二次东渡。由鉴真出资，购下岭南道采访使所属军船一艘，雇好水手，置备停当，于十二月从扬州举帆启程，同行者八十五人。船循运河入江，再东行入海。行至明州（今浙江余姚）时，遭到恶风巨浪袭击，船被击破，众人被迫登岸，暂居明州阿育王寺。二次东渡遂告结束。

唐天宝三载（744）春，鉴真应越州（今浙江绍兴）、杭州（今浙江杭州）、湖州（今浙江湖州）、宣州（今安徽宣城）等地寺院邀请，往各地讲法。回到阿育王寺后，准备三次东渡。事为越州僧人得知，为挽留鉴真，他们向官府控告日本僧人潜藏中国，引诱鉴真，结果荣睿被捕。三次东渡就此作罢。

唐天宝三载（744）冬，鉴真决定从福州买船出海。他率弟子三十馀人，从阿育王寺出发，一路巡礼佛迹，取道南下福州。本拟经临海（今浙江台州），过永嘉（今浙江温州），以入闽境。不料弟子灵祐担心师父安危，请求官府阻拦，结果鉴真在黄岩禅林寺被护送回扬州。四次东渡不了了之。

唐天宝七载（748）春，荣睿、普照再到扬州拜谒鉴真，准备五次东渡。六月末，鉴真一行三十五人从扬州新河出发，到越州（今浙江绍兴）三塔山。一月后出海，不幸遭遇飓风，漂泊至海南。鉴真在振州（今海南三亚）大云寺停留一年后北返，经崖州（今海南海口）、雷州（今广东雷州），到始安（今广西桂林）住一年。后到广州讲法，经吉州（今江西吉安）、江州（今江西九江）、江宁（今江苏南京）回到扬州。其间，荣睿病死，鉴真失明。五次东渡又告失败。

唐天宝十二载（753），日本第十次遣唐使藤原清河等到扬州参见鉴真，再次邀请他到日本传教。鉴真当即表示应允。他随带各种经论、书法、佛像、绣轴、舍利、金塔等，于十一月起航。经过一个多月航行，于日天平胜宝五年（753）十二月抵达日本，终于实现夙愿。此时，鉴真已六十六岁。六次东渡终于成功。

鉴真是连接中国和日本的友谊之舟。中日两国一衣带水，远古时已有交往。大海将国与国隔开，也将国与国相连。唐朝经济繁荣，文化发达，海洋航运有很大发展，扬州是唐代造船基地之一，这也是鉴真东渡的基本条件。日本为学习大唐先进文化，多次派遣唐使船队。船队一般由三艘海船组成，除官员、学者、画家、翻译外，半数为水手。两国的海船维系了中日友谊。

鉴真使古大明寺和唐招提寺结下佛国之缘。扬州大明寺位于蜀冈中峰，因始建于南朝刘宋大明年间（457—464）而得名。隋代称栖灵寺，唐末称秤平寺，清代称法净寺。鉴真曾任大明寺住持，从而使大明寺成为中日关系史上的名刹。奈良唐招提寺位于西京五条街，由鉴真于日本天平宝字三年（759）寺中建造。寺中有金堂、讲堂、礼堂、经藏、宝藏、鼓楼等，并供鉴真大师坐像。具有盛唐建筑风格的唐招提寺已成为日本国宝。

鉴真让石灯之光与天平之甍成为永恒之珍。灯笼有光明之意，佛前献灯是佛家的重要礼仪。扬州鉴真纪念堂前，有日本森本长老赠送的石灯笼，它以长明之光祈愿中日友谊长存。甍是屋脊之意，象征着高峰。日本人称鉴真为"天平之甍"，意为鉴真取得的成就，代表日本天平时代文化的最高峰。

鉴真纪念堂与鉴真大师墓寄托了中日人民的无尽之思。鉴真纪念堂位于扬州大明寺内，1973年建成，纪念中日友好先行者鉴真。由建筑学家梁思成参照唐招提寺金堂设计，具有盛唐建筑风格。前为门厅，中为碑厅，后为殿堂，堂内供鉴真楠木雕像。鉴真大师的墓坐落于唐招提寺东北部的院落里。院内树木葱茏，地上长满苔藓。墓前有石灯笼，点燃着长明灯。墓前水池中生有芦苇，据说叶子都向着中国。墓左侧有中国总理来访时手植的扬州琼花。

琼花和樱花是象征中日人民世代友好的和平之花。琼花为扬州市花。琼花开放时，花大如盘，洁白如玉，自古有"维扬一株花，四海无同类"之美誉。琼花以高雅的风姿、坚贞的风韵、浪漫的传说，博得扬州人的厚爱。樱花为日本国花。樱花盛开时，满树烂漫，如云似霞，日本被称为"樱花之国"。樱花之美不仅因为它妩媚娇艳，还因为它在最辉煌时凋谢，日本人视为"樱花情结"。琼花与樱花，象征着鉴真大师开启的中日友谊永远纯洁绚烂。

曾任扬州市文化处和文化局主要负责人的家父韦人先生，在他的回忆录《风雨兼程》中，谈到他同鉴真的两次因缘，并披露了一些鲜为人知的材料。

1963年至1964年间，中日各界人士为鉴真和尚逝世一千二百周年举行了具有历史意义的纪念活动。《风雨兼程》第二部《纪念鉴真法师》写道："当时我觉得这一工作，文化部门义不容辞，我即请曾在邗江文化馆工作的忽秉坤老先生（他是中央美专毕业的，曾与王朝闻同学），泥塑了一个鉴真和尚像。正好纪念欧阳修的六一祠里放着一个海梅雕花香亭，我就建议当时大明寺住持和尚能勤，把这亭子放到大殿东面的一个平房里，把鉴真泥塑像放进亭内，把这三间屋子作为鉴真和尚纪念室。""后来，我专门派文化处的张亚生同志，按照鉴真东渡资料，拍摄了一些照片，由博物馆专门用高档木材制成镜框，陈列在两边墙壁上，搞了一个简单的历史陈列。所有策划，包括所用的材料、经费、人力均由文化部门负担。当时谁也没有考虑过，是否由宗教还是园林来办，总觉得鉴真和尚是扬州历史文化名人，人们之所以尊敬他，纪念他，是由于他在文化交流方面所起的作用。""纪念鉴真的活动，虽然由中央有关部门和省文化宗教部门领导，但具体工作仍然是由扬州文化部门负责。不仅关于鉴真纪念室的文字说明，均由我亲自布置检查，一一落实，大会的会场布置和发言稿也由文化部门与宗教部门商量定稿。连大明寺方丈室和接待室的一桌一椅、一字一画，也均由文化部门负责安排。为此，我调拨了博物馆和文物商店的一些文物摆饰，暂时放在大明寺使用。这批东西由于文革受到破坏。就连方丈室挂的几幅画，也是我从文管会一位姓李的同志那里拿来的。原大明寺高僧法师方丈涤缘老和尚的四轴条屏，削去上款之后就放在那里，可谓精心设计。""为了搞一场招待晚会，从节目到说明书都由我细致安排，搞得非常成功。""这次纪念鉴真活动，日本有两个代表团参加，一为佛教代表团，一为文化代表团。佛教代表团由当时市委统战部部长朱公尚以宗教处长的身份接待。日本佛教代表团团长为大谷莹润长老，文化代表团团长为安藤更生博士，我曾带领他们参观位于蜀冈的唐城遗址。当时日本文化代表团见到这一保存较好的文化遗址，非常兴奋。在这个遗址上，唐代的三彩陶片和瓦当碎片俯拾即是，好多人掏出雪白干净的手帕兴趣很浓地拾起这些碎片，弄得我很紧张，既觉得不妥，又不好阻拦。只好在当晚去请示坐镇在宾馆的省文化局长周邨同志。周邨同志果断地答复，不能让他们擅自取走，要带走什么文物，必须通过外交途径。我只好如实地通过翻译告诉安藤更生先生，以致他们把拾到的陶片瓦片统一堆放到西园宾馆的墙角边。"

1973年秋天决定修建鉴真纪念堂，因为有了上一段因缘，所以家父又参与了纪念堂的壁画工作。《风雨兼程》第三部《敦煌访贤》详细记录了远赴敦煌拜访敦煌学专家常书鸿先生的情景，他写道："从敦煌归来后，常先生不断寄来资料，并在书信中提出建议。段文杰先生除了从敦煌和西安带来大量资料，还专程去上海、南京搜寻资料。凡涉及唐代车马舟楫、屋宇建筑、家具陈设、官民服饰，他都一一绘出图样，供画家们创作时参考。四位青年画家按照我们提出的方案，精心绘制，一丝不苟，力求体现大唐风采，并且一改再改，不厌其烦。

画稿把鉴真六次东渡的艰辛过程和坚强意志表现得淋漓尽致。画面上，中日两国僧俗官民达数百人，场景开阔，气势恢宏，立意高远，构图谨严。一桌一椅，悉依唐制，一车一船，均有所本。如果按计划制作成功，这将是我国现代仿唐壁画的杰作。""就在壁画原样大稿已经完成，即将进入实际制作阶段时，批林批孔运动开始了，我们的工作受到了严重的冲击和影响。由于我用人不当，把一位不该请来的怀有个人野心的人弄到壁画组。他本来就不甘心于为几位主要画家当助手，只画一些藻井之类的图案。他利用批林批孔运动的机会，利用当时革委会头头们担心引起非议、受到责难的心理，全盘否定了四幅仿唐壁画，而以他个人创作的四幅莫名其妙的风景画取而代之。他还大言不惭地宣称这些风景画得到了赵朴初先生的认可。可以想象，在批林批孔运动的形势下，赵朴老又能说什么呢？""对这些做法，我表示反对。结果，我被调出了壁画组。为了鉴真纪念堂的壁画创作，我们奔波千里，辛劳数月，到头来竟横遭非议，功败垂成。""1977年，在我的建议下，常书鸿先生和夫人李承仙女士应邀来扬州参观。我陪他们看了鉴真纪念堂的四幅不伦不类的风景画。他们沉默良久，深深叹息。我们一时相对无言。我很理解常先生此时的心情。他们与段文杰先生费尽心血，想把多年来对敦煌壁画研究的心得运用于鉴真纪念堂，创作四幅推陈出新的壁画，如今这一期望全部落空了。他们精心收集的珍贵资料和精心绘制的许多小样，都成了废纸一堆。四位画家的心血，也付之东流。鉴真纪念堂为梁思成先生所设计，而眼前的这几幅壁画与梁先生追求的唐代风格大相径庭，成了整座建筑中的污点，如同在一首优美的乐曲中出现了噪音。如今，一些不了解内情的人还津津乐道，把这些文革遗迹说得高深莫测，实在令人啼笑皆非。""常书鸿先生在离开扬州前，曾想到一个补救的措施。他建议，由他和他的夫人李承仙女士在纪念堂两侧的走廊重新绘制反映鉴真东渡的壁画。他曾向

第 1 章 东渡与西行——走向世界的先驱

赵朴初先生汇报这一想法,得到了朴老的首肯。常先生在给我的回信中说:'赵朴老认为把鉴真和尚历史事迹壁画画在前庭两侧围廊上事可以考虑,关于原画稿内容(按:指我在批林批孔前所拟的画稿提示),是没有多大问题的。'可惜他的这一愿望,一直没有能够实现。""常先生后来在信中告诉我,日本奈良法隆寺把他们夫妇请到日本,在那里的西园院绘制了十六幅仿唐敦煌壁画,上方有敦煌飞天与法隆寺飞天,下方有三桅山与宿七山、敦煌塔与法隆寺塔,以及敦煌伎乐、反弹琵琶等,被日本视为珍宝。不知常先生作此画时,可曾想到扬州鉴真纪念堂的壁画?"这些真切的回忆,为鉴真纪念堂建造史留下了珍贵的一家之言。

玄奘西游,鉴真东渡,堪称唐代高僧的双子星座。他们的脚步将永远引导我们不畏艰险,勇于探索,身居中土,放眼世界,坚定不移而充满自信地走向理想的净土与心灵的彼岸。

当伟大的鉴真法师的坐像回国探亲之际,我有幸参与策划并撰写鉴真纪念邮册的文字。现在,我谨用《题鉴真大师坐像回乡》一诗聊表对鉴真的钦佩与爱戴:

> 曾闻精卫敢填海,还美女娲能补天。
> 为渡苍生拼一命,只将道义担双肩!

二 采药秦人旧有祠
——明初使日高僧道彝

在中日关系史上,扬州一直享有重要的地位。唐宋时如此,明清时也如此。

就佛教文化交流而言,继唐代扬州高僧鉴真渡日之后,明代扬州又有一位高僧道彝曾经担任朝廷使节派遣到日本,从而成为海上丝路和国际交往的又一位重要人物。

"采药秦人旧有祠"是道彝法师的诗句。他说的采药秦人是传说中东渡日本的秦人徐福，而道彝本人则是明代的徐福。

中国的明朝大体相当于日本室町时代中后期至江户时代初期。从佛教交流史来看，中日两国在经历了唐宋时代佛教交流的繁盛期之后，此时的佛教交流已经进入沉寂期。这与当时两国佛教的发展状况有关，也与明初在中国沿海肆意侵扰的倭寇活动有关。

早在明初，中国东南沿海各地常遭倭寇掠劫。此时日本南北对峙，日方甚至斩杀明朝使节，中日两国关系一度紧张。明太祖曾派祖阐、克勤二僧担当使节，赴日疏通，但未获结果。直到建文四年（1402），明惠帝派遣道彝、一如二僧担任使节，携带国书，出使日本，亲至京都，宣读国书，颁布明历，中日关系才由于高僧的斡旋得以缓和，从而恢复海上的贸易往来。

明朝正式与日本室町幕府直接交往，是在永乐皇帝即位之后。当时，明朝允许日本以进贡的名义与明朝进行贸易，同时要求日本方面制止倭寇对中国的侵犯。此后，中日两国外交主要围绕这种政治性质的经济贸易进行。建文三年（1401），日本筑紫商人肥富从明朝回国，向控制幕府军政大权的足利义满建议与明朝进行贸易，以便从中获得巨大商业利润。义满表示同意，便派遣肥富为正使，僧祖阿为副使，以"通好"和"入贡"的名义出使明朝。翌年，在他们回国时，明惠帝朱允炆派禅僧道彝天伦和教僧一庵一如二人，奉国书与锦绮等礼物，送他们回国并出使日本。他们一行在日本的兵库登岸，受到了室町幕府足利义满及下属官员的隆重欢迎。明惠帝在给足利义满的国书中，称他为"日本国王"，并俨然以对属国首脑的口吻夸奖他"心存王室，怀爱君之诚"，同时向他"颁示大统历，俾奉正朔"，还以"毋容逋逃，毋纵奸究"的口吻教训日方要制止倭寇。日本当政的足利义满对明朝皇帝的说法，没有提出任何异议。

　　道彝、一庵两位高僧受到日本官方的热情款待，逗留京都达六个月之久。在这期间，他们与日本的禅僧也有交往。第二年，也即永乐元年（1403）三月，他们离日回国，足利义满派天龙寺的坚中圭密为遣明使，辅之以梵支、明空二僧，携带国书与贡物随同他们回访明朝。当时，明成祖朱棣取代明惠帝朱允炆即位为帝，建都于北京。日本使者将足利义满致明成祖的国书呈上，义满自称"日本国王臣源"，进献的贡物中有马匹、硫黄、玛瑙等物。

　　需要说明的是，作为明朝正使的高僧道彝，乃是扬州天宁寺的当家和尚。洪武十五年（1382），朝廷设立佛教管理机构"僧纲司"，道彝和尚曾出任"都纲"。这是一个僧职兼官职的职务，也是管理全国佛寺和僧众的总头领。

　　建文四年（1402），明惠帝在诏书提到道彝，说："兹尔日本国王源道义，心存王室，怀爱君之诚，逾越波涛，遣使来朝，归逋流人，贡宝刀、骏马、甲胄、纸砚，副以良金，朕甚嘉焉……今遣使者道彝、一如，颁示大统历俾奉正朔。"所谓"日本国王源道义"是谁呢？就是当时控制日本幕府军政大权的足利义满。后来，足利义满在致明朝皇帝的信中承认大明是"上邦"，也即宗主国，说："日本国开辟以来，无不通聘问于上邦。"可见明初中日友好关系的确立，与扬州高僧道彝的访日有密切的关系。

　　天宁寺历史上出过许多高僧，明代的道彝可以说是继唐代鉴真之后的又一位中日友好使者，他给两国人民带来了和平。

道彝所绘罗汉

道彝，字一如，明初高僧。嘉庆《重修扬州府志》有道彝的传记，说："道彝，明僧，字天伦，住扬州天宁寺。博通内典，与少师姚广孝友善。永乐中，奉使日本，寂于其地，年六十六。"府志的传记虽短，但很重要，因为有关道彝的生平资料极少。不过《重修扬州府志》说道彝在日本圆寂不确，实际上道彝并未终老日本，而是在第二年（1403）二月回到了故国。

道彝的朋友姚广孝，法名道衍，字斯道，元末明初政治家，也是一位高僧。他通儒道，善诗文，虽是出家人，但不忘功名。曾谋划"靖难之役"，帮朱棣从朱允炆手中夺取大明江山。朱棣即位之后，赐名姚广孝，授太子少师，所以有"政治和尚""黑衣宰相"之称。

与道彝一起使日的一如法师，也是一位高僧，俗姓孙，字一庵，号退翁。十三岁出家，居杭州上天竺寺。永乐中曾奉命编辑《禪宗语录》，后又编辑《法华科注》《大明法数》等书。

道彝属于佛教临济宗传人。临济宗是禅宗南宗五大流派之一，自洪州宗门下分出，始于临济义玄大师。义玄从黄檗希运禅师学法三十余年，之后往镇州（今河北正定）滹沱河畔建临济院，广为弘扬希运禅师所倡导的"般若为本、以空摄有、空有相融"的禅宗新法。这种禅宗新法因义玄在临济院举一家宗风而大张天下，后世遂称之为"临济宗"。临济宗影响深远，传人也多，今人星云大师就是临济宗第四十八代传人。

临济宗分为居简、之善、松源、祖先四系，后世临济高僧几乎全从这四系所出。据任宜敏《临济宗居简系法脉传承考述》说，"居简系"的始祖北磵居简出自佛照德光禅师之门，后住杭州净慈寺，于寺之北磵构筑一室寓居，人称"北磵居简和尚"。他的衣钵，后来传给物初大观、晦机元熙，而扬州天宁寺的道彝就承自晦机元熙一系。

道彝善画，今有《罗汉立轴》传世，为水墨纸本。画上写一罗汉，

第 1 章 东渡与西行——走向世界的先驱

怒目圆睁,双臂前拱,笔触老到,表情生动。画上有题识云:"见梁皇不识,见嵩山面壁。破皮鞋那值分文?无伎俩,留下一只。累及后代儿孙,只管收拾不得。东涂西抹,眼横鼻直。仔细看来,是何标格。此一花五叶漫流芳,大地香风吹不息。大明僧录司左觉义道彝拜赞。"言语中充满了禅机与幽默。钤印有"道彝""天伦"等。

道彝能诗,他和一庵出使日本时,遇到日本高僧中津绝海。中津绝海向道彝、一庵出示明太祖朱元璋御赐的诗轴,并向两位中国法师求和。道彝当即提笔和诗题道:"采药秦人旧有祠,春风几见禾苗肥。老僧曾到中华国,御笔题诗赐远归。"一庵也和诗道:"挂锡龙河古佛祠,一生高洁厌轻肥。赋诗诏入金銮殿,携得天香满袖归。"这时正值倭寇骚扰中国东南沿海,从中可见两国高僧对和平的珍重和祈福。

道彝诗中所说的"采药秦人",是指秦代徐福到海上寻求长生不死药的故事。徐福东渡与中日关系的题材,在历代文学作品中屡见不鲜。早在唐代,入唐日僧空海回国,途经越州,中国友人赋诗相送,唐朝僧人鸿渐写了一首《送空海上人朝谒后归日本国》,就有"人至非徐福,何由寄信通"之句。"徐福"成为中日友谊的象征而得到传颂、赞赏。明洪武九年(1376),日本高僧中津绝海来中国留学,明太祖知道后在英武楼召见了他。谈话间,明太祖问起日本熊野地方的徐福庙古迹,中津绝海法师即席作了一首《应制赋三山》绝句,云:"熊野峰前徐福祠,满山药草雨余肥。只今海上波涛稳,万里好风须早归。"明太祖看到后,诗兴大发,当场步韵,和了一首,云:"熊野峰高血食祠,松根琥珀也应肥。当年徐福求仙药,直到如今更不归。"道彝和一庵的诗,都是和明太祖朱元璋的。

道彝有无著作不详。现知明朝佛教典籍中,有一种《愚庵智及禅师语录》,共十卷,系高僧愚庵的门人观通、溥震、正除、希颜、忻悟、宝盈、至宝、慧镜、护位、道彝等编。也就是说,《愚庵智及禅师语录》

的最后一卷系出自道彝之手。

愚庵禅师是元末明初人，道彝是他的入室弟子。愚庵名超智，字以中，得法于元叟端公。历住隆教寺、普慈寺，皇家赐以"明辨正宗广慧禅师"之号。《愚庵智及禅师语录》由愚庵禅师的弟子们整理而成，书前有明初诗文三大家之一的宋濂写于洪武八年（1375）二月二十一日的序，说："濂虽不敏，每遇学佛者，喜谈而乐道。"又说："径山住持愚庵禅师，得法于元叟端心，四据名蓝，敷扬佛法，以耸人天龙鬼之听。缁素相从，如云归岫，其弟子观通等荟萃成书。"宋濂称赞愚庵禅师："其解人胶缠，如鹰脱绦旋，摩云而奋飞也；其方便为人，如慈母爱子，一步而三顾也；其全机大用，如大将临阵，旗鼓动而矢石集也。诚一代之宗师，而有德有言者欤？"评价是很高的。

《愚庵和尚语录》计十卷，最后一卷为道彝所编。有意思的是，在道彝所编的这部分文字中，常见扬州方言的痕迹，有的甚至用扬州话念才押韵。如有一篇《净慈行堂请》云："眼生三角，头峭五岳。心性急如弦，胸中无点恶。东海鲤鱼打一棒，雨似盆倾；南山白额奋全威，天魔胆落。截断妙喜葛藤，扫荡永明糟粕。却忆老卢公，辛勤在龙朔。碓觜花开劫外春，千古高风动寥廓。"其中的角、岳、恶、落、粕、朔、廓等字，用扬州话念才能够全部押韵。

道彝所编的语录，有的禅味机锋十足，而语言生动活泼，犹如艺人说书。如《延庆略长老请》云："韬略全无，威权何有。皮肤脱落尽，留得一张口。四会说法住山，一味悬羊卖狗。父子虽亲妙不传，喝下须弥颠倒走。"明初的扬州已有说书艺术流传，朱元璋身边有一个受宠的说书名家陈君佐，就是扬州人。这一段语录是否受到说书的影响，不得而知。

另有一篇《佛印禅师遗墨》，写高僧佛印反对立文字，文中的种种譬喻颇为新奇："佛印禅师窃怪丛林以文字为禅，尝示众云：云门

第 1 章　东渡与西行——走向世界的先驱

说法,如云如雨,绝不喜人记录其语,见必骂逐。曰:汝口不用,返记吾语,异日禅贩我去。学者渔猎文字语言,正如吹网欲满,非愚即狂。"把拘泥文字而忽略精义的人,比喻成"吹网欲满",可谓新奇之极。渔网上有那么多的洞眼,哪里能够吹得满呢?这个新奇的比喻,说明任何语言文字也不能表达出思想的全部精微含义。

道彝是禅宗弟子,他若不留下文字,也不足怪。他作为一个和尚,充当国使,东渡扶桑,在海上丝绸之路上留下了自己的身影,以过人的胆识和智慧修复了两国关系,我们应当记住他的名字。

三 引进西方科学的先驱
——明末扬州推官王徵

明天启七年(1627),也即将近四百年前,由德国传教士邓玉函与扬州推官王徵合作编译的《奇器图说》一书,在扬州城首次刊刻问世。这部书以图说的超前方式,第一次向中国人介绍了西方的力学与机械知识,书中引用了多种欧洲文献,并将阿基米德传统力学理论与机械知识合编在一起,在全世界从无先例。

王徵编译的这部《奇器图说》后来被称为中国机械工程学的开山之作,它的出版成为中德文化交流史上划时代事件。

然而,让我们感到愧疚的是,王徵的名字几乎从未被当代扬州人提起过。我花了半天时间,才在清人编撰的《重修扬州府志》里,找到一行早被遗忘的小字:"王徵,泾阳人,进士。"

考古工作者曾在陕西泾阳发现了一座明代著名科学家的故居。故居位于泾阳县龙泉乡王家村,现存东西厢房两座,坐南朝北,明代风格,现为其第十二代嫡孙居住。故居的原主人是谁呢?他就是中国明代杰出的力学与机械学家、中国历史上第一批学习和推广西方科学技术的先行者、中国最早学习拉丁语并用西方语言知识分析汉语音韵的研究者、中国最先皈依西方基督教的士大夫，同时也是中德文化交流的先驱者、《奇器图说》的编译者、明代末年的扬州推官——王徵。

王徵

王徵这个名字，无论是在中国科技发展史上，还是在中外文化交流史上，都具有特殊的意义。他译著的《奇器图说》《西儒耳目资》《圣经直解》等书，对于传播西方科学、促进中外好友做出了卓越贡献，故与同时代人徐光启被学界誉为"南徐北王"。然而关于王徵其人，《明史》里只提到一笔，说他因李自成农民军攻克西安，于是他"抗节死"。关于王徵的科学活动和勤政事迹，《明史》只字未提。

王徵（1571—1644），字良甫，又字葵心，晚号了一道人，陕西泾阳人。明代天启、崇祯年间，他先后任广平府推官、扬州府推官、山东按察司佥事等职。王徵的父亲是个擅长数学的私塾先生，舅父通晓兵法，善制器械，这对他后来热衷于西方科学技术的研究和推广，产生了直接的影响。

王徵在做官之前，以著书讲学为务，精研理学，并从事一些农具和日常用具的改良和发明。他这一时期的科学成就，后来被收入《新制诸器图说》一书。天启二年（1622），年过半百的王徵考中进士，旋即担任直隶广平府（今河北永年）推官，继而改任南直隶扬州府推官。明代的推官，相当于地方法院院长兼审计局长之职。他在为官期间，注意发展生产，体恤民情，保持平易节俭、廉洁奉公的作风。

王徵在扬州期间的政绩甚多，他毁祠开坝，裁减盐课，严禁盐商虚报数字、贿买官吏。尤其重视工程技术，修筑了高邮湖堤、泰州水闸和天长石桥，兴利除弊，多所惠民。当时，全国各地的官僚为了趋附权阉魏忠贤，纷纷为其立生祠。扬州的"瞻恩祠"建成后，大小官吏都前往拜谒，惟独王徵对魏中贤阉党的倒行逆施深恶痛绝，并大胆抗争。他与兵备副使来复两人，不避风险，拒不朝拜魏忠贤生祠，因为他们二人均为关中人士，时人称为"关西二劲"。他这种刚直不阿的精神，在晚明官吏中难能可贵。王徵在扬州为官大约两年。

后来，王徵因父亲去世，回乡守孝。又经御史孙元化的奏举，王徵在历任广平府推官、扬州府推官之后，走上了他仕途的最后一站——山东按察司佥事辽海监军。这时的王徵，积极拥戴徐光启等维新派的主张，呼吁以西洋枪炮加强关防。面对关外满人的强劲崛起，王徵等人企图在登州建立炮兵基地，以图收复失地。他从澳门购得西洋兵器，装备明军，与清兵作战。但结果受到保守派的阻挠，又因将领叛变，作战失败，王徵遭到流放，后遇赦归乡。

晚年的王徵报国无门，以经算教授乡里。他在家乡陕西创立天主教民间团体——仁会，以救济战乱中的难民。李自成军队攻陷西安城后，胁迫王徵为之效力。王徵不从，引佩刀自尽未成。后闻北京失守，朱明亡国，王徵绝食七天而死，学者私谥为"端节先生"。

作为一位科学家，王徵一生仕途坎坷。他五十二岁中进士，同年做广平府推官，五十六岁做扬州推官，六十一岁才升迁山东按察司佥事，又因战争失败受贬。他最后以身殉明，与史可法可谓同工异曲，殊途同归。

王徵有著作数十种，惜多散佚。现在知道的有《士约》《兵约》《两理略》《了心丹》《百子解》《学庸义解》《天问辞》《山居咏》《元真人传》《圣经直解》《历代发蒙》《辩道说》等，以及译著《诸器图说》《奇器图说》《西儒耳目资》等。他对科学技术矢志不渝的追求，对西方文化虚怀若谷的接纳，在今天仍有重要的现实意义。

生于明末的王徵，之所以成为中西文化交流的先驱，和他结交了许多外国友人有关。明朝后期，西方传教士来华传教者渐多。一部分思想开明、胸襟宽阔的中国士大夫开始接受西方科学文化知识，代表人物就是徐光启和王徵。

王徵因多次入京赴试，得以与教士金尼阁、汤若望、龙华民、邓玉函等交往。他不像一般陋儒那样故步自封，而是满腔热情、虚怀若谷地向他们学习拉丁文和西方科学知识，这使他在晚明那种动荡昏暗的时代独能放眼世界。学者陈垣先生曾经说过，王徵是中国第一个学习拉丁文的人。王徵协助从法国来华的传教士金尼阁完成了《西学耳目资》一书，并为之作序。《西学耳目资》是第一部研究用罗马字母为汉字注音的著作，如果王徵不懂拉丁文则无法完成工作。王徵又和从德国来华的传教士邓玉函合译了《奇器图说》，被学术界评为中国第一部机械工程学专著。《奇器图说》所用的某些科学术语，一直沿用至今，影响深远。王徵还积极参加明末维新运动，力倡以西方火器保卫国防。王徵在他生活的年代，尽一己的可能追求先进科学、先进文化，他算得上是时代的先行者。

王徵在与西方传教士的交往中，对天主教教义产生了浓厚的兴趣。他最终受洗入教，取教名斐理伯（Philippe），并撰写了《畏天爱人极论》以阐发天主教义。据《中国天主教史人物传》载，青年王徵本是一个充满入世精神的儒生，常以范仲淹以天下为己任的精神自勉。他对天主教发生兴趣，是因为母亲病逝，使他开始探究生死问题。儒家只重视伦理，回避谈生论死；道家和佛家企图解决灵魂的轮回和永生，也各有自己的不足。这时，从西方来华的天主教，使王徵获得了新的人生观。

《明泾阳王徵先生年谱》说，王徵其实既是天主教徒，又是儒生本色。他像明末许多教徒一样，走的是中西文化互补之路。天主教对王徵产生的深刻影响，是让他把博爱精神带到了仕途之中。王徵在短

第 1 章 东渡与西行——走向世界的先驱

暂的仕途上，时时以"畏天爱人"四字警醒自己。他曾自书一联，作为座右铭："头上青天，在在明威真可畏；眼前赤子，人人痛痒总相关。"这种"畏天爱人"的情怀，既来自天主教信仰，也源自儒家思想。

与王徵合作完成《奇器图说》的邓玉函，是一位德国人。他的德文名字叫 Johannes Schreck，拉丁文名叫 Terrentius，中文名叫邓玉函，字涵璞。

邓玉函生于德国的康斯坦茨（今属瑞士），父亲是律师。他先在阿尔特道夫大学学医，后来就读于意大利的帕多瓦大学，与大科学家伽利略结识。邓玉函精通哲学、数学、医学、力学、天文学、机械学、博物学，通晓德文、英文、法文、葡文、拉丁文、希腊文、希伯来文、迦勒底文。1611 年加入耶稣会。同年，在伽利略成为灵采研究院第六名院士后，成为该院第七名院士。

1618 年 4 月，邓玉函随法国传教士金尼阁等离开里斯本，乘船前往东方的中国。第二年 7 月，船抵澳门，邓玉函因病在澳门疗养了一年多。1621 年 5 月，邓玉函进入中国的内地，先入广东，后辗转于江西、杭州、南京，于 1623 年到达北京。《奇器图说》是 1626 年的冬天，邓玉函和王徵在北京共同编译完成的。

1629 年 9 月，经徐光启奏请，明廷诏请邓玉函协助修撰历书，使其成为第一个在中国政府机构任职的西方人。邓玉函参加《崇祯历书》编纂工作非常用心，可惜书未编成，第二年病逝于北京，享年五十五岁。邓玉函葬在北京，今北京行政学院内尚存他的墓碑。

邓玉函在华仅九年时间，但留下的业绩却是多方面的。一是天文学方面，他在中国译著了几本有关天文学方面的书，制作了许多观察及测量天文的仪器。他被召入明朝历局，被认为是耶稣会传教士在中国"最富有神话般时代"的开始。二是生理学方面，他在杭州完成了《泰西人身说概》一书。此书讲骨骼、神经、脂肪、经脉、皮肤、躯体、血液、感官、视觉、听觉、嗅觉、舌头、触觉、发音等原理，是最早向中国介绍西方解剖学知识的书。三是力学和机械学，也即由他口授、由王徵译绘而成的《奇器图说》。这本书，被视为给古老的中国带来西方力学和机械工程知识的第一抹曙光。

明代的科技成就常常被人忽视，实际上明代是世界科技文化迅猛发展的前夜。明人留下了大量世界级水平的巨著，如李时珍《本草纲目》、朱载堉《律学新说》、潘季驯《河防一览》、徐光启《农政全书》、宋应星《天工开物》、徐霞客《徐霞客游记》等。其数量之多和水准之高，在中国历史上是空前的，比起西方来也不逊色。同样在明代，西学东渐成风，熊三拔和徐光启的《泰西水法》、利马窦和徐光启的《几何原本》、邓玉函和王徵的《奇器图说》等都是中西文化交融的丰碑。这比清代只有南怀仁的《坤舆全图》、穆尼阁与薛凤祚的《天学会通》等寥寥数种，差距明显。难怪有人假设，如果没有清人入关，中国还会落后于西方吗？

明末的译介活动，主要有两种方式。一种是外国传教士口述，中国学者用汉语书写，如《几何原本》是"利玛窦口译，徐光启笔授"。另一种是外国传教士口述，中国学者用汉语编译，在原著内容外加进译者的发挥和引申，如《奇器图说》是"邓玉函口译，王徵笔述并绘图"。

王徵是一个学以致用的科学家。他曾根据力学原理，设计过一件可以起重七千多斤的机器。又根据物理学、机械学原理，设计过弩机、火机、水铳、龙尾车、恒升车、自行车、自转磨、自鸣钟等五十多种机械。他还根据声学原理，在居室四周钻了不少孔眼，每遇婚丧大事，他在大厅中一说话，各屋的人都能听到。

但与《几何原本》相比，《奇器图说》并不知名。直到光绪三十一年（1905），才有人发现王徵的伟大价值。黄节《王徵传》详尽介绍了王徵在科学上的贡献，同时愤愤地写道："今有言（王）徵者，

第 1 章 东渡与西行——走向世界的先驱

举国将惊而疑之,且不知(王)徵之为何人……则其(王)徵之不幸,而中国之不幸也,后之人修史之罪也!"

回顾数百年来,王徵作为一个终身追求先进科学文化的科学家,《明史》只是在《忠义传》中简单地提过他一次名字,《四库全书总目提要》甚至轻率地批评《奇器图说》"荒诞恣肆,不足究诘",这都反映了中国统治者的迂腐。正如学者所说,像王徵这样的人物不为国人所知,不但是史家的失职,也是国人的耻辱。

《奇器图说》先后被收入《古今图书集成》《四库全书》《守山阁丛书》《中西算学集要》《丛书集成初编》,但它最早是在明天启七年(1627)首刻于扬州的。《奇器图说》之所以首刻于扬州,我想至少有三个理由:一是王徵本人做过扬州推官;二是扬州自古有雕版印刷传统;三是晚明扬州已有开放的风气。作为西学东传的见证和中德交流的结晶,《奇器图说》在问世将近四百年之后,再次引起国际科学史界的关注,理应更要引起扬州人的关注。而王徵留给扬州人的遗产,不仅是历史的荣誉,而且是现实的反思。

王徵告诉我们:扬州文化并不限于人文科学,也包含自然科学;而扬州早在明代,就站在了世界科技交流的最前沿!

四 见证钓鱼岛
——清朝册封琉球正使汪楫

以日本人的身份而坚决主张钓鱼岛属于中国的学者,首推井上清。他的权威之作《钓鱼岛的历史与主权》,分为十五章,大约十万字。作者从钓鱼岛的历史入手,条分缕析、无可辩驳地证明,钓鱼岛从明代开始即为中国领土,驳斥了日本右翼关于"钓鱼岛属于日本""钓鱼岛为无人岛"的无耻谰言。中文本《钓鱼岛的历史与主权》于2013

年由新星出版社出版。

井上清在《钓鱼岛的历史与主权》第四章《清代的记录也证实钓鱼岛是中国领土》中,重点谈到清代扬州人汪楫关于钓鱼岛的重要著述。

井上清说,我们知道能够证实钓鱼群岛是中国领土的记录,在十六世纪中期至少就有三个。再早的记录尚不知晓,但不管有无记录,

汪楫

应该肯定中国人在发现钓鱼群岛并给它命名的当初,就把这里认做是自己国家的领土了。井上清写道:"清朝的第二任册封使汪楫,1683年出使琉球。在他的使记《使琉球杂录》卷五中,有篇关于在赤屿与久米岛之间的海上,举行避海难祭祀的记事。文中明确记载这里是'中外之界也',是中国与外国的疆界。他这样写道:'二十四日(1683年6月),及天明见山,则为彭佳山也。……辰刻过彭佳山,西刻遂过钓鱼屿。……二十五日见山,应先为黄尾后为赤尾,然未久遂至赤屿,不见黄尾屿也。薄暮,过郊(或作'沟'),风涛大起。投生猪羊各一,倾五斗米之粥,焚纸船,鸣锣击鼓。诸军士披甲露刃,伏于船舷,作御敌之状,久之始止。'"在那里,汪楫问船长:"郊之义何也?"("郊"的意思是什么?)对方回答:"中外之界也。"(中国和外国的分界。)汪楫又问:"界何以辨?"(界线怎么分辨呢?)答曰:"揣度耳。然顷者恰当其所,非臆度也。"(只有推测。但是刚才正好在分界的地方,不是胡乱推测。)井上清说,上面的短文也许有必要加些注释。钓鱼群岛位于中国东海大陆架的南部边缘地区,呈东西排列。群岛的北侧水深不足二百米,海水蔚蓝。群岛南侧以南的海沟,水深骤然达到了一千多米至两千米以上。黑潮经过这里由西向东流过。特别是赤尾屿,它的南侧紧靠深海沟,这里海上风大浪高。浅海的蔚

蓝与深海的黑潮形成了海水颜色的鲜明对比。井上清强调:"在这些文献资料中,汪楫的使记把过沟祭描述得最为详细,还将'沟'写为'郊'。明确记述了那里不仅仅是海难多发处,还是'中外之界也',这一点十分重要。另外,船长向初到这里的汪楫所解释的'郊'的意思,我想也应该是中国航海家们的普通认识。"扬州人汪楫明确记载了"中外之界",而钓鱼岛在中国一侧,这是钓鱼岛属于中国的铁证。

《使琉球杂录》的作者汪楫(1626—1689),字舟次,号悔斋,原籍安徽休宁,寄籍江苏江都。康熙十八年(1679)举博学鸿词科,列为一等,授翰林院检讨,参与纂修《明史》。康熙二十二年(1683)六月十六日同中书舍人林麟焻赴琉球,《使琉球杂录》就是他出使琉球归来所著的游记和报告。此外他还著有《崇祯长编》《册封疏钞》《悔庵集》《观海集》等。

琉球即今冲绳,隋大业间即与中国交往。明洪武初,太祖朱元璋册封其王为中山王,自此与中国贡奉不断。清康熙二十一年(1682)四月,琉球王驾崩,世子尚贞嗣位,向清帝上表请求册封。因汪楫德才兼具,意气伟然,康熙帝钦定他为册封琉球正使,赐一品麒麟服,拥仪仗,奉玺书,持金册,领御笔,出使琉球,一则谕祭故王,一则册封新王。汪楫一行从福建登海,七日后抵达琉球。新中山王亲率群臣于郊外迎候,仪式十分隆重。汪楫在琉球期间,亲至宗庙祭祀先王,并为殿堂书写匾额,又与新王与群臣辨别音律,唱和诗词。临行时,琉球朝野纷纷以厚礼馈赠,国君更以千两黄金送行。然而汪楫绝不收受一文,其高风亮节使琉球人深为感佩,特建"却金亭"以表敬仰。直至光绪五年(1879),日本将琉球改为冲绳县,"却金亭"才遭到平毁。

据《国家图书馆藏琉球资料汇编》记载,汪楫在琉球宣读了康熙帝的祭奠文,祭文表彰了已故中山王的忠诚,对其逝世表示哀悼,并赐银绢等物，还重申清廷的立场："凡有恪共藩职，累世输诚，则必生加锡命之荣，殁隆赗恤之典。"在册封新中山王的大典上，汪楫又宣读诏书："中山王世子尚贞屡使来朝，贡献不懈，笃守臣节，恭顺弥昭，克殚忠诚。"并赐给新王蟒缎等物。

汪楫回国后将琉球见闻一一记录，书名《使琉球杂录》，共分五卷，即《使事》《疆域》《俗尚》《物产》《神异》。《使事》记载出使琉球的缘由，《疆域》记载琉球的山川与地理，《俗尚》记载琉球的风俗和艺术，《物产》记载琉球的风物与特产，《神异》记载在海上祭神的情况。其中最重要的一段是：

> 二十五日见山，应先黄尾、后赤屿，无何，遂至赤屿，未见黄尾屿也。薄暮，过郊，或作沟，风涛大作。投生猪羊各一，泼五斗米粥，焚纸船，鸣钲击鼓，诸军皆甲露刃，俯舷作御敌状，久之始息。问："郊之义何取？"曰："中外之界也。""界于何辨？"曰："悬揣耳。然顷者恰当其处，非臆度也。"

汪楫率领的中国船队过了"郊"或"沟"后，恰逢风浪大作，船队向海里投下猪羊两头，倾倒米粥五斗，并焚烧纸船，敲锣打鼓，披甲执刀，作备战状。此处的"郊"或"沟"，也称为为"黑沟""黑水沟"，即今所谓琉球海沟。从地理而言，琉球海沟将琉球群岛与中国大陆架截然分开，钓鱼岛、黄尾屿、赤尾屿及台湾岛都坐落在中国大陆架上。换言之，"郊"就是国界，琉球海沟是中国和琉球的分界线。汪楫的记载是钓鱼岛属于中国领土的有力证据。井上清《钓鱼岛的历史与主权》援引汪楫的《使琉球杂录》，表明了《使琉球杂录》的重要价值。

井上清（1913—2001），1936年毕业于东京帝国大学文学部国史科，日本近代史和现代史研究家、社会活动家和京都大学名誉教授。二战期间，他参与文部省的维新史料和帝国学士院的帝室制度史的编纂工作，战后与日本马克思主义历史学家组成历史学研究会。1950年加入日本学术会议，1954年任京都大学人文科学研究所副教授，1961年至1977年期间任教授。井上清著述丰富，他撰写的《日本军国主义》《日本帝国主义的形成》《昭和天皇的战争责任》《关于钓鱼岛等岛屿的历史和归属问题》为中国学者所熟知。1971年，钓鱼岛事件发生，井上清亲赴冲绳进行调查研究，搜集到许多琉球时期的档案和地图。

井上清几乎是唯一公开站出来发表论著证明钓鱼岛自古以来就是中国领土的日本学者。此后许多学者再研究钓鱼岛问题，都离不开井上清当初的调查材料。中国外交部发言人多次直接或间接引用井上清在书中的观点。井上清与范文澜、郭沫若等中国历史学家均有友好联系。1997年，井上清获得中国社会科学院名誉博士称号。

扬州人汪楫曾出知河南府，治绩为人所称。后迁福建布政使，召至京城，途中得病，竟然不治。汪楫工诗，与三原孙枝蔚、泰州吴嘉纪齐名。亦能作曲，有《补天石》传奇。他也是书法名家，书以骨胜，有米芾之神。出使琉球时，为其国王书殿榜，纵笔为擘窠大书，琉球国王大惊，以为神人。汪楫的诗多有生活气息，如《田间》云："小妇扶犁大妇耕，陇头一树有啼莺。儿童不解春何在，只向游人多处行。"其诗境多开阔壮观，如《欢喜亭同玉明上人观云海》云："山与云俱没，凭高安所望？人初人混沌，天不改青苍。俯槛衣裳湿，鸣钟虎豹藏。松风响何处？涧水下鄱阳。"对当时的社会现实，汪楫在诗中时有反映。康熙初年，因南运河北段水源不足，漕船重载不能直到北京，清廷令京东武清等六县各造驳粮船百艘，每县拨公田十顷为保养费。武清船工因隶属关系多为杨柳青人，俗称运河小粮船。他们常被派调随大漕船运粮，装载遥遥无期，船工困饿，往往弃船逃走，在外流浪不敢还乡。汪楫有《驳粮船》咏道："船去人空厨无烟，长帆八尺高桅悬。铁锚齿齿斤逾千，长篙巨缆无弗全。云胡中道相弃捐？指船问人人不语。

一老低致词:漕船噬人猛于虎!驳粮船,驳粮常傍漕船边,漕船为人汝亦然,汝船宁不值一钱?弃同敝屣意何决,岂有棘刺相掌缠。甘心流离向中路,被驱何异雀与鹋?吁嗟此去谁汝怜?"反映了当时民生的疾苦和船工的悲惨。

五 师夷长技以制夷
——放眼世界第一人魏源

从何园旁的丁家湾进去,穿过一些古意尚存的街巷,就到了新仓巷三十七号。这是一个绝对寻常的小巷,没有标志,没有门楼,甚至没有号码。但是这里曾经是一个伟大的思想家起居、思考和著述的地方。这个思想家被誉为中国近代史上放眼看世界的第一人,他的巨著《海国图志》被推为影响中国历史进程最重要的一百本书之一!他就是魏源,他的杰作《海国图志》初稿就是在新仓巷中的絜园里写成的。

现在的絜园,还残留着破损的大门、衰败的老宅,和一些昔日曾让魏源赏心悦目的假山石——如今它们都随意地散落在各个角落,完全没有了当年的精神。在冬日夕阳的余晖下,这座最早产生"师夷长技以制夷"的开放意识的著名故居和古典园林,触目之处皆是断砖和瓦砾,显得冷寂而荒凉,似乎早被世人遗忘了。

魏源(1794—1857),字默深,湖南邵阳人。十六岁中秀才,直到年过半百才中进士,做过东台与兴化知县、高邮知州和两淮盐运使海州分司运判。他的仕途很不得意,但对国计民生极为关注。他的一生,同扬州结下了不解之缘。

魏源是因为在京城屡试不第,应聘来到江

魏源

苏布政使贺长龄、江苏巡抚陶澍幕下，从而常住扬州的。他在幕中做过两件了不起的事情，一是建议将河运改为海运，一是建议将纲盐改为票盐。这两件事使得清代晚期的漕政和盐政大受其益，也使得魏源本人获利颇多。明清两代沿袭所谓"纲盐制"，盐利为少数大盐商垄断，弊病丛生。一旦废除"纲盐制"，实行"票盐制"，过去像黄金一样昂贵的"盐引"立刻化为废纸，中小商人都能涉足盐业，经济立即活跃起来。魏源做幕僚之余，也出资在盐场购盐、纳税、运销，获得巨额利润，絜园就是他用经营盐业得来的钱购建的。从某种意义上说，魏源也是个"扬州盐商"。他的朋友就曾戏称他等同富商："足下盐利大获，在扬州买宅，居然与富商等。"

魏源在扬州购建的家园叫做絜园，就在新仓巷中。絜园建成后，他就辞去幕职，举家迁来扬州，想从此过上宁静的书斋生活。絜园当年的平面图，现在还能看到，大抵南部是花园，北部是住宅。花园里原有荷塘、鱼池，池上有白石桥，周边有太湖石与黄山石堆叠的假山，竹木花草之间布置着石桌、石凳，错落有致。住宅分东、中、西三路，厅堂、庭院、书斋、客座、花房、灶间，楼阁亭台，无不具备。魏源写过《絜园暑夜登月台》《扬州絜园闲咏》等诗咏自己的家园，其中有"池楼凉似水，林月淡于烟"、"万竹绿围花，百花香绕家"之句，可见他对絜园的喜爱。他儿子有文章记载说，魏源是在道光十五年（1835）四十二岁那年"买园于扬州新城，甃石栽花，养鱼饲鹤，名曰絜园"。他的孙子也有文章回忆说，"予家有园林，在扬州仓巷，亭台楼阁，称一时之盛"。由此足见，扬州新仓巷的絜园，曾是魏氏祖孙引以为豪的乐园。

絜园也是魏源的好友龚自珍经常往来栖息之所。龚自珍经过扬州时，多寓絜园秋实轩，轩中有古桐数株，相传为唐朝遗物。龚自珍在絜园有许多逸事，散见于野史。如有一次，魏源的仆人见龚自珍大谈诗书，无暇洗漱，就捧水让他洗脸，不料龚自珍大怒，对魏源说："我不喜欢洗脸，你的仆人偏要让我洗脸，贤主人怎能用这样的仆人？"魏源听了，笑笑而已。又一次，龚自珍与魏源在秋实轩高谈阔论，得意忘形，手舞足蹈，将靴子踢飞，过后到处找靴子不见，三天后才发现靴子在帐子顶上，后来有人在轩中题道："定庵飞靴处。"龚自珍为魏源的絜园题写过一副对联："读万卷书，行万里路；总一代典，成一家言。"可谓知己而贴切。魏源和龚自珍早就是好朋友。他们曾一同北上会试，一同誉满京华，一同因为文章触及时讳而落第，故一时称为"龚魏"。自然，他们的友谊是基于共同的世界观——他们都渴望国家富强，渴望社会变革，也渴望了解外部世界。

《海国图志》一书是魏源在1840年鸦片战争爆发后，深感中国之弱、西方之强发愤而作。这一年英舰来犯，他从扬州亲赴浙江前线御敌，岂料朝廷和战不定，军中也是兵骄将怯，魏源见报国无门，只得返扬。途经镇江时，邂逅被贬的林则徐。林则徐嘱托他一定要写好《海国图志》，并给他带来许多从澳门得到的西方书报，为《海国图志》的撰写提供了大量新鲜的资料。经过一年的奋笔疾书，就在扬州新仓巷的絜园中，中国人研究东西方世界的划时代的著作《海国图志》初稿诞生了。魏源在《海国图志原叙》里指出：

是书何以作？为以夷攻夷而作，为以夷款夷而作，为师夷长技以制夷而作。

叙末特地署道："邵阳魏源叙于扬州。"这样，魏源就在中国近代史上第一次明确提出了向西方学习的思想和口号，从此以后，中国人就开始了向西方寻找真理的伟大而漫长的历程。

《海国图志》有五十卷、六十卷、一百卷三种版本，前两种刊刻于扬州，后一种刊刻于高邮，后来又在海内外不断重刊。它的全部内容，就是围绕"夷"这个中心，全方位地介绍世界各国的地理、历史、政治、经济、军事、科技,乃至宗教、文化、教育、风土等各种情况。它是中国有史以来未曾有之书。因此,它不愧是一部破天荒的百科全书式的巨著,一经问世,风行人间,不但启迪了中国的志士仁人,并对日本的明治维新产生了深远的启蒙作用。

可是,现在谁还记得,"师夷长技以制夷"这一声划破长空的呐喊,竟是从扬州新仓巷里发出的?当我徘徊于惨不忍睹的絜园时,也想向世界呐喊一声:

"救救絜园!她是中国人向西方寻求真理的发祥地,让她成为扬州城的骄傲!"

六　从广储门到卢浮宫
——旅法画家张玉良

张玉良(1895—1977),现代女画家、雕塑家,扬州人。1921年考取官费赴法留学,先后进里昂中法大学和国立美专学习。1923年进入巴黎国立美术学院,作品曾陈列于罗马美术展览会。1929年张玉良归国,任上海美专及上海艺大西洋画系主任,兼任中央大学艺术系教授。1937年再赴巴黎,直至去世。

张玉良

张玉良的故居在扬州广储门。广储门是扬州城北的一座城门。由广储门衍生的地名,有广储门大街、广储门外街、广储门桥等。据李斗《扬州画舫录》所记,当年广储门里有雨莲茶馆,广储门外有雨莲书院,城门口的码头停泊着许多画舫,那些画舫都有各式各样好听或有趣的名字。现在广储门没有了,雨莲茶馆没有了,雨莲书院没有了,画舫也不再停泊在城门口的码头下。但以广储门命名的老街还在。很多人不知道，这条冷寂的老街和一位旅法女画家有关。

广储门街位于东关街西端北侧。晚清时期，这条街上有一家张姓毡帽铺，以经营绣花毡帽为生。男人制帽，女人绣花，自食其力，安然度日，倒也称得上是小康人家。但是一件意外的事情，改变了这家人的命运。扬州知府的舅爷借做生意为名，骗走张家大量毡帽而分文不给，张家因此破产，男人一气而亡，留下一个孤孀、两个孤女。后来大女儿早夭，惟有小女儿存活下来与母亲相依为命，她就是张玉良。母亲依靠绣花维持生计，日子过得艰难，而女儿却从母亲的绣花针下受到了最早的艺术熏陶。贫贱的女人容易衰老，在张玉良八岁时，母亲积劳成疾，不治身亡，她在离世前把女儿托付给了自己的亲弟弟。谁知这个弟弟却是一个"瘾君子"，整天在鸦片馆中吞云吐雾，消磨生命。终于，在张玉良十四岁时，这个亲舅舅不顾胞姐的临终嘱托，竟把自己的亲外甥女卖给了安徽芜湖的一家妓院。幸而张玉良在这里遇到了海关监督潘赞化，好心的潘赞化对张玉良情有独钟，为她赎身，娶她为妾，还送她前往上海读书。从此，张玉良又名潘玉良，或潘张玉良。

在上海，张玉良遇到潘赞化的老友陈独秀。陈独秀以其慧眼，发现了张玉良具有艺术家的天赋。张玉良在上海的邻居洪野是上海美专的画师，因为洪野的引导，她得以报考以"模托儿事件"出名的上海美术专门学校。张玉良的绘画考试成绩名列前茅，不料发榜时却名落孙山。一打听，才知道是教务处得知她出身青楼，生怕玷污了学校名声而没有录取她。事为校长刘海粟所知，这位素来不为世俗成见所动的"艺术叛徒"亲自在榜文上大书张玉良的名字。张玉良就此成了上海美专学生，并且以一幅惊世骇俗的《裸女》速写轰动全校。

在当时的中国，女人画裸体是难为社会接受的，何况张玉良本人

第 1 章　东渡与西行——走向世界的先驱

又出身青楼。妓女的出身，小妾的地位，使得志向高远的张玉良无法在待在国内。加上刘海粟校长说过，学西画如不去西方，等于没有学，张玉良于是决计到国外求学。

1921年，张玉良从上海乘坐加拿大皇后号邮轮离开祖国，先后在巴黎和罗马等地的国立美术学院学习。凯旋门，塞纳河，埃菲尔铁塔，香榭丽舍田园大街林荫道，古罗马的宏伟建筑和文艺复兴时代的绘画杰作，给了她巨大的心灵震撼。当然，她流连最多的地方是卢浮宫，这座位于巴黎中心塞纳河畔的艺术殿堂，收藏着人类艺术的顶尖级珍宝。张玉良为了临摹那些稀世珍宝，在此度过了无数晨昏。正是在卢浮宫，她萌生了要像那些先辈大师一样把自己的作品也藏入这座艺术圣殿的梦想。在留学期间，她才华初露，荣获意大利国际美术展览会金奖。

1928年，张玉良回国，担任她的母校上海美术专门学校西画系主任，兼任南京中央大学艺术系教授。她协助蔡元培组织中国美术学会，参加支援绥远抗日义展，五次举办个人画展，多次前往黄山、庐山各地写生，一时声誉鹊起。值得一提的是，她曾经率领一群中央大学艺术系学生到故乡扬州瘦西湖来写生。扬州的一花一草，一石一木，无不使得她怦然心动。她把自己对故乡的情愫，全都倾注在画笔之下，作了一幅恍如仙境的《瘦西湖之晨》以抒发浓浓的乡思。

不过，艺术的成功没有改变国人的偏见，"妓女""小妾"的脏水不时泼向张玉良。人格的尊严时时受到无情的践踏，在西方生活过的张玉良无法忍受这些冷言和白眼。她想了很久，觉得若要世人忘记她从前的身份和地位，只有重返欧洲，因为巴黎人不在乎她的身世，卢浮宫有她心爱的艺术。

1937年，张玉良再度去国，这一去就没有回来。她在国外获得了许多荣誉，包括法兰西金奖、比利时金奖等。更重要的是，她终于实现了自己的梦想：让自己的作品被西方最高艺术殿堂收藏。1977年7月22日，她病逝于巴黎，墓碑上用中文镌刻着——"潘玉良艺术家之墓"。

张玉良是一个女人，又以表现女人体见长。她旅法四十馀载，画过六千多幅作品，获得数十次国际大奖，最引人注目的是她的《躺卧女人体》《法国女郎头像》《非洲黑女人体》《坐靠背椅的女人体》等杰作。她的女人体画作反映了她不同阶段的不同风格。早期画作有明显的西方画法痕迹，后来将中国画与西方画相结合，其中不少彩墨女性人体画用中西融合的手法加以表现。她在很多画作上留下了"玉良"的中文签名，有时还用印章点缀。她最喜爱的印章有两枚，一枚是"玉良铁线"，一枚是"总是玉关情"。每有得意之作，她便用"玉良铁线"之印；如果是思念家乡之作，她便用"总是玉关情"之印。

张玉良在1936年举行第五次个人画展时，曾有人用刀割破她的作品，认为她的女人体画伤风败俗。传统的中国人，总是视女性裸体为禁忌。在旧中国，一方面帝王可以佳丽三千，富人可以妻妾成群，另一方面女人却不能裸露身体的任何部分。这种具有讽刺意味的两个极端，暴露了封建伦理道德的虚伪。张玉良作为一个女人，对女人体具有特殊的兴趣，其中无疑包含着对自身的关注和对道学的叛逆。如果说，女人体在男人眼中不无性的意味，那么在女画家笔下应该是一种纯粹的美。张玉良告诉我们，女人的身体不但值得男子欣赏，同样值得女人自己欣赏。但很可惜，我们的母亲从来没有教育过我们，应该观察我们的身体，发现我们的身体，欣赏我们的身体。中国人对自己的身体感到羞耻，不敢直视，这是十分荒唐而不知所以的。我们的身体属于我们自己，我们才是自己身体的主人。一个拥有美丽身体的女人，当她知道自己原来是自己身体的主人时，才会发觉自己的强大。张玉良就是这样。

第1章 东渡与西行——走向世界的先驱

张玉良在上海美专求学时，刘海粟校长看到她众多的裸体习作，颇为吃惊。他问她，是如何找到这些模特的？她回答说，一部分是在女子公共浴室观察女体所作的速写画，另一部分是自己在家里对着镜子所作的自画像。实际上，她的很多画作都有自己的影子。她的女体画除了受欧洲古典风格的影响外，受野兽派大师马蒂斯的风格影响最为明显——用颜色鲜艳的织毯椅垫，来陪衬赤裸的女体。她尤其喜欢以女性的背部表示生命的力度，她笔下裸女的肩膀、乳房、手臂、腰肢、大腿的曲线，因为黑墨的勾勒，突出了雕塑一般的质感。她常常刻意将女子的臀部布局在画面的重心位置，形成一种独特的风格。有人曾经怀疑，张玉良是不是一个女同性恋者？因为她的作品里有太多的女人体。但也有人说，只要看看她跟潘赞化相处时的甜蜜，对于她是不是女同性恋者的怀疑便不攻自破。

法国东方美术研究家叶赛夫这样评价张玉良："她的作品融中西画之长，又赋于自己的个性色彩。她的素描具有中国书法的笔致，以生动的线条来形容实体的柔和与自在，这是潘夫人的风格。"如今，在扬州广储门老街三十二号，仍能访到她未加修复的故居旧址。

玉良，魂兮归来！

七 自由的骑士
——旅欧学人盛成

盛成（1899—1996）是一个集作家、诗人、翻译家、语言学家于一身的学者。他出生于清末仪征的没落世家，少年时代追随孙中山参加辛亥革命，光复南京时名列"辛亥革命三童子"之中。后来，盛成登上勒苏斯号邮轮开始留法勤工俭学之旅，并应法国作家罗曼·罗兰之邀，出席日内瓦世界妇女自由和平促进大会。盛成应邀到巴黎大学主讲中国科学课程时，发现东西方思想其实是相通的，提出了"天下殊途而同归"的见解。他的自传体小说《我的母亲》，使他在法兰西赢得了盛誉。1996年冬天，一生追求自由的骑士盛成，在北京走完了他最后的人生旅程。

盛成

盛成原名盛延禧，1899年2月6日出生于扬州仪征。自幼聪颖好学，稍长与兄盛白沙一起秘密加入同盟会。因结识革命家黄兴，并得其赏识，更名盛成。他参加光复南京的战斗时年仅十二岁，因而得到孙中山的嘉奖和勉励。这一切离不开他的兄长盛白沙的影响。盛白沙曾任广州革命军政府海军肇和舰舰长、汕头海军临时舰队指挥，协助孙中山平息陈炯明叛乱，后为叛乱分子杀害，成为民国烈士。1914年，盛成考入上海震旦大学，读法语预科。三年后，考入长辛店京汉铁路车务见习所任职。

1919年，中国爆发了五四运动。在这场中国人空前觉醒的狂飙中，盛成扮演了时代先锋的角色。前些年，扬剧《史可法》进京公演，我曾随同赴京，住的就在中国现代史上声名显赫的赵家楼。关于赵家楼的来历，民间传说有若干版本，其中流传最广的有两个版本：一是明代四川有个赵姓举人考上进士，在此造园，因亭高如楼，故名赵家楼；一说北京有个赵姓大户，在此砌了三层高楼，胡同因此得名。在中国历史教科书上，赵家楼是因为曹汝霖住宅被烧而出名的，"火烧赵家楼"成了五四运动的标志性事件。如今，在曹汝霖住宅旧址上建成的赵家楼饭店，门牌为东城区赵家楼一号。

我住在赵家楼的那些天，每天出入饭店都看到"赵家楼"三个字，心中不能不时时想起五四，想起在五四风云中留下不朽身影的扬州人。在他们中间，有著名学者任中敏，有伟大作家朱自清，还有杰出的中法文化交流先驱——盛成。

轻轻翻开史册，1919年5月的最初几天发生了这样一系列事件：

5月1日，北京大学学生获悉巴黎和会拒绝中国要求的消息，当即在北大西斋饭厅召开学生代表紧急会议，决定5月3日在北大法科大礼堂举行全体学生临时大会。来自扬州的北大国文系学生任中敏，这一年二十三岁，也是学生代表之一。5月4日上午十时，北京各校学生召开碰头会，商定游行路线。下午一点钟，学生三千馀人向使馆区进发。当游行队伍行至赵家楼曹宅时，群情激愤，引发了著名的火烧赵家楼事件。据史料记载，当时是由北京高等师范学校学生匡互生首先冲入曹宅，并取出随身携带的火柴，任中敏等紧随其后，共同点燃了烈火。从此，五四的熊熊烈焰，迅速蔓延中华大地，照亮了中国近代史的坎坷进程。

直接参加五四运动的扬州旅京学生，除了任中敏之外，还有扬州人朱自清。朱自清这一年二十二岁，是北京大学哲学系学生。朱自清在新思潮的影响下，以自己的方式参加了五四运动。早在五四爆发前的1919年1月，因为《新青年》的影响，北大部分学生提倡语言革新，发扬社会批评，创办了《新潮》杂志和新潮社。新潮社请胡适做顾问，李大钊、周树人等大力支持，朱自清也参加了新潮社。因此，当五四风云突起时，朱自清自然积极参与其中。正如学者所说的，五四的狂风暴雨深深震撼了朱自清年轻的灵魂，似乎有一道不灭的精神之光把他的内心世界照亮，同时也激发了他文学创作的热情。直至十年之后，朱自清还回忆说，他之所以热心于文学创作，就是五四时代的蓬勃朝气鼓舞所致。

5月4日这一天，与北京大学学生任中敏、朱自清一起集会天安门、火烧赵家楼的，还有后来被推举为长辛店铁路工会代表的扬州仪征青年盛成。当时盛成年方二十一岁。他在读完上海震旦大学法语预科之后，正在长辛店车务见习所工作。他不是学生，但因为江苏同乡、北大学生葛定荣的关系，结识了不少北大的朋友。5月3日是星期六，盛成下班后去北大学生宿舍探望老乡，正值学生代表举行紧急集会，盛成便也随之参加。盛成本是爱国者，他在会场上听到学生们的激情演讲，深受感染，当即决定参加第二天的学生游行。在北大学生任中敏等人火烧赵家楼的那一刻，盛成作为长辛店工人也在现场，亲眼目睹了这一历史时刻。

5月4日当晚，盛成从天安门和赵家楼赶回长辛店工棚，立即向工友描述了北京城里发生的事情，并鼓动工友响应，支持学生运动。结果，由盛成提议，成立了"救国十人团"，盛成被推为团长。"救国十人团"以十人为一组，到5月底就发展到五百多人，专事宣传爱国、抵制日货等活动。为了加强宣传的效果，多才多艺的盛成还组织话剧社，根据亲身经历编写了《火烧赵家楼》剧本上演。这是最早反映五四运动题材的戏剧，可惜剧本没有流传下来。

盛成一生向往自由。1919年年底，他满怀救国的理想，登上勒苏斯号邮轮，开始他的勤工俭学之旅。在法国，他先进入蒙彼利埃农业专科学校学习蚕桑，后转入意大利帕多瓦大学和蒙彼利埃大学，获得高等理学硕士学位。二十年代初，盛成加入了法国社会党，并参与创建了法国共产党。具有艺术天赋的盛成，凭借自己的个性，又加入到超现实主义的达达运动之中。

几年前我去瑞士苏黎世时，特别在一个夜晚来到达达运动的发源地凭吊和缅怀这位来自扬州的先贤。达达运动是1916年至1923年之间出现于法、德、瑞的一种艺术流派。从根本上说，达达属于一种无政府主义的艺术运动，它试图打破既有的一切传统文化和美学形式。这个运动由一群年轻气盛的艺术家和反对战争的运动家领导，他们通过愤世嫉俗的言行表达对现实的反抗。关于"达达"一词，有人认为它没有实际意义，有人认为它来自罗马尼亚语"da, da"，意为"是的，是的"。流行的说法是1916年有一群年轻人在苏黎世集会，要为他们的组织取个名字。他们随便打开一本法德词典，任意选了一个词，那恰好是"dada"。"达达"的得名昭示了这个运动的随意性，也即对于正统的蔑视。达达运动兴起于苏黎世，涉及诗歌、戏剧、美术等领域，是颠覆、破坏、摧毁现有秩序的产物。由此也可以窥见盛成当时的思想。

1977年，盛成作为当时唯一健在的达达运动元老，出席了西柏林举办的纪念达达运动艺术大展，受到热烈欢迎。又过了十年，他写了一篇简约的追忆文字，概括地表述了他所认识的达达。

盛成在旅法期间，积极参加维护中国留法学生权益的斗争，并以超常的勇气投身国际左翼组织的活动。但由于他的思想与当时的主流声音不合，所以他不得不告别政治舞台，潜心学术研究。他后来应聘到巴黎大学讲学，才发现东西方思想其实是相通的，孙中山提出的"天下大同"是盛成奋斗终生的最高理想。

我最先知道盛成，是因为他的自传小说《我的母亲》。这本书于1928年在巴黎出版，得到了著名作家纪德、罗曼·罗兰、萧伯纳、海明威、罗素等人的高度评价，先后被译成英、德、西、荷、希伯来等十六种文字在世界各地出版发行。其实早在长辛店实习期间，盛成就已写出初稿《盛世母范》。在后来的文章中，他回忆道："我心中老觉得别人爱我，是一时的，我的母亲爱我，是一世的。别人的爱情是有条件的，有目的的。我母亲爱我，是无条件又无目的的。"在盛成看来，唯有母爱是天下殊途而同归的。盛成笔下的故乡和母爱，博得了整个法国的赞叹。1929年，盛成《我的母亲》续集《我的母亲和我》问世。1931年10月，盛母病逝，盛成回国奔丧，葬母于仪征青山。1935年初，盛成离欧返国，将《我的母亲》译成中文出版，卷首刊有徐悲鸿绘制的盛母像，上题："辛未岁阑悲鸿敬为成中兄造其太夫人像。"章炳麟另题"盛母郭太夫人"六个篆字。

2010年10月，有扬州人从法国拍卖会上拍来一本1928年的《我的母亲》法文初版本，系限量编号本，当时仅出版一百五十本，而这一本是送给出版商的，上面有盛成的亲笔题赠。据说在中国作家中，有三本用外语写的书在海外享有特殊盛誉，即林语堂用英语写的《京华烟云》、叶君健用英语写的《山村》与盛成用法语写的《我的母亲》。北京图书馆藏有一册《我的母亲》法文初版本，是作者本人赠送的。书的封面上写着："献给世界上的妇女、慈母及儿童。"扉页是盛母的像，像下是她的一句话"救苦人"。旁页空白处有作者毛笔题词："精版一百五十卷，其中赠埃及国王一卷，土耳其总统凯马尔一卷，中国方面赠给马相伯先生一卷，法国方面赠给瓦雷里先生一卷。自留三卷，一赠母亲，一赠武弟，一自赠。今自赠之书已丧失，此乃丧失之赔偿，并非精本。特赠。盛成（印）。民国二十三年二月八日。"北京图书馆藏本虽是初版，却是普通版本，而从法国拍来的是限量编号本。扬州媒体曾就此事采访我，后来《扬州晚报》报道说："扬州文化学者韦明铧认为，盛成是中外交往史上影响与价值均不下于鉴真、马可波罗的重要人物。前天，韦明铧特意去仪征拜谒了盛成故居，虽然故居现在只剩一小部分，而且由于没有修复，显得破落不堪，可是价值非凡。听闻盛成的这本《我的母亲》正在飞回故里的途中，韦明铧感叹其意义深远，如果以后修缮他的故居，此书有可能成为镇宅之宝。"

上世纪三十年代初，游子盛成从欧洲归国，先后在北京大学、广西大学、中山大学和兰州大学执教。抗战期间一度投笔从戎，担任上海十九路军政治部主任和武汉全国文艺界抗敌联合会常务理事。1948年应聘到台湾大学担任教授，一边从事法语教学，一边从事国学研究。他在台湾被视为异己分子。他写出论文《唐代美术》、专著《但丁》、回忆录《巴黎忆语》等，却无固定收入，只靠妻子缝纫浆洗维持生计。1965年盛成去美国，用英文写成《欧阳竟无传》。不久再度赴法，专事创作与研究。他的著作被收入法国学校的课本，同时还发行了由他本人朗读的教学录音带。六十年代他应联合国教科文组织的约请，将中文《老残游记》译成法文出版。1978年10月，盛成回到中国大陆，在北京语言学院担任教授。八十年代后，盛成仍然从事马来语与汉藏语系的比较研究。1985年，法国密特朗总统授予这位世纪老人以"法兰西荣誉军团骑士勋章"，表彰他对中法文化交流所做出的突出贡献。

盛成的崇拜者、追随者和研究者曾在巴黎组织过一个叫"盛成之友会"的文艺沙龙，每周六中午聚餐一次，由盛成主讲各种感兴趣的题目，并回答大家的提问。有时他也即兴吟诗题词，当场出售。他回国定居后，"盛成之友会"的活动并未停止，他不时寄去短简小诗，以慰友人之思。

1985年3月14日，法国驻华大使夏尔·马乐代表密特朗总统在大使馆邸向盛成颁发了"法国荣誉军团骑士勋章"，说：

您是使用法语写作的唯一的中国作家。由于您积极参与我国的文学活动，您成为我们法兰西的作家之一。您为中法两国文化架起了友谊的长虹。在您的著作中，我想特别指出保罗·瓦莱里作序的《我的母亲》，1929年的《秋心美人》与1979年的《老觚新酿集》。作为诗人的您，对我们语言的眷念长达半个世纪之久。您为联合国教科文组织翻译了《老残游记》，把中国文学最富有生命力的作品之一介绍给法国公众。无论是今天在北京语言学院，还是昨天在巴黎大学，您都孜孜不倦地指导您的学生对我国文学进行研究，为法国文化而辛勤劳动。您对我国——您文学领域的祖国的感情始终如一。

盛成先后用带有扬州腔的普通话和纯正的法语回顾了他和法国之间的关系，说："我的一生跟英雄的法国人民和中国人民的命运联系在一起，祸福与共。"

1993年，盛成出版《旧事新书——盛成回忆录》。1994年，盛成由夫人陪同前往法国蒙白利埃参加诗歌研讨会。1995年，盛成由夫人与小女陪同飞往巴黎出席瓦莱里逝世五十周年纪念活动。1996年12月26日，盛成因病在北京辞世，享年九十七岁。在告别仪式上，法国大使馆敬献的硕大花圈用鲜花组成法兰西共和国国旗图案，挽带上写道："献给中法友谊的开拓者盛成先生。"法国总统雅克·希拉克发来唁电，盛赞盛成创立了中国与法国间的现代关系，并以个人和全体法国人民的名义表示最沉痛的哀悼。

盛成的一生在故乡的时间很短，但是他终于落叶归根了。1997年1月13日，他的骨灰由夫人和儿子护送至仪征。1月15日，按照他的遗愿，仪征市人民政府葬盛成于青山盛氏墓地。

八　谁把《扬州十日记》介绍给世界？
——翻译家毛如升

《读书》杂志上有一篇文章，题目叫做《扬州：选择与遗忘》。文章写得如何姑且不论，但有一点是弄错了：《扬州十日记》的作者不叫"杨秀楚"，而叫王秀楚。

关于《扬州十日记》的作者，历来没有什么疑问。凡是谈到《扬州十日记》的，都知道它的作者是王秀楚，而不是杨秀楚。例如《剑桥中国晚清史》写道："梁启超和他的同事们的政治激进主义还含有排满种族主义的鲜明色彩。在他为学生札记所写的评语中，有时直言不讳地提到悬为严禁而不许涉及的事实，

毛如升

即在十七世纪征服中国过程中满人犯下的可怕的屠杀暴行。而且，他和同事们还传印和散发了成千本王秀楚的《扬州十日记》，这是据说有关满人在扬州所犯暴行的惊人的、但禁止传播的记述。"王元化《帮闲文学与帮忙文学》写道："王秀楚的《扬州十日记》描写清兵杀人如麻，流血有声，读了之后，令人毛骨悚然，如游地狱，忘掉人间。"苏雪林《文学写作的修养》写道："人生经验若十分特殊，则其为文动人力量也出奇的大。笔者在另一文中曾谈到中国历史之长，历代战争之繁，何以能记录此种血腥痕迹者，仅有王秀楚的《扬州十日记》、张茂滋《劫后余生录》等寥寥数篇。是盖宛转烽火兵刃之间者，多非文人，偶有文人，事后亦不愿记录之故。"只有一本清代禁书目录中说，当年禁毁《扬州十日记》一书时曾把它的作者说成是"佚名"。这表明清代有各种版本的《扬州十日记》在民间流传，而其中有一些是隐匿了作者名字的。

王秀楚的生平，至今无考。上世纪八十年代，上海戏剧学院教授陈汝衡曾谈及此书。陈汝衡说，他因为是扬州人，多年来留心乡邦文献，一直想查到王秀楚其人的点滴事迹，然而总是失望。他还说，世人都以为清兵入扬州后屠城十日，此大谬也。清兵屠城不过五六日，《扬州十日记》书中历历可考。王秀楚的书名叫做《扬州十日记》，不过是说作者记其"十日见闻"而已，并非说清兵"屠城十日"。而且，杀死的人也没有书中说的"八十万"那么多。

关于王秀楚的身份，除了"明末扬州秀才"这一条之外，可以说别无所知。但是最近见到京华出版社2001年8月出版的《四库禁书》（全十六卷），内收《扬州十日记》，注明此书系"明人王秀楚"所著，简介写道："本书作者是史可法的幕僚，《扬州十日记》是'身所亲历，目所亲睹'的记史著作祖本。书中记述了清军攻破扬州，肆意奸淫妇女，泣声盈野的人间地狱惨相。"何以知道王秀楚是"史可法的幕僚"？

未见说明出处。

陈汝衡出示过一本英译本《扬州十日记》，是一本罕见的书。译者毛如升，当时并不了解是谁。但是说起来，我与英译本《扬州十日记》以及毛如升仿佛有些特别的缘分。

那是十几年前，我在上海陈汝衡教授家中，见到他珍藏多年的英汉对照本《扬州十日记》，系毛如升翻译，由林语堂主持的上海西风社于民国二十九年（1940）九月初版，三十年（1941）五月再版。这是我第一次见到《扬州十日记》的英译本，觉得十分惊奇。打开书，见书前有美国密歇根大学贝德（A. L. Bader）博士的序，对《扬州十日记》及其译文评价甚高，称它在"近年来中英互译之作"中"占一重要地位"。我因对此有浓厚兴趣，便伏在陈家饭桌上将序言抄了下来，但当时对译者的情况一无所知。

几年前，百花文艺出版社约编一本《绿杨梦访》，搜集民国年间有关扬州的散文为一编，当时就想到要把贝德博士的《〈扬州十日记〉英译本序》收入书中。但因序言原译为文言文，于体例不合，便让女儿韦艾佳用现代散文笔法将序文重译一遍。贝德序中多次褒奖《扬州十日记》的英译者毛如升，说他的译文保持了原文的质朴本色，可惜那时我们仍对毛如升毫无了解。

不久前，到扬州天宁寺去逛古玩市场。偶见地摊上有几本旧杂志，随手拿来翻阅。正巧见到一册民国二十九年（1940）出版的《西风副刊》，系林语堂主编，封面上赫然用黑体字写着"扬州十日记"五个大字。打开一看，见竟是毛如升所译《扬州十日记》（汉英对照）的最后一段，这才知道毛译《扬州十日记》在成书之前是先在杂志上面连载的。于是，便立刻买下了这册六十年前的老杂志，并在心中隐隐觉得与毛如升有缘。

更巧的是，那天与几位朋友到扬州文华大酒店吃饭，没想到酒店

第 1 章 东渡与西行——走向世界的先驱

的主人竟是我从前的学生毛静扬。毛静扬一见我就说,她的祖父就是我在书中提到过的《扬州十日记》的译者毛如升!而且,她祖父是邵伯人,算起来和我还是同乡。这一奇遇使我们对毛如升不但充满了敬意,也顿时充满了好奇心,觉得应该把他的生平介绍给世人。在毛静扬同学的安排下,终于得以和毛如升的公子毛成权畅谈了半日,对翻译家毛如升的生平有了大致的了解。

毛如升,原名毛如杰,1911年生于江都邵伯的一个书香门第,父亲是塾师。他在邵伯读完小学后,考入扬州中学读初中。初中毕业后辍学,在家艰苦自修二年,翻烂了两本英汉字典。因无高中文凭,只好借用兄长毛如一的高中文凭,将"一"字改为"升"字,考入南京中央大学外文系。因为成绩优异,毕业后留校,在中美文化交流中心供职,得以结交来华工作的美国朋友贝德教授,并深得贝德赏识。当时正值"二战"期间,毛如升一面勉力工作,一面勤奋译文,始终不忘国难当头。他把《扬州十日记》译为英文,先后在《天下》《西风》等杂志上发表,还把抗日烈士华椿的诗篇《纪念之歌——奉献给奴隶们》译为英文发表在美国密歇根大学学报上,以期激励国人御侮之志,让全世界都知道中国人是不甘做亡国奴的。此外,他又把诗人徐志摩、卞之琳、邵洵美等人的新诗译为英文发表,以促进中外文化交流。南京沦陷后,中央大学撤退到后方,毛如升因家累未能随校撤离,便前往上海肇光中学教授英文。在此期间,他主编《长风》英语半月刊,继续推进中西文化交流,并将朱自清编选的《中国新文学大系·诗集》全部译成英文,寄给已经回国的贝德教授,拟在美国出版。可惜因太平洋战争爆发,这一富有伟大意义的出版计划付之东流,饱含毛先生无数心血的译稿也在战争期间不知下落。更加令人扼腕痛惜的是,就在毛如升1940年暑假回邵伯探亲时,突患伤寒,溘然去世。一代英才,鸿图未展,遽归道山,岂不哀哉!

毛如升翻译《扬州十日记》的时间，正是在南京大屠杀之后，我想他极有可能是因为激愤于日寇的暴行而联想到明清之间的那场民族悲剧，才进行他的译事的。他是用他的译笔来抒写愤懑，诅咒战争。

史可法的悲壮牺牲和扬州城的血腥屠杀，是发生在明清之交的令国人永难忘怀的惨烈事件。《扬州十日记》的作者是扬州人王秀楚，译者是扬州人毛如升，其间似乎有一种缘分。《扬州十日记》的篇幅并不大，但由于它真实记录了战争的残酷，因而影响极其深远。无论是辛亥革命，还是抗日战争，《扬州十日记》都曾经作为一种特殊的教材，激励过国人奋力抗争的斗志。因此，无论是这本书的作者王秀楚还是译者毛如升，都值得我们纪念。

九 中国雷达之父
——爱因斯坦的中国助手束星北

2005年是国际物理年，也即爱因斯坦年。全世界的科学家，都在纪念这位影响整个世界的物理学大师逝世五十周年，提出狭义相对论一百周年。此时，我们也不应该忘记一个从扬州走向世界，并被称为"中国的爱因斯坦"的当代科学家——曾经担任过爱因斯坦的研究助手的扬州人——束星北。

束星北（1907—1983），名传保，生于邗江头桥，十岁入江都大桥镇小学读书。后至镇江润州中学、杭州之江大学就读，并转济南齐鲁大学攻读物理专业。1926年留学于美国拜克大学。1927年，束星北几经周折去柏林见爱因斯坦，得到赞赏，爱因斯坦从柏林大学为他争取得资金，并聘他作为自己的研究助手。次年，因德国法西斯势力猖獗排犹，爱因斯坦被迫离走，束星北不得已去英国爱丁堡大学和剑桥大学继续攻读。1930年束星北受聘美国麻省理工学院研究助教。

束星北

1931年辞聘归国，历任浙江大学、上海暨南大学、交通大学教授与系主任等职，在相对论、量子力学、无线电和电磁学等方面卓有建树，对相对论和无线电学造诣尤深。1945年，束星北研制成功我国第一部雷达。新中国成立后，束星北转入气象学研究，先后在浙江大学、山东大学、青岛医学院任教。1978年，到国家海洋局第一海洋研究所从事海洋动力学的教学和研究工作。

束星北是当代杰出的物理学家及气象学家。1957年被错划为右派，仍坚持不懈地钻研科学，完成专著《狭义相对论》手稿。在古稀之年，又抱病投身于海洋事业，承担多门基础理论课程的教学任务。其间他为重大国防科学实验计算预测了海洋环境要素，还和他的学生一起致力于海洋内波研究。

束星北一生从事教育工作，培养出大批科学人才。他的学生中，有在国际科学界享有盛名的吴健雄、李政道和程开甲等。

束星北生前曾任中国海洋学会常务副理事长、《海洋学报》副主编、国家海洋局学术委员会委员、中国海洋物理学会名誉理事长、青岛市物理学会名誉理事长、国家海洋局第一海洋研究所学术委员会顾问。1983年10月30日病逝，享年八十七岁。

束星北在科学界是个特立独行的人，他把对科学的执著也贯注在社会生活中。有一件事颇能反映他的性格。抗战期间，他放下手头的理论研究，到国民党军令部技术室研制武器，中国最早的雷达就是他设计与制造出来的。抗战胜利后，国民党要他填表加入国民党组织，否则就不发奖金。束星北不仅自己不加入，还不准他带去的学生加入。冲突发生后，他命学生拆掉已安装完成的雷达，乃至遭到军令部的囚禁。这段经历，后来却成了给他戴上"反革命"帽子的主要原因。他先是成为历史反革命,到了"反右"运动中,尽管持论中正且十分理性,仍被打成极右,下放到水库工地劳动改造。生活上的艰难不谈,最令他苦恼的是,以科学家严谨的逻辑思维,他很难明白自己的错误到底在哪里。

束星北在山东大学时,发生过一件事,让人们认识到这个早闻其名而未见其人的"束大炮"——"束大炮"是束星北在浙江大学时,同事赠给他的外号。这年年底,在学校大众礼堂召开了一次重要的学术报告会,主讲人是当时中国最著名的热力学家王竹溪。王的学术报告内容广泛,介绍了国内热力学的学术状况,也谈到了国际上的最新动态和发展前景。当然更多的是谈自己的认识和成果。他一边讲着,一边随手在黑板上写出漂亮的公式或重要的概念。报告大约进行到五十分钟时,一个身穿蓝色长袍、身材高大魁梧的人走向讲台,也不做任何解释或开场白,就将双手撑在讲台上,说:"我有必要打断一下,因为我认为王先生的报告错误百出,他没有搞懂热力学的本质。"他捏起粉笔,一边在几乎写满黑板的公式和概念上打叉,一边解释错在那里。大厅里沉寂了好一阵子后,有人小声嘀咕说:"束星北!这是束星北!"对于会场上的骚动,束星北根本就没有在意,他一口气在台上讲了大约四十分钟。

束星北的女儿回忆说,她父亲说过,他最怕的不是政治压力,而是不让做事。1970年7月,山东省革委会以"开门办学"的名义,将一些高校下放到农村办学,束星北也随着学校去了那里。1971年元月的一天,头天晚上下了一场大雪,束星北的女儿来看望父母。她远远地看见有一个人正佝偻着身子扫雪,一身黑棉衣黑棉裤,在漫天雪白的世界里很是醒目。她马上意识到那人是父亲,走过去一看果然是他。显然他是一大早就出来了,从他的身后看过去,一条长长的路已经被扫了出来。走近时她才发现,路两旁的雪地上竟是密密麻麻的数学公

第 1 章 东渡与西行——走向世界的先驱

式和演算符号。束星北常在他清扫过的操场或球场上"做作业",常把操场或球场写满然后再擦掉。黑板擦就是他手中的扫帚。

束星北在上世纪七十年代得以复出,归功于他的学生李政道回国时向周恩来总理的举荐。他复出后做了不少工作,但因长期接触不到最新资料与远离科学活动,他自觉已无法在前沿领域做出大的成就了。一个天才就这样抱憾度过了自己的馀生。

记录束星北生平的《束星北档案——一个天才物理学家的命运》一书,已由作家出版社出版。这是一本再现天才物理学家束星北命运的书。因为这本书,束星北的名字重新为人们所知,人们盛称他是"中国雷达之父""知识分子的骑士""科学界的陈寅恪"。有人读了此书后说,如果一个时代的政治环境,连束星北这样纯粹的科学家都要视为罪人,那是民族的悲哀。

江都大桥镇繁荣街一一七号的束星北故居,现在是江都文物保护单位。对于束星北这样的科学家来说,扬州人还应该做些什么?

十 中国童子军代表
——扬州中学童子军张敦训与武学深

童子军这个名字,已与今天的中国人久违。

我因有幸参加扬州中学一百一十周年校庆,又连夜通览沉甸甸的《扬州中学校史资料长编》,竟然从中意外发现了"武学深"这个熟悉的名字,不禁感叹:扬州中学童子军尘封已久的历史,到揭开内幕的时候了。

当年扬中的学生张敦训和武学深,是如何代表中国童子军走出国门的?他们后来的人生又经历了些什么?他们现在在哪里呢?

童子军是近代欧洲对儿童进行社会军事教育的组织。最先由英国军官贝登堡于1907年在英国南部多塞特郡勃朗海岛上建立。起初成员只有二十多名，主要活动是露营，同时进行烹饪、侦察、攀登等训练。后来许多国家竞相仿效，从而成为一种世界性组织。1920年，国际童子军总会在伦敦成立。据1934年统计，当时参加总会的国家和地区有五十多个，童子军总数达到两百多万人。童子军创始人的全名是罗伯特·史蒂芬生·史密斯·贝登堡。他之所以发起童子军运动，据说是鉴于当时英国青年道德堕落，体格衰弱，恐遭古代罗马帝国亡国的覆辙，所以发明了一套强化训练方法以力挽狂澜。

张敦训与武学深

中国的童子军是1912年2月25日由严家麟在武昌文华书院创立的，其后各地纷纷仿效。民国时的童子军史，大致分为三个阶段：一是各地自主创办时期（1912—1926），二是国民党领导时期（1926—1934），三是中国童子军总会领导时期（1935—1949）。

童子军的编制，一般为六至九人为一小队，设正副小队长。二至三小队为一中队，设正副中队长。两个中队以上可组成童子军团，设正副团长、教练员及传令、文书等。童子军的教育，分为初级、中级、高级三等，另外还有各种专科。初级教育主要有宣誓、礼节、徽章、操法等，中级教育主要有生火、露营、缝补、救护、侦察等，高级教育主要有测量、制图、架桥、星象、游泳等。

中国童子军的宗旨，是发展儿童行为能力，养成良好习惯，使其人格高尚，常识丰富，体魄健全，成为智、仁、勇兼备之青年，以建设国家，而臻世界于大同。参加童子军的学生，都要对孙中山遗像宣

第 1 章　东渡与西行——走向世界的先驱

誓，誓词是："某某誓遵奉总理遗教，确守中国童子军之规律，终身奉行下列三事：第一、励行忠孝、仁爱、信义、和平之教训，为中华民国忠诚之国民；第二、随时随地扶助他人，服务公众；第三、力求自己智识、道德、体格之健全。"1934年11月1日，中国童子军总会在南京正式成立，蒋介石亲任总会长，何应钦任副总会长兼总司令。抗日战争爆发后，许多童子军激于民族义愤，积极参加抗战。他们组织战时服务团，担任救护、宣传、慰劳、募捐、运输、通信和维持治安等工作，出现了许多可歌可泣的事迹。1949年，随着中华人民共和国成立，童子军运动从此退出历史舞台。

扬州的童子军分为五十九团、六十团。五十九团的负责人，是后来旅台的扬州人杜召棠。扬州中学的童子军，则编为中国童子军第六十团。1937年前后，扬州中学初中部校园内有一座重光楼，上下两层，楼上为图书馆、娱乐室和仪器储藏室，楼下为教导处、教员预备室，还有童子军团部和童子军成绩展览室。按当时规定，扬中学生不论男女，一律编为童子军。据校史资料，扬州中学童子军的重要活动有：

1932年出版的《江苏省立扬州中学五周年纪念特刊》记载，当时扬中编制有《童子军进行计划》，决定"实行童子军分级训练，并于事前厘定分级标准，及举行严格考试"。

1937年出版的《江苏省立扬州中学十周年纪念刊》记载，当时扬中分设教导处和童子军两大组织，"两部分立，各司其事，若不相谋，然每周举行教导、童军联席会议一次，凡一切事项，无论属于教导方面，或童军方面，均由本会议决施行，故事务虽然分担，而精神亦属一贯"。

另据1967年台湾出版的《周厚枢星北先生纪念集》记载，扬中校长周厚枢对童子军课程偏爱有加，"据说扬中在全国童子军大露营时，得过第一名"。

毋庸置疑，扬中童子军的生活，对于扬中学子是终生难忘的。

北京大学教授陈玉龙是扬州中学1941届校友。他晚年在《长相忆·忆扬中》中回忆道，他是从镇江达仁小学考入扬中的，"我的小学同班同学有十几人报考扬中，仅录取我一个人"。扬中给他印象最深的是童子军六十团："考进扬中确实有优越感、自豪感。扬中是六十团童子军，在历次全国童子军重大的比赛活动中常常夺冠。我们穿着童子军服，戴着军帽，精神抖擞地走在扬州、镇江的大街上，江东父老们都笑容可掬，啧啧称赞。我们虽然感到自豪，但也不敢骄傲自满，老师和家长们都教导我们要谦虚，要继续努力，更上一层楼！"陈玉龙教授1921年生于镇江，扬中毕业后考入国立东方语文专科学校越南语科，1944年毕业后留校任教，1949年随该校并入北京大学东语系，五十年代兼任马寅初校长秘书。现任北京大学东方语言文学系教授、中国社会科学院亚洲与太平洋研究所特邀研究员、中国社科院研究生院兼职教授。

西安交通大学教授蒋大宗也是扬州中学校友。他的女儿蒋本璐在《相约一生》中回忆她父亲的一生时说，"爸爸小学上的是扬州中学的实验小学，每年都要拿回好多奖状，包括演讲比赛。他还热衷于参加童子军活动、露营，在地上挖坑埋锅造饭。记得他还教我们打各种绳结，就是在童子军时学的。他初中上的是扬州中学，这是一所江苏省的重点中学，号称江苏四大名校。这也为他今后的学业打下了厚实的基础"。蒋大宗教授1922年生在扬州，扬中毕业后考入西南联合大学电机系，1944年毕业。曾任国务院学位委员会第二届学科评议组成员、中国电子学会生物医学电子学会第二届主任委员、美国电气与电子工程师协会终身会士，是中国生物医学工程的主要创始人之一。

在扬州中学的历史上，还有两名学生——张敦训（1918—2011）、武学深（1920—2008）作为全国童子军的代表参加国际活动。

这一殊荣被长期遗忘，是不可思议的。

需要说明的是，张敦训是作为中国童子军代表团成员于1935年访问美国，武学深是作为中国童子军代表于1937年赴荷兰参加第五次世界童子军大露营活动。两者出国的时间与目的，都不相同。

2011年3月4日凌晨两点，美国人张清明一觉睡醒后，发现她的中国父亲张敦训已经没有了生命迹象，旋即发出讣告："张敦训，作为一位教师，一位太平洋两岸追求梦想者的楷模，美国和中国的亲属和朋友们，将永远记住他。怀念他的热情和宽宏，对生活和学习的不屈意志和渴望，还有他面对逆境时的强烈幽默感。"这位张敦训就是曾经代表中国童子军访美的扬州中学学生。他的简历是这样的：

1918年（中国马年），出生于扬州。

1935年，代表中华民国童子军访问美国。

1937—1945年抗日战争期间，担任国民党军统局无线电监听员。

1946年，毕业于国立中央大学外国语言文学系，做了两年英语教师后，受聘于在南京的美国驻华大使馆，不久升任美国大使馆新闻处主任助理。这时他把辛苦了一辈子的母亲从扬州接到南京，以尽孝道。

1949年4月23日，南京解放，形势骤变。

1950年5月，以留学名义，只身经香港赴美。

1951—1953年，获Fulbright奖学金，在美国Syracuse大学攻读新闻学硕士研究生。此时其妻仍在南京，迫于政治与工作的压力，不得不选择与丈夫离婚。张敦训在美国研究生毕业后，先在报社当记者，后在高中做教师，直到退休。

1957年，在美国众议员詹姆斯·泰波（James Tabor）帮助下，获得在美国的永久居住权（绿卡）。

1963年，成为美国公民。

1981年，阔别故国三十二年后首次回大陆探亲，到扬州与老母重逢。

1984—1985年，任南京航空学院客座教授。

1983—2001年，十五次在美国组团访问中国。

2011年，在美国去世，享年九十三岁。

讣告发表的同时，美国报纸和网站上也出现了张敦训生前好友的回忆。那些张敦训当年教过的学生，现在分散在美国各地。有学生回忆张敦训当年创办了学校的报纸，并带领同学一起写稿，这份高中校报曾获得纽约州政府颁发的荣誉奖。

张敦训的长子说，他的父亲是扬州人，出身贫寒，自幼丧父，全靠母亲给人做针线活维持生活，供他读书。孤儿寡母，外加他母亲还拖着三寸金莲，实在不易，因此张敦训非常努力，十分孝顺。张敦训的长子谈到他父亲和扬中童子军的往事时说："机遇从天而降，他被入围选中，作为全中国仅有的两名童子军代表之一，应邀访问美国。临行前，还有幸受到蒋先总统夫人宋美龄的接见。蒋夫人与生父握手照相，自然是当时头版头条新闻。""美国之行，使土里土气的生父大开眼界。他被美国的高度发达所倾倒，从小就立志，今后一定要去美国。于是在名校省立扬州中学毕业后，专攻英语，如愿以偿地考入了国立中央大学英语系，师从著名的许国璋、范存忠和俞大纲教授。"

张敦训在美国，最牵挂的是在扬州的老母。在中美交恶的年代，不能通邮，他通过香港朋友给母亲汇寄港币。后来中美关系改善，他就直接寄美元回家。1981年7月16日，去国已久的张敦训踏上故土扬州，母子相拥，犹如梦中。为了陪伴母亲，他应聘在南京航空学院做外籍教师，直到母亲去世。

1999年，张敦训在美国一座教堂旁买下墓地，将母亲的骨灰安葬于此。又特地从扬州定制墓碑，碑上刻着五亭桥的图案。连骨灰盒也是请友人在扬州购买，从邮局托运到美国的。张敦训在弥留之际，家人播放的是弘一法师的《送别》。他听着自己最喜欢的音乐，眼角流出了泪水。

扬州的另一个童子军代表是武学深。

武学深这个名字，小时候就听父亲说过。父亲读书的小学是江都北区三路二校。后来他在《风雨兼程》里回忆道："江都北区三路二校位于杨家庄镇河西南头，离河边有一小截路，从南桥口的一个巷子向西数十步即到。学校有一排六间平房，四间是教室，一间为教员办公室，一间为校长室。校长室西边有两小间男女厕所，周围有土基堆砌的围墙，朝南有砖砌门楼，上面有一木制的雨搭，拱额为白底黑字'江都北区三路二校'。"这座小学，也是中国童子军代表武学深的母校。

江都北区三路二校校长吴震声，杨家庄人，毕业于两淮师范。他常以本校优秀毕业生为榜样，教导在校学生好好读书。《风雨兼程》这样提到武学深："有几个人的名字，我一直留在记忆里……一个就是武学深，从本校考入扬州中学，曾作为中国中学生童子军代表，赴葡萄牙、荷兰，得到荷兰女王赠送的一把精致的佩刀。"然而直到父亲前不久去世，我们并不知道武学深是怎样的人。

在扬中一百一十年校庆之际，我偶尔从《扬州中学校史资料长编》里看到了武学深的照片和有关的记载，感到惊讶。但想了解武学深的情况，却又茫无头绪。无奈之下，向江都诗人徐坤庆请教。经热心的徐先生走访多日，然后告诉我，武学深确是江都区杨家庄南面石桥武家庄人，他先在杨家庄读小学，然后考取扬州中学，但此后情形不详，前几年似已去世，享年八十多岁，虽有子女，但也不知在何处。不料过了几天，徐先生居然找到武学深的亲侄，并通过他联系到武学深现在上海的女儿武萍萍。我与武萍萍通过电话长谈之后，才约略知道武学深坎坷的一生。

原来，武学深从扬州中学毕业后，考取了浙江大学电机系。大学毕业后，便去香港谋生。后来回到内地，在上海化工厂担任总工程师。但是当年童子军的荣誉和在香港的经历，显然给武学深的一生带来了政治上的无穷麻烦。可能就因为这个缘故，他被逐出上海，发配到太原化工厂，直到退休。武学深的晚年是在上海度过的。他留下了四个子女。武学深生前对老家的亲戚时常关心，每逢清明、端午、中秋等节日都寄钱回来。

在《扬州中学校史资料长编》中，对于武学深有这样一些记载：

《扬州校刊》第九十八期刊载《中国童子军第六十团参加第二次全国露营名单》，中有"武学深"的名字，列于二中队三小队。

《扬州校刊》第一零三期刊载《童子军团部消息》，称世界童子军即将举行第五次露营大会，中国童子军总会得悉后即着手准备，而扬中"本团由团务委员会主席周校长派定学生武学深为赴荷兰候选代表，在团训练一周。于五月十四日由黄团长护送到镇，应省理事会甄选初试。结果以第一名录取，即转赴南京，参与复试。结果如何，容再续志"。

同期又刊载《初中第十四次教训联席会议记录》云："决定派武学深代表本校参加世界童子军大露营。"

查世界童子军第五次露营大会系于1937年7月31日至8月9日在荷兰的瓦几林仙举行，有来自三十三个国家和地区的两万七千名童子军代表在此聚会。中国代表团由严家麟、徐观余分任正副领队，率领十八人参与盛会。开幕仪式由荷兰女王Queen Wilhelmina主持。这次大会以"美丽的大露营"驰名，会徽是"雅各布的杖"，这是古代航海工具，可用来指示方向。《风雨兼程》所记武学深曾经"得到荷兰女王赠送的一把精致的佩刀"，此事当在该年。

另外，《江苏省立扬州中学十周年纪念刊》刊有童子军出国代表照片，上有二人，身穿童子军服，器宇轩昂，英俊潇洒。照片上标注着姓名，左为武学深，右为张敦训。据武学深的女儿在电话中说，她的父亲1920年生于扬州江都杨家庄镇武家庄，2008年在上海去世，终年八十九岁。次日我又打通她的电话，询问那把在我们家多次提及的荷兰女王赠送的短剑的情况。她的回答是确有此事，但从未见过。因此，武学深的简历只能写成这样：

1920年（中国猴年），生于扬州江都杨家庄镇武家庄。

少年时代，在杨家庄读小学。

青年时代，在扬州中学读书，加入童子军。

1937年7月31日至8月9日，作为中华民国童子军代表参加在荷兰瓦几林仙举行的世界童子军第五次露营大会，荣获荷兰女王接见，并接受所赠佩刀。

扬州中学毕业，考入浙江大学电机系。

浙江大学毕业后，去香港谋生。

后在上海化工厂担任总工程师。

后到太原化工厂工作，直至退休，回到上海。

2008年，在上海去世，终年八十九岁。

曾经风云一时的两位中国童子军代表，就这样默默谢幕人间。

第 2 章　留学与布道
——来自异国的使者

一　明月不归沉碧海
——日本留学生阿倍仲麻吕

古代来到扬州的日本人，时代最早且名声最大的，要数阿倍仲麻吕（698—770）。阿倍仲麻吕，全名阿倍朝臣仲麻吕，亦名朝臣仲满，汉名晁衡。在日本音读中，阿安、部倍、麻满皆同音，故也称为安部仲麻吕或仲满吕。

阿倍仲麻吕生于奈良附近的一个贵族家庭，天资聪敏，勤奋好学，尤爱汉文。当时唐朝社会稳定，经济繁荣，文化昌盛，国威远播，日本青年纷纷来唐求学。唐开元四年，日本灵龟二年（716），日本第八次遣唐船队组成，成员有五六百人之多，其中十九岁的仲麻吕也是遣唐留学生之一。翌年春，仲麻吕随多治比县守大使一行，从难波（今大阪）起航，向大唐进发。同行的还有另一个知名日本留学生吉备真备。阿倍仲麻吕和吉备真备同乘一船，渴望入唐学习的共同理想使他们结为好友。经过

阿倍仲麻吕

艰险的旅程，终于在秋天到达大唐。唐代的扬州是中日两国交往的直航港口之一。不少日本遣唐使、留学生、留学僧横渡东海，都在扬州登陆，然后北上长安。仲麻吕也是从海上先抵扬州，后循陆路北上长安的。

仲麻吕在长安入国子监太学，攻读《礼记》《诗经》等儒家经典。毕业后参加科试，一举考中进士。为了继续深造，他决定留在长安，暂不回国。他的才华很快得到朝廷的赏识，不久被任命为左春坊司经局校书（正九品下），职掌校刊图书之事。开元十九年（731），擢任门下省左补阙（从七品上），职掌供奉、讽谏、扈从、乘舆等事。这个职务使他在宫中有接触唐玄宗的机会。此后仲麻吕不断升官晋爵，历任仪王友、卫尉少卿、秘书监兼卫尉卿、左散骑常侍兼安南都护等职。

阿倍仲麻吕和唐代著名诗人李白、王维等都有密切交往。天宝十二载（753），仲麻吕归国时，传闻他在海上遇难，李白得知十分悲痛，挥泪写下了《哭晁卿衡》的著名诗篇：

日本晁卿辞帝都，征帆一片绕蓬壶。

明月不归沉碧海，白云愁色满苍梧。

李白把仲麻吕比作洁白如玉的明月，把他的死比作明月沉入大海。此诗作于天宝十三载（754）。据郁贤皓《李白选集》云："此诗乃天宝十三载春夏间在广陵（今江苏扬州）遇见魏颢，闻晁衡归国时遇暴风失事的消息后所作。"日本近藤元粹《李太白诗醇》云："是闻安倍仲麻吕覆没讹传时之诗也。而诗词绝调，惨然之情，溢于楮表。"但是仲麻吕其实没有死。待到仲麻吕回到长安看到李白为他写的诗时，百感交集，当即写下了著名的《望乡》：

卅年长安住，归不到蓬壶。

一片望乡情，尽付水天处。

魂兮归来了，感君痛苦吾。

我更为君哭，不得长安住。

仲麻吕归国前夕，王维也赠他送行诗《送秘书晁监还日该国》，表达两人的深厚友谊：

积水不可极，安知沧海东。

九州何处远，万里若长空。

向国惟看日，归帆但信风。

鳌身映天黑，鱼眼射波红。

乡树扶桑外，主人孤岛中。

别离方异域，音信若为通。

这些都是中日友好的千秋佳话。

阿倍仲麻吕在唐五十四年，历仕玄宗、肃宗、代宗三代皇帝，官至客卿，荣达公爵，但他的思乡之情也与日俱增。开元二十一年（733），仲麻吕以双亲年迈为由，请求归国，因玄宗挽留，未能如愿。天宝十一载（752），以藤原清河大使为首的日本第十一次遣唐使到达长安，其副使吉备真备是和仲麻吕同时入唐留学的好友。故友重逢，不胜感慨，于是仲麻吕再次思归。翌年，遣唐使将要回国，仲麻吕请求与之同行。此时仲麻吕入唐三十七年，年已五十六岁。玄宗念其客唐多年，家有高堂，便允其所求，并任命他为唐朝回聘日本的使节。仲麻吕写了《衔命还国作》的动人诗篇赠答长安友人，云："衔命将辞国，非才忝侍臣。天中恋明主，海外忆慈亲。伏奏违金阙，騑骖去玉津。蓬莱乡路远，若木故园林。西望怀恩日，东归感义辰。平生一宝剑，留赠结交人。"抒发了自己留恋中国、惜别知交的感戴心情。

天宝十二年（753）六月，阿倍仲麻吕随藤原清河大使一行辞别长安，南下扬州。也就是这一次，他们在扬州延光寺会见了鉴真，并邀请鉴真和尚东渡，实现了鉴真东渡的心愿。

关于这件事情的原委，据说是日本遣唐使藤原先上书玄宗，请求

阿倍仲麻吕纪念碑

允许鉴真和尚及弟子去日本弘法，未获批准，但藤原并不死心。这一年十月十五日，当日本遣唐使船归国前夕，大使藤原清河、副使吉备真备、大伴古麻吕和仕唐多年的日本留学生阿倍仲麻吕等准备一道回国，他们也一同到扬州延光寺参谒鉴真和尚。藤原清河一行诚恳邀请鉴真到日本传律，不过是否成行，还请鉴真和尚自己做主。此时的鉴真已经六十六岁高龄，在此之前曾遭五次东渡失败，追随者三十六人死亡，各种工匠二百多人离散。唯有弟子思托和日僧普照始终跟随鉴真，矢志不渝，百折不挠。鉴真赴日的决心坚如磐石，他向藤原表示，自己一定要东渡弘法，约定在苏州港相会东渡。

阿倍仲麻吕与鉴真在扬州的会面，在《鉴真和上东征传》里这样记载道："天宝十二载次癸巳十月十五日壬午，日本国使大使特进藤原朝臣清河、副使银青光禄大夫光禄卿大伴宿弥胡麻吕、副使银青光禄大夫秘书监吉备朝臣真备、卫尉卿安倍朝臣朝衡等，来至延光寺，白大和上云：'弟子等早知大和上五回渡海向日本国，将欲传教，故今亲奉颜色，顶礼欢喜。弟子等先录大和上尊号，并持律弟子五僧，已奏闻主上，向日本传戒。主上要令将道士去，日本君王先不崇道士法，便奏留春桃原等四人，令住学道士法。为此大和上名亦奏退，愿大和上自作方便。弟子等自在载国信物船四舶，行装具足，去亦无难。'时大和上许诺已竟。"

扬州地方官探知鉴真又要东渡，对他所居住的龙兴寺防护甚严。十月十九日午夜，鉴真一行悄悄溜出门，搭上预先准备好的快船，从龙兴寺到了苏州黄泗浦，终与日本遣唐使会合。当时海上航行风险很大，为了不至于重要人员同遭覆没之灾，采取分舟乘坐的方法。鉴真及随从与副使宿祢胡磨同船，大使藤原清河与阿倍仲麻吕等同船，普照与吉备真备同船，其他人另乘一船，于十一月十五日同时出发。当他们分乘的四船从苏州起航回国时，正当皓月当空，秋色满江。仲麻吕赋诗云："翘首望长天，神驰奈良边。三笠山顶上，想又皎月圆。"但是，残酷无情的命运和归心似箭的仲麻吕开了个玩笑。他们一行在归国途中遇到风暴，偏偏是仲麻吕所乘的第一船触礁不能航行，与其他三船失去了联系，被风暴一直吹到安南的海岸。登陆之后又遭横祸，全船一百七十馀人绝大多数惨遭土人杀害，幸存者只有阿倍仲麻吕和藤原清河等十馀人。

其结果是，鉴真与副使乘坐的船于十二月十日抵达日本萨摩国阿多郡秋妻屋浦，吉备真备与普照乘坐的船也先后抵达日本，唯独大使藤原清河和阿倍仲麻吕乘坐的船遭遇飓风，漂至安南，历经艰险，又回到长安。此时已是天宝十四年（755）的夏天。阿倍仲麻吕回到长安，与故友重逢，不胜悲喜。但曾几何时，又遇兵燹，是年冬日，安史之乱发生，唐玄宗蒙尘四川，仲麻吕也随往避难。至肃宗至德二年（757）岁末，玄宗还幸长安，仲麻吕亦随之返还，是年仲麻吕已经六十一岁。此后阿倍仲麻吕再度仕官，历任左散骑常侍兼安南都护、安南节度使。大历五年（770年）终于长安，时年七十二岁。代宗为了表彰仲麻吕的功绩，追赠从二品潞州大都督。

阿倍仲麻吕在扬州拜会鉴真并邀请鉴真一起赴日之事，是完全真实的。1979年，为庆祝中国西安和日本奈良建立友好城市演出了一场越剧。这部历史剧写唐时日本诗人阿倍仲麻吕奉命遣唐留学，因勤奋好读，精通汉文，唐玄宗爱之，授以秘书监，取名晁衡。适逢扬州高僧鉴真应邀赴日传授佛法，阿倍仲麻吕被命作唐朝使节访日，便与鉴真同船东渡。不料中途坐船翻沉，漂流安南，鉴真抵日，阿倍仲麻吕在明州（今宁波）养伤。忽闻安禄山反叛，仲麻吕深为气愤，重返长安，为义军收复洛阳、长安做出了贡献。平乱后，仲麻吕仍在唐供职，迎来了新的日本使节。此剧基本情节都合乎历史，由西安市越剧团首演。

有一种说法认为，阿倍仲麻吕在扬州时曾与李白会面，并同游大明寺栖灵塔，而且同去会见鉴真。其理由是李白有一首《秋日登扬州西灵塔》诗云："宝塔凌苍苍，登攀览四荒。顶高元气合，标出海云长。万象分空界，三天接画梁。水摇金刹影，日动火珠光。鸟拂琼帘度，霞连绣栱张。目随征路断，心逐去帆扬。露浴梧楸白，霜催橘柚黄。玉毫如可见，于此照迷方。"但也有人认为，李白此诗可能写于开元十四年（726）秋，其时阿倍仲麻吕正在长安，而李白此时尚未到过长安。当阿倍仲麻吕于天宝十二年（753）冬来扬州时，李白却是第二年春夏才到扬州来。假如仲麻吕和李白两人于天宝十二年（753）在扬州邂逅同游，李白写下《秋日登扬州西灵塔》，仲麻吕也是诗人，却无和诗，也不好理解。况且仲麻吕随遣唐使来扬州邀请鉴真，原是一种不敢惊动地方的悄悄行为，既不能招摇过市，自不会有观光活动。另外，古人写诗对季节相当关注，仲麻吕是天宝十二年（753）冬天在扬州，如果李白此时写登扬州西灵塔一诗，不可能标为"秋日"。所以有学者说，李白如真能与鉴真见面，自然是一段历史佳话，但事实上却不可能。李白于开元十四年（726）初来扬州时，鉴真正游学两京；天宝四五年间（745—746）李白再来扬州时，鉴真正奔波于第三四两次东渡途中；天宝十三年（754）春夏间李白最后一次来到扬州时，鉴真已抵达日本了，真是千古之憾。

还有一种说法认为，阿倍仲麻吕是奉命护送杨贵妃到日本而经过扬州的。"马嵬坡事件"可能是一个骗局，杨贵妃临死之前被人掉了包，所以玄宗派日本客卿仲麻吕以出任安南都护为名，庇佑杨贵妃沿汉水转长江，经扬州出东海，辗转远避日本。此事在日本作家渡边龙策的《杨贵妃复活秘史》中有描写，认为杨贵妃的墓穴中只有香囊，没有遗体，表明贵妃其实未死。何况白居易《长恨歌》也写道："马嵬坡下泥土中，不见玉颜空死处。"就是说杨贵妃墓中是没有遗体的。《杨贵妃复活秘史》共十一章，第七章为《小住扬州》，扬州显然被认为是杨贵妃离开唐去日的转折点。无论怎么说，阿倍仲麻吕与扬州有缘。日本人加藤隆三木著有《唐风和月：阿倍仲麻吕传》，上海文艺出版社出版，用文学笔法描绘了阿倍仲麻吕的一生。全书三十二章，第五章为《天下扬州》。

为了纪念中日文化交流的杰出使者阿倍仲麻吕，西安和奈良各建过一座阿倍仲麻吕纪念碑。西安的阿倍仲麻吕纪念碑位于著名的唐兴庆宫遗址，碑正面刻着"阿倍仲麻吕纪念碑"八字，背面镌刻其事迹。柱顶四周是樱花与梅花的浮雕，柱基采用莲瓣的雕饰，柱板上刻着日本遣唐使船的浮雕，两侧分别是李白《哭晁卿衡》诗和阿倍仲麻吕《望乡》诗。那艘日本遣唐使船，正是从扬州起航的。

二 日本的玄奘
——日本请益僧圆仁

在鉴真东渡扶桑八十六年之后，有一个日本和尚不畏艰险来到了大唐扬州。说来也巧，他是鉴真的再传弟子——圆仁（794—864）。

那时的唐朝是东方佛教文化的中心，也是日本僧人向往的文化大国。圆仁的老师最澄就在唐朝的天台山学过天台教义。但最澄在唐朝只有半年，时间太短，许多疑难问题尚未问清。圆仁来唐求法的主要目的，就是想弄明白老师没有弄懂的教义。在当时的日本，到唐朝留学成了一种风气。

圆仁来华求法，正如玄奘到印度求法一般。所以，这位日本佛教

圆仁

天台宗山门派创始人,被视为"日本的玄奘"。

圆仁,俗姓壬生氏,日本桓武天皇延历十三年(794)出生于日本下野国都贺郡。据《熊仓系图》记载,圆仁的父亲名叫首麻吕,曾任都贺郡三鸭驿长,并是郡中大慈寺的施主。圆仁的兄长名叫秋主,有着从七位下的官阶。圆仁幼年丧父,九岁起跟从其兄学"外典"及"经史",受到中国文化和佛教气息的熏陶。由于他"口诵俗典,心慕佛乘",随后便在原籍的大慈寺名僧广智门下落发。广智是大慈寺的三祖,二祖道忠的弟子。道忠曾前往平城京师事东渡日本的中国天台宗第四代祖师鉴真,是被鉴真称为"持戒第一"的高足。同时,广智又曾从日本入唐求法名僧最澄受密教法。正因为这一渊源,圆仁在十五岁那年登上位于京都滋贺县的日本佛教圣地比叡山,来到最澄的膝下,成为日本天台宗创始人最澄的弟子。由于他苦学精进,脱颖而出,二十岁便经官试及格,取得天台宗佛学研究的高级学位,次年(813)十二月以"遮那业"得度。前后十四年,圆仁追随最澄左右,为弘扬天台教义而孜孜不倦。弘仁十三年(822)最澄示寂,几乎同时,朝廷同意了最澄生前提出在比叡山设立大乘圆顿戒坛的请求,于是年方而立的圆仁便义不容辞地继承先师遗志,担任教授,开坛弘法。因此,圆仁在入唐求法巡礼之前,已是日本天台宗的知名高僧。

日本仁明天皇承和三年,也即唐文宗开成元年(836),年已四十五岁的圆仁,毅然随政府组织的遣唐使,携带着日本比叡山延历寺未决天台教义三十条,以"请益僧"的身份入唐求法。他随日本第十八次遣唐使藤原常嗣西渡,在经历了两度渡海失败之后,于承和五年，唐文宗开成三年（838）第三度上船，经海上十九天的风浪颠簸，九死一生，登陆到达扬州。

圆仁的初衷是想前往佛教圣地天台山求法巡礼，但由于迟迟未获唐王朝的允准，只得改变计划，到达另一佛教圣地山西五台山朝拜，嗣后又到唐王朝的首都长安作长达四年十个月的滞留。圆仁入唐参学前后历时十年，适逢唐武宗"会昌灭佛"，这使圆仁饱受磨难。经过两年多的颠沛辗转，圆仁才得以于唐宣宗大中元年（847）九月归国。

圆仁在中国的近十年间，足迹经历了江苏、山东、河北、山西、陕西、河南、安徽等地。一路上，他受灌顶，学汉文，写经卷，游山水，孜孜不倦，竭力求学。他广泛接触了当时中国的官吏、僧侣、百姓，亲眼目睹了那个时代的大小事件。这十年间的所见所闻、所思所感，都凝聚在一部他用日记体裁写的《入唐求法巡礼行记》里。

公元838年的六月十三日，圆仁随同日本的两艘使船从博多湾出发，乘风西行，航行半个多月，原想前往中国的扬州。满以为胜利在望的时候，没想到船只在山东陷入海边的泥潭当中，幸亏得到当地渔民的帮助，才把他们带到了一个叫东梁丰的村子。这个时候已经是七月二日了。

圆仁随着日本使团于七月二十五日抵达扬州，在这里停留了七个月。这段时间他是在著名的扬州开元寺度过的。第二年初，圆仁向当地官员提出到天台山求法的请求，但因为他当时已是日本身份比较高的"请益僧"，所以朝廷没有同意发给他去天台山国清寺学修的签证。他只好把自己带来的有关天台义理的疑难问题写成书面文字，委托其他日本留学僧带给天台山高僧大德以求解答，然后怀着无奈的心情准备回国。大约三月二十九日，圆仁从扬州出发，通过运河，沿着山东海岸线，从今天的海州湾向乳山港湾驶去。

四月二十五日，日本船队抵达乳山港口。圆仁到达这里的时候，

第 2 章　留学与布道——来自异国的使者

正赶上天降大雨，乳山和码头笼罩在一片雨雾之中。圆仁要去的是更北的石岛湾一个叫赤山的地方。在那里，圆仁住在由新罗人出资修建的法华寺里。听说从这里去五台山比去天台山更近，于是圆仁决定不随日本使团的船只回国，而改去五台山巡礼朝圣。

公元840年四月三日，圆仁离开山东青州，带着坚定的信念，踏上了朝拜五台山的路途。五台山是中国著名的佛教圣地，圆仁第一次见到它的时候，不禁泪流满面，伏地礼拜。他在日记里这样写道："二十八日，入平谷西行卅里，巳时，到停点普通院。未入院中，向西北望，见中台，伏地礼拜。此即文殊师利境地。五顶之圆高，不见树木，状如铜盆。遥望之会，不觉流泪。"此时他离开日本已经两年了。圆仁在五台山时，驻锡在高僧辈出的竹林寺中，前后时间不到两个月，但五台山给圆仁的思想与心灵世界产生了巨大的影响。在这里，他学到了许多佛教方面的学问，其中最值得一说的就是"常行三昧"的修习方法——就是九十天中日夜经行绕佛，一心诵念"阿弥陀佛"的名号。圆仁把"常行三昧"这种五台山的念佛法门传入了日本的比叡山，对此后日本佛教风俗产生了重要影响。

圆仁在五台山巡礼求法两个月零十二天，行程五百馀里，于唐开成五年（840）七月八日离开五台山。临行时带走从五台山求得的天台经论，及其他经论三十四部。公元840年八月二十二日，圆仁来到他期盼已久的长安。他进入长安的春明门，在长安度过的第一个夜晚是在大兴善寺。圆仁在长安共学习了五年之久，长安城的许多著名寺院道场都留下了他求法的足迹。他也随时向青龙寺、大兴善寺、大慈恩寺的印度或唐朝高僧请教疑难问题，并与唐朝僧人结下了深厚的友谊。此外，在圆仁的日记里还提到了一件重要的事情，就是佛牙舍利。可能在圆仁的思想里，最珍贵的佛舍利就是佛牙吧！

但当他快要离开长安时，因武宗崇信道教，佛教徒的景况越来越坏。当时圆仁蓄留头发，也不敢穿着僧服。有一个重要的细节是，今天日本天台宗僧人的胸前都挂一条带子，那就是为了纪念圆仁当年不能穿袈裟时，将袈裟叠成细长条状系于胸前的。袈裟尽管变成了带子，但它代表了圆仁虔诚的心。

圆仁在扬州停留了七个月，这段时间他是在开元寺度过的。开元寺位于唐代扬州城的东北角。他在那里学习经文，同时也设斋供养寺里的僧人。千年之后，开元寺早已夷为平地，毫无痕迹。据圆仁说，那时扬州有四十馀座寺院。他详细描述了扬州僧侣们如何抄写经文，临摹佛像，以及庆祝冬至，欢度除夕。他还提到高僧鉴真，并在东塔见到了鉴真的画像。

圆仁在日记里写到扬州寺庙有岁末会计报告的制度。他说："众僧参集食堂，礼佛上床坐，有库司典座僧于众前，读申岁内种种用途账，令众闻知。"这种财务公开的做法，体现了唐代寺庙管理的成熟。

圆仁描述了扬州江面的繁荣景象，说："江中充满大舫船，积芦江、小船等不可胜计。"这和《唐会要》所载扬州"当南北要冲，百货所集"，《旧唐书》所载扬州"多富商大贾珠翠珍怪之产"，相互印证。唐代后期，"兵食所资在东南"，盐铁转运使设在扬州，圆仁对此也有记载，他说："盐官船积盐，或三四船，或四五船，双结续编，不绝数十里，相随而行。"对于他这个外国人来说，"乍见难记，甚为大奇"，深为唐朝扬州的盐业运输所惊叹。

对于扬州的岁时风俗、商业繁华，圆仁也曾写到。如写扬州的除夕之夜："道俗共烧纸钱，俗家后夜烧竹与爆，声道万岁，街店之内，百种饭食异常弥满。"既记录了扬州百姓过年的风俗，也反映了扬州市肆贸易的兴旺。在扬州，除了专门的交易市场以外，一般的街坊也开店设铺，而且扬州商人善于利用节日做活生意："立春，市人作莺卖之，人买玩之。"从圆仁的记载中，可见扬州是名符其实的商贾如

第 2 章 留学与布道——来自异国的使者

织的大都市。圆仁记载唐代扬州管理市场的官吏中,有"市头"的名称:"砂金大二两于市头,令交易。市头秤定一大两七钱,七钱准当大二分半。""市头"在交易双方之间代表着权威与公正,通过他才能确定砂金的成分与价值。看来"市头"就是行业的头领,可以协助官衙管理市场。

唐代的扬州是南北交通枢纽,既是国内漕米、海盐、生铁、茶叶等货物的集散转运基地,又是外贸的重要港口。据圆仁记载,天宝年间,扬州连同所属的县有七万多户,人口达四十六万多人。城区规模"南北十一里,东西七里,周四十里",经济的繁荣由此可见。

圆仁看到唐代扬州的农民已经开始从事工商业,进入商品市场。圆仁刚到扬州时,"觅人难得,傥逢卖芦人,即问国乡,答云:'此是大唐扬州海陵县淮南镇大江口。'即召其商人两人上船,向淮南镇。"农民见到芦苇能卖钱,便从事这一行当,表明经济发达地区农民也具有商品意识。从扬州海陵县延海乡前往县城的途中,圆仁看到养殖业的繁盛情形:"白鹅白鸭,往往多有","水路之侧,有人养水鸟,追集一处,不令外散,一处所养,数二千有馀。如斯之类,江曲有之矣。"为我们描绘了一幅千年之前扬州农村养殖业的生动画卷。由此我们知道唐代扬州农民养殖的家禽品种有鹅、鸭与其他水鸟;养殖方式有散养、圈养,一户养殖的数量多达二千馀只。在唐代养殖业史料中,像这样具体描述家禽品种和数量的极少。扬州农民饲养几千只家禽,显然不是为了自给自足,惟一出路是到市场出售。

圆仁还记录扬州出产大米,这些大米要上贡朝廷,故质量一定要得到保证,必须进行精加工。圆仁谈到扬州官府发动僧侣、军人、官员拣米的经过:"大官军中并寺里僧,并以今日,咸皆拣米,不限日数。从州运米,分付诸寺,随众多少,斛数不定,十斛廿斛耳。寺库领受,更与众僧,或一斗,或一斗五升。众僧得之,拣择好恶。破者为恶,不破为好。设得一斗之米者,分为二分,其好才得六升。而好恶异袋,还纳官里。诸寺也同此式,各拣择好恶,皆返纳官里。得二色来,好者进奉天子,以充御食;恶者留着,纳于官里。但分付入军人中并僧,不致百姓。抑州拣粟米更难择,扬州择米,米色极黑,择却稻粒并破损粒,唯取健好。"圆仁所见扬州贡米呈黑色,并非一般大米。按《新唐书·地理志》,扬州土贡中有"乌节米",可能圆仁所见即是此米。

除大米外,圆仁还记载扬州盛产生粟,可能是一种辅助食粮。另外,扬州还产竹笋,"竹林无处不有,竹长四丈许为上"。又产桃子,圆仁等从水路前往海陵官府时,"开元寺僧元昱来,笔言通情,颇识文章,问知国风,兼赠土物,彼僧赠桃果等"。

圆仁在日本被称为"日本的玄奘"。这位中日交往的使者至今值得扬州人纪念。

三 广陵风月待衔杯
——新罗学子崔致远

在大唐时代,来自新罗的留学生多达数百人。其中不乏学有所成的佼佼者,如曾任兖州都督府司马的金云卿,官至工部员外郎的金文蔚,做过溧水县尉和淮南书记的崔致远等。无论在中韩关系史还是在扬州文化史上,崔致远都是一个值得大书一笔的人物,也是一个值得细加品味的人物。

崔致远(857—951),字孤云,新罗末期人,被称为韩国的儒学之宗、文学之祖、百世之师。他在唐朝的经历并不复杂,也就

崔致远

是求学长安、漫游洛阳、为尉溧水、入幕淮南四个阶段而已。因为他的传世诗文集《桂苑笔耕集》多作于淮南高骈幕中，所以无论任何，扬州对于崔致远来说都是一个特别重要的地方。事实上，在扬州的这段时间，是崔致远一生中文学创作最丰富的阶段。主要完成于扬州的《桂苑笔耕集》，既是他精心编辑的自选集，也是他流传后世的仅存者。

如果把《桂苑笔耕集》当做史料来读会感到失望，繁缛的形式和华丽的辞藻多少掩盖了历史的真相和作者的情感。这不能不说是《桂苑笔耕集》的一个痼疾。但只要想到它出自一个千馀年前的外国学子之手，在它的靡费堆砌的文字后面蕴藏着稀见的史料，我们还是应该对他的才华、见解和勤奋表示敬意。

崔致远与扬州的关系，人们已经做过一些讨论。但就扬州文化研究而言，《桂苑笔耕集》仍是一座需要深入开采的富矿。

扬州的金银器制作技艺，已被列入非物质文化遗产名录。关于唐代扬州的金银器，我们以前更多的是从出土文物中得到认识。但是崔致远的《进金银器物状》告诉我们，唐代扬州的金银器已是进献皇室的贡品。崔致远在《进金银器物状》里说明扬州进贡的是金器和银器，没有说明是何种金器和何种银器，也未说明金器和银器的件数，但这已证明当时扬州金银器制作质量之好。从扬州多年来出土的唐代民间金银饰物可以看出，由于经济的富庶，官家垄断的金银器饰物已从官宦走向市井。出土的金钗、银簪、耳挖、眉镊等，大抵是民间女性的用品，造型简约，但制作精细。据此可以推定，唐代扬州有发达的民间金银器作坊，满足各种人群的需求。

唐代扬州的金银器，不同于中原的粗犷风格，也迥异于闽粤的琐细手法，显得造型清秀，格调文雅，工艺精细，功能务实。《中国工艺美术史》认为，唐代的扬州已成为金银的贸易中心。由于社会上大量使用金银器，因而金银加工技艺发展迅猛，除了首饰外，还出现了各种錾花金银器。器物造型规整而有变化，杯、盘、碗口多作菱花形，錾出的点、线、面构成的纹样与光洁的金银面交相辉映。1983年8月，扬州三元路工地出土了一批唐代金首饰，其中以镂空的金栉尤为罕见。金栉用薄金片錾刻而成，栉背满缀花纹，下部成梳齿状，主体纹饰为奏乐飞天和蔓草花纹，边饰为莲瓣纹、联珠纹、鱼鳞纹、蝴蝶缠枝纹，雍容华贵，细密有致。《旧唐书·王播传》载，唐文宗大和元年（827），淮南节度使王播自扬州入朝，进奉"大小银碗三千四百枚"，由此可印证崔致远《进金银器物状》背后的扬州金银业之盛。

扬州的漆器制作技艺，也被列入了非物质文化遗产名录。据崔致远《进漆器状》载："当道造成乾符六年（879）供进漆器一万五千九百三十五事。"这背后的史实是，唐代扬州漆器已是进贡和出口的抢手货。当时扬州经济繁荣，巧匠云集，漆器制作技艺高度发达，彩绘、剔红、夹纻脱胎和金银脱等漆器制作技艺分工细密，螺钿镶嵌工艺也具有很高水平。漆器被列为扬州二十四种贡品之一。唐天宝十二年（753），扬州高僧鉴真东渡日本，携带的物品中有漆盒、漆盘等漆器几十件。1980年回国巡展的鉴真大师宝像，就是用唐代扬州漆器工艺制作的夹纻胎塑像，现供奉于日本奈良唐招提寺。此像以真人为模型制作，故造型与真人非常相似，线条圆熟，神情静穆。这应是扬州漆艺对日本等东方国家髹漆艺术产生影响的例证。

唐代扬州生产绫绢锦绮之类高级衣料，这在崔致远的《进御衣段状》中也有记载："当道先兼盐铁使织造中和四年（884）已前御衣罗折造布并绫锦等，除先进纳外，续织造九千六百七十八段，谨具如后物色。"又在《进绫绢锦绮等状》中记载："进奉绫绢锦银绮等一十万匹段两，谨具色目如后物色。"唐代扬州的编织物，以前人们熟知的主要是毡帽。略检旧籍，便知道唐代扬州以盛产毡帽闻名天下，并且在京城名重一时。《太平广记》记载了唐代名宦裴度因为头戴"扬州帽"而幸免于死的故事。中书令晋国公裴度博学多才,文词出众,做官二十多年。宪宗即位后,又当上御史中丞,声望显赫。第二年六月,东平帅李师道暗中谋反,阴谋杀害皇帝的辅政大臣,一面秘密派人在东门刺杀丞相武元衡,一面暗中派兵前往驿坊谋害中丞裴度。当时京城正流行扬州毡帽,恰巧前一天来自广陵的客人送给裴度一顶新式毡帽,裴度戴在头上颇为得意。这一天裴度准备入朝见皇帝,在灯下梳好头后,就将毡帽取过来戴在头上,骑马出驿坊东门。不料这时叛兵杀了过来,一名贼将挥刀砍中裴度的毡帽,裴度落马。贼将以为裴度掉了脑袋,急忙驱马过来寻找裴度的头颅。但裴度倚仗扬州毡帽的顶部厚实,被刀砍的地方只伤了一道浅浅的伤口,十几天后就好了。书中有"是时京师始重扬州毡帽"之句,说明了"扬州帽"在当年长安的流行。唐以后,"扬州帽"虽然盛名不再,但是明清时代扬州名铺"伍少西家"却也仍以出产毡帽闻名于世。扬州八怪之一的杨巳军曾为"伍少西家"题写招牌,郑板桥则书写过"伍少西家绒袜贵"的竹枝词。现代扬州旅法女画家张玉良家,也以善制毡帽为生计。现在提起毡帽,人们往往都以为是绍兴特产,而且是贫民用物,其实不然。李肇《唐国史补》云:"凡货贿之物侈于用者,不可胜记,丝帛为衣,麻布为囊,毡帽为盖,革皮为带……"可知毡帽在唐代,其实是一种华贵的用品。在长安流行"扬州帽"的背后,是扬州和长安相似的殷实、时尚和奢华。

崔致远关于唐代扬州向皇室进贡御衣的记载,表明扬州的编织业有悠久的历史传统。读《清宫扬州御档》,会发现大量有关两淮盐务为皇室进贡衣服和衣料的档案。如康熙三十三年(1694),苏州织造兼两淮巡盐御史李煦上奏:"恭进端午龙袍,特请皇上万安。"康熙的御批是:"知道了。"李煦所进龙袍,有可能是在苏州所织,但不排除是在扬州所制。当时扬州两淮运司北侧彩衣街上,有"制衣局"之设,其擅长者就是制作绣货、戏服。同治八年(1869),两淮盐务奉旨为皇室大婚准备衣物。江南织造广顺在奏章中说，他写这篇奏章的缘由，是因为"遵旨接办两淮大婚活计、估计工价银两，并缂绣限期"。两淮接办的活计，有"红单二件，画样三十六张，上交女领袖绣装一份"，"估计约需工价银四万两"；奏章并说："惟工程繁细，则缂绣需时，约在开年三月内，可期工竣起解。"缂绣即缂丝，指用缂丝法织成的衣料或衣物。同治十一年（1872），两淮运司为皇家织成用于赏赐的缎绸等件，请江南织造代为解京。这篇由江南织造庆林呈上的奏章说，内务府本是命令两淮运司为皇家织造"赏用缎绸"的，后来这项使命转交江南织造办理。但在转交之前，两淮已经织成部分缎绸。所以庆林在奏章中说："运司交到先行织得缎绸、纱绸二千五百六十四疋件，奴才于接收后，敬谨装箱封固，代为解京交纳。其馀运司已办未得活计，俟工竣交到后，奴才再为解京。"同治皇帝的御批是："知道了，钦此。"同年，两淮运司将后来织成的皇家赏赐缎绸，仍请江南织造代为解京。这篇奏章仍由江南织造庆林呈上，称江南织造在完成皇室交给的任务外，"兹又织得缎绸、纱绸三千一十五疋件，及两淮运司移交缎绸等项三千一百四十疋件，敬谨装箱封固，派委笔帖式常绵带领妥役，于八月二十八日起解赴京交纳"。同治皇帝的御批仍是："知道了，钦此。"又同年，两淮运司将最后织成的皇家赏赐缎绸，依旧请江南织造代为解京。这篇奏章还是由江南织造庆林呈上，奏明"将淮安、两淮应办缎绸停止，交江南、苏州织造照单尽数织办"。并称："查原传单内共缎绸、纱绉一万九千八百五十疋件，内除两淮运司来咨，已办缎绸、纱绸等三成，计五千九百五十五疋件外，奴才应织办七成，缎绸、纱绸一万三千八百九十五疋件。"也就是说，从此以后，两淮盐务便将纺织缎绸之事悉数转交给江南和苏州织造。同治皇帝的御批如前："知道了，钦此。"以上御档证明，清代皇家所需衣服和衣料，不仅由苏州和江南织造办理，两淮盐务也负有部分责任。

扬州进贡御衣的记载，证明扬帮裁缝由来已久。在中国传统裁缝中，扬帮裁缝自有一席之地。扬州人身居闹市，穿戴历来趋时。唐人李廓《长安少年行》有云："划戴扬州帽，重熏异国香。垂鞭踏青草，来去杏园芳。"极言当年长安少年的风流意气，时尚倜傥。长安是丝绸之路的端点，时髦的京城少年们喜欢用西域香料来熏染衣衫，戴着扬州出产的帽子招摇过市。宋代扬州人流行一种短裤，称为"不及秋"。吴处厚《青箱杂记》云："天佑末，广陵人竞服短袴，谓之'不及秋'。"扬州人考究穿戴，十分重视衣料和裁剪。清代扬州有缎子街，今名甘泉路，曾为绸缎布庄聚集之地。李斗《扬州画舫录》云："多子街即缎子街，两畔皆缎铺。扬郡着衣，尚为新样，十数年前，缎用八团。后变为大洋莲、拱璧兰颜色，在前尚三蓝、朱、墨、库灰、泥金黄，近用膏梁红、樱桃红，谓之'福色'，以福大将军征台匪时过扬着此色也。每货至，先归绸庄缎行，然后发铺，谓之'抄号'。"又说："女衫以二尺八寸为长，袖广尺二，外护袖以锦绣镶之，冬则用貂狐之类。裙式以缎裁剪作条，每条绣花两畔，镶以金线，碎逗成裙，谓之'凤尾'。近则以整假缎折以细道，谓之'百折'。其二十四折者为玉裙，恒服也。"可见清代扬州人的时装服色，不断翻新，奢华程度，不下今日。扬州还有一条老街，叫彩衣街，顾名思义，是一条以裁剪衣服闻名的街。《扬州画舫录》云："彩衣街为运司后一层，旧设有制衣局，其后绣货、戏服、估衣铺麇集街内，故名。"制衣局是扬州官设的高级成衣铺。

扬州出产新茶的信息，见于崔致远的《谢新茶状》。高骈部将俞公楚赠给崔致远新茶，崔致远作《谢新茶状》云："右某今日中军使俞公楚奉传处分，送前件茶芽者。伏以蜀冈养秀，隋苑腾芳，始兴采撷之功，方就精华之味。所宜烹绿乳于金鼎，泛香膏于玉瓯。若非静揖禅翁，即是闲邀羽客。"明确记载新茶出自扬州蜀冈。扬州是中国古代茶叶产地之一。《中国茶经》在谈到唐代名茶时，将扬州蜀冈茶赫然名列其中。五代时人毛文锡《茶谱》说："扬州禅智寺，隋之故宫，寺枕蜀冈，有茶园，其茶甘香，味如蒙顶焉。"清代乾隆《甘泉县志》说："宋时贡茶，皆出蜀冈，香甘如蒙顶。"蒙顶是四川名茶产地，以蒙顶茶比之蜀冈茶，可见蜀冈茶之优良。蜀冈有天下第五泉，也应与蜀冈产茶有关。宋庆历八年（1048），欧阳修任扬州太守，其时蜀冈茶已成为扬州的贡品。为此，欧阳修还在蜀冈建时会堂作为制作贡茶之地，又建春贡亭以记其事。梅尧臣《依韵和刘原甫舍人扬州五题·时会堂二首》序称："岁贡蜀冈茶，似蒙顶茶，能除疾延年。"欧阳修《时会堂二首》诗云："积雪犹封蒙顶树，惊雷未发建溪春。中州地暖萌芽早，入贡宜先百物新。"自加小注："余尝守扬州，岁贡新茶。"这些事实，都印证了崔致远对蜀冈新茶的赞美。

扬州的樱桃，以前不被人注意。崔致远的《谢樱桃状》也是感谢俞公楚的，说明扬州在唐代曾出产樱桃。今扬州俗语有 "樱桃好吃树难栽"，扬剧剧目有《打樱桃》，唐代扬州园林则有"樱桃园"。唐人《续玄怪录》有《裴湛》一篇，说贞观中药商裴湛在扬州二十四桥之一的青园桥旁筑园，名曰樱桃园："青园桥东，有数里樱桃园，园北车门，即吾宅也。""人引以入，初尚荒凉，移步愈佳，行数百步，方及大门。楼阁重复，花木鲜秀，似非人境。烟翠葱茏，景色妍媚，不可形状。香风飒来，神清气爽，飘飘然有凌云之意。"园以樱桃得名，当以樱桃取胜。樱桃并非桃类，因果实形似桃，故名。古称樱桃为含桃，或莺桃。唐人李绅《北楼樱桃花》有"落英频处乍闻莺"句，清人徐灿《踏沙行》有"金衣飞上樱桃树"句。"樱"字当由"莺"转变而来。李时珍《本草纲目》以为"其颗如璎珠，故谓之樱"。樱桃的花和果，都极具观赏价值。李渔《闲情偶记》称樱桃"花之可有可无者也，所重于樱桃者，在实不在花"稍有偏颇。古人形容美女常以"樱口""樱唇"为辞，樱桃口、柳叶眉、杨柳腰成了古代美女的通行标准。白居易有

第 2 章　留学与布道——来自异国的使者

两个家妓，一曰樊素，一曰小蛮，前者善歌，后者善舞。白居易诗曰："樱桃樊素口，杨柳小蛮腰。"形容樊素嘴小、小蛮腰细。

俞公楚赠崔致远以时鲜樱桃，看似一般的馈赠，其实关系到唐代一个重要的风俗。唐代凡中进士者，要设樱桃宴大会公卿，成为高雅时尚。据考，吃樱桃时要浇以乳酪，这种食法最早大概见于三国时代。魏文帝的文集中，提到赏赐之物有"甘酪及樱桃"。史载东汉灵帝喜好胡服、胡饭、胡乐，京都贵戚竞相效仿。酥、酪等乳制品，正是作为"胡饭"的一类，在汉末被中原贵族初步接受的。魏晋南北朝时期，北方少数民族频繁入迁中原，使得胡风胡俗在北方地区影响日深，反映在饮食习惯上便是乳制品一度成为北方人的日常食品。在唐人品尝樱桃的种种方法中，最时新的吃法就是乳酪浇樱桃，而新进士尤重举行樱桃宴。王定保《唐摭言》写道："新进士尤重樱桃宴。乾符四年（877），永宁刘公第二子覃及第；时公以故相镇淮南，敕邸吏日以银一铤资覃醵罚，而覃所费往往数倍。邸吏以闻，公命取足而已。会时及荐新状元，方议醵率，覃潜遣人厚以金帛预购数十硕矣。于是独置是宴，大会公卿。时京国樱桃初出，虽贵达未适口，而覃山积铺席，复和以糖酪者，人享蛮画一小盎，亦不啻数升。以至参御辈，靡不沾足。"这段史料记载了将樱桃和以糖酪的食法，与后世的甜羹食法有相似之处。值得注意的是"新进士尤重樱桃宴"一语，透露了唐代樱桃宴的消息。白居易在诗中形容自己享用天子赏赐的樱桃的情景，说是："手擘才离核，匙抄半是津。"将樱桃剖开，去核，盛在盘碗中，浇上乳酪、蔗浆，再用小匙慢慢舀食。现代人常用酸奶或冰淇淋浇在草莓等水果上，自制成甜食，方法正与古人相类。俞公楚以樱桃赠送崔致远，一则是以时鲜之果表达自己的善意，二则是以特殊之物恭维崔氏乃进士出身，这就是《谢樱桃状》后面的文化内涵。

在古代流传的扬州谚语中，没有比"扬一益二"更为世人熟知的了，唐人虽然没有完整地记下"扬一益二"之语，但表达过同样的意思。晚唐诗人杜荀鹤在《送蜀客游维扬》中说："见说西川景物稠，维扬景物胜西川。"就是"扬一益二"的意思。另一位唐代人卢求在《成都记序》中说："大凡今之推名镇为天下第一者，曰'扬益'，以扬为首，盖声势也。"他差一点就要说出"扬一益二"这句话了。有意思的是，崔致远的《桂苑笔耕集》一再比较淮南与西川的长短，结论却是扬州胜于成都。他在《请巡幸江淮表》中分析成都的弱势说："旧谓西川富强，只因北路商旅，托其茶利，赡彼军储。今则诸道发表章则半载始回，征贡献则经年未达。实缘道路辽复，兼值干戈阻艰，值剽掠者斯多，至行朝者甚少。加以僦雇所费，耗蠹不轻，每当水运陆船，只可率钟致石。以此征税则渐成抗弊，军兵则未遂饫饶。"分析扬州的优势说："况江淮为富庶之乡，吴楚乃繁华之地。""扬都奥壤，桂苑名区；四夷之宾易朝天，九牧之贡无虚月。"在《请巡幸第二表》里，崔致远进一步比较扬州和成都说："臣近者俯察时情，仰瞻乾象，荆州道路，群寇将侵；蜀国封疆，微灾似起。傥或未收凤阙，尚驻銮舆，忽有妖氛潜兴，近境必恐。乌合蚕食之徒，占据江陵，把断峡路，则列镇贡赋，无计流通；行在诏书，亦难传降。若见东西阻绝，固当遐迩动摇。伏惟陛下断自宸衷，斥其横议，念江淮之进献，远涉多虞；察蛮螫之奸凶，乘虚可惧。早移仙跸，直幸扬都。"这些滔滔雄辩都为我们理解"扬一益二"的历史内涵提供了新依据。

最早提到"扬一益二"的是北宋司马光主编的《资治通鉴》："扬州富庶甲天下，时人称'扬一益二'。"过了大约一个世纪，南宋洪迈在《容斋随笔》中又提到这句话："因其商贾如织，故谚称'扬一益二'，谓天下之盛，扬为一而蜀次之也。"扬州人和成都人最喜欢引用这句古谚。如清代阮元在《扬州隋文选楼记》里谈到唐人曹宪时说："尔时扬州称'扬一益二'，最殷盛。"时至今日，在介绍扬州和益州的文章中,引用这句古谚已是十分常见的了。但似乎极少有人对这句古谚质疑过:在唐代,扬州与成都到底谁更繁盛呢?在一些学者看来,唐代的扬州并不总比成都繁盛。《全唐文》中有这样的话,扬州同益州相比,"扬不足以侔其半"。著名学者任中敏则说:"在唐代,扬、益二州的文化,经常竞赛。时而称'扬一益二',时而称'益一扬二',未有定案。"(见韦明铧《扬州曲艺论文集》序)因此,扬州人在引用"扬一益二"古谚时,应该更谦虚谨慎一些,绝不要盲目自大。美国学者谢弗在他所著《唐代的外来文明》一书中,一开头便描绘唐代的扬州如何繁盛,说:"虽然殷实繁华的四川成都素来以优雅和轻浮著称,但是在当时流行的'扬一益二'这句格言中,还是将成都的地位放在了扬州之下。"这位美国人把"扬一益二"称作"格言"。而"扬一益二"的本意,就是除了长安之外,扬州第一繁华,益州第二繁华(益州是成都的古称)。

新罗时代出了不少书写汉字的书法家,如金生、金仁问、姚克一、崔致远等,其中金生尤为突出。宋徽宗时,高丽人洪灌在汴京出示金生书法,宋朝翰林见了,都以为是王羲之所书。实际上,像崔致远那样爱好中国文化并达到相当造诣的后继者历来不绝如缕。就清代而言,第一位要数生活于康乾间的韩国人安岐,他曾在扬州做过盐商,一时富可敌国。在清代,扬州人一提起"安二鞑子"是无人不知的。据说从前自广储门到准提寺之间的大片地段,都是安家的豪门深宅。安岐不仅是有成就的韩国富商,还是对中国书画具有极深造诣的大收藏家。他撰写的《墨缘汇观》一书,现在还是研究中国古代书画的必读书。扬州东关街上有一条安家巷,是因为安岐家居于此而得名的。我们应该在安家巷口建立一座安岐的塑像,以纪念这位在扬州获得巨大成功的韩国人。同时,也好让某些贪图安逸、小富即安的扬州人在这位越海而来创业的韩国人面前扪心自问,幡然省悟。

到晚清，又有几位韩国人留下了他们和扬州的友好故事。

一位叫做赵玉坡，是当时韩国的进士。韩国本是海外文物之邦，受中国传统文化影响颇大。那里的士大夫雅尚词翰，尤其喜爱临摹古帖，有的书法出入晋唐之间。因为韩国取士，不拘一格，即以写字而言，也素来不像中国这样用所谓"馆阁体"来束缚读书人，所以韩国文人在书法方面倒是多有成就。赵玉坡是一个擅长书法的韩国文士。他是奉使来华的，完成公务后便沿运河南下，游历南方名胜。他经过扬州时，扬州士大夫们因久慕其名，纷纷拜访，求索墨宝，门槛几乎踏破。扬城有一个乡贤，平时好行善事，社会上凡有灾难，少不了他倾囊捐助。赵玉坡向来仰慕其人，一到扬州就大书联额相赠，扬州乡贤也以各种善书回报。两国士人以德论交，以文会友，一时传为佳话。

另一位韩国人名叫表君，也是个出色的书法家。他经常寓居在扬州府所属的高邮县城。从来论中国书画者，首先讲究笔力，认为书法的真谛是用身体带动手臂，用手臂带动手指，当各处关节灵通之后，运笔方能自如。奇怪的是，这位韩国人表君写字不用手，却用口衔着毛笔书写。表君本是韩国名士，以书法游历中国，长期住在高邮北门外第一楼。扬州人见他用嘴含笔写字，一笔一画均极精妙，无不叹为观止，向他求墨宝的人经常坐满一屋子。时人评价说，将三寸毛锥吞吐于唇吻之间，却能够写出一笔好字，也算是"神技"了。

此外，扬州八怪之一的罗两峰有个韩国友人，名叫柳得恭，也值得一提。罗两峰是在北京结识柳得恭的，因为志趣相投，遂成莫逆。罗两峰曾为柳得恭画像，又为之写兰，在兰旁复添荆棘，写罢掷笔说："自别君后，满目都是此物，奈何！"柳得恭说："大江南北，岂无桃李？"罗两峰摇头叹道："没有！没有！"罗两峰写给柳得恭的送别诗中，有"才逢欲别意迟迟，后会他生或有期"之句，柳得恭写给罗两峰的答谢诗中，有"他日相思空怅望，二分明月古扬州"之句——

可见两人友情之诚挚。

崔志远有《酬杨赡秀才送别》诗云:"好把壮心谋后会,广陵风月待衔杯。"从唐代到清代,扬州在中韩交往史上一直具有重要的地位。先贤们浇灌的友谊之花,可谓历久而弥香。

四 西域先贤
——伊斯兰使者普哈丁

扬州古运河的东岸,有一座异域先贤的陵墓。

当华美的游船在运河上慢慢地行驶,闪烁的灯光倒映在水里,也照亮了两岸的风景。我坐在游船上,船上的古琴、昆曲、白发、红颜、道情、时调,以及运河的苍老与琴女的年轻,交替叩打着我的心扉。

一朵朵浪花溅起,刹那之间就无影无踪。我想到这浪花曾是征夫的血,船民的汗,帝王的酒,美女的泪。

一声声碧波响起,像天籁一般若远若近。我听见这碧波曾是江南的歌,北国的谣,文人的诗,商贾的笑。

少年时代经常坐船,在运河上走来走去。从小小的舱窗里,每次都望见岸边的高坡上面,有一座神秘的庙宇。郁郁葱葱,缥缥缈缈,竟不知住着何方神仙。一直到好多年后,才知道它的名字叫做回回堂,或者巴巴窑,正式的名字却是普哈丁墓。又过了好多年后,独自来此瞻仰先贤,见到大门的石额题写着"西域先贤普哈丁之墓"九个大字,园内的情景却显得荒芜和寂寥。

普哈丁墓

墓的主人叫普哈丁,亦称补好丁。有

人说，普哈丁就是文献中的穆罕默德，或者不儿哈纳丁。

穆罕默德是伊斯兰教的创始人，出生于麦加城一个没落的商人贵族家庭。他幼年丧亲，做过牧童，曾经广泛接触过各阶层的人物。年届不惑时，他决意到深山和沙漠中去修行，相传在山洞中受到真主的启示。他后来创造的新教，称为伊斯兰教，意为顺从、和平，也即顺从宇宙最高主宰安拉，以求得和平。他的信徒，称为穆斯林，意为信仰安拉、服从先知的人。他的经典，称为《古兰经》，意为读本，是穆斯林必读之书。

关于伊斯兰教传入中国的时间，说法不一，有隋开皇说、唐武德说等，以唐武德说流传最广。值得注意的是，明人何乔远在所著《闽书》卷七记录了他听到的"回回家言"，对伊斯兰教传入中国的过程作了细致的描述：

回回家言：默德那国有吗喊叭德圣人，生隋开皇元年（581），圣真显美，其国王聘之，御位二十年，降示经典，好善恶恶。奉天传教，日不晒曝，雨不湿衣，入火不死，入水不渐，呼树而至，法回而行。门徒有大贤四人。唐武德中来朝，遂传教中国。一贤传教广州，二贤传教扬州，三贤、四贤传教泉州。

何乔远的这段记载，历来是研究广州、泉州和扬州伊斯兰教先贤的重要依据之一。这段话也许不是信史，只是一种传说。但传说里何以断言"二贤传教扬州"，却耐人寻味。1980年，扬州考古发现一只青釉绿彩阿拉伯背水瓷壶。壶的两面皆有绿釉纹彩，两侧各有穿绳子的系，壶身的正面有阿拉伯文，意思是"真主最伟大"。这只水壶不仅是国内仅知的一件，而且在伊斯兰地区也不多见。它的发现，为伊斯兰文化在中国的传播，也为扬州海外交通史的研究提供了珍贵的物证。

相传长眠在扬州运河东岸的普哈丁，就是伊斯兰教创始人穆罕默德的十六世裔孙。他大约在宋代咸淳年间,从西域来中国扬州传教,在扬州生活了十年之久。普哈丁在扬州修建过一座清真寺,也即今天的仙鹤寺,位于汶河南路。仙鹤寺融合了伊斯兰建筑和中国古代建筑的风格特点,与杭州凤凰寺、广州狮子寺、泉州麒麟寺齐名,并称为南方四大清真寺。

关于普哈丁的死,有一些传奇色彩。据说他离开扬州之后,曾往天津、山东各地游历传教,然后沿运河乘舟南下。在途中,他已经病重,并且自觉可能不久于人世。他便嘱咐同行的人,说他一旦去见真主,务必将他葬在扬州官河东岸的高岗上。果然,他在从济南返回扬州的途中,病逝在运河的船上。人们按照他的遗言,将他的遗体葬在现在的墓地。普哈丁为什么要选择扬州作为终老之所,史料中没有记载。但是,我记得唐人有一句诗,是"人生只合扬州死"。

普哈丁墓始建于德祐元年(1275),也就是他去世的那一年。自南宋以来,历元、明、清三代,其墓屡有扩建重修,距今已经逾七百年。现在的普哈丁墓内,尚存有宋、元、明、清古墓葬的石脊、墓碑、浮雕若干。据说,明永乐皇帝视墓园为国宝,曾经下诏予以保护。清廷也对墓亭进行了多次修建,亭壁上至今嵌有光绪年间重修墓园时立的石碑,碑文用汉字刻写,简要记叙了普哈丁在中国传教的经历。

普哈丁墓园位于古运河东岸的高岗上,大门距离运河只有数步之遥。整个墓园坐东朝西,隔河便是当年的扬州城墙,而今城墙不存,早已辟为环城公路。墓门呈拱形,前置石鼓一对,分明是中国风格。

墓园中的建筑分成三个部分,相互间以花墙相隔,又以门道相通。一为墓域,内有普哈丁墓及其他阿拉伯人的墓碑。二为清真寺,是穆斯林教徒做礼拜的活动场所。三为公园,小有山石、池沼、花木之胜。此外,墓园里还集中保存了一些元代遗留下来的阿拉伯文墓碑。墓园原是专为安葬普哈丁的,后来又陆续安葬了一些其他阿拉伯人,甚至还有明代名将张忻、清代名将左宝贵等。

从运河边的大门进去，门厅南侧为清真寺，内有庭院和礼拜堂。礼拜堂为五楹，后背对着中东的麦加方向，构造与一般清真寺相同，简单而洁净。

通向墓园的是石阶甬道，甬道两侧的石栏上雕刻着狮子戏球、鱼跃龙门、犀牛望月、三羊开泰等华夏传统图案。在石栏外面，则是各种奇花异草，古柏银杏。过了甬道，有一座静谧的庭院。庭院有门厅三楹，为四角攒尖顶，门额上有"天方矩矱"四字。内有东西轩各三楹，均为歇山顶。西轩之侧建有双亭，南北相对，两亭之间有乾隆年间种植的银杏一株。又有青砖砌成的花台一座，上植石楠、翠竹。北亭的壁间，嵌有《先贤历史记略》，乃是光绪年间重修墓园时所刻。北亭后面为法纳墓亭，亭额上书"宋德祐元年（1275）西域至圣一十六世后裔大先贤补好丁、宋景延三年（1278）西域先贤撒敢达、明成化元年（1465）西域先贤马哈谟德、明成化五年（1469）西域先贤展马陆丁、明弘治十一年（1498）先贤法纳，乾隆丙申（1776）桂月重建"等字样。驻足此间，不禁对这些远道而来葬身于此的阿拉伯先贤肃然起敬。

双亭的后面，就是普哈丁墓。墓亭为阿拉伯式建筑，青砖结构，平面方形，四座拱门，四角攒尖，板瓦为顶，内部呈拱球形。朝南拱门的右侧，立有石碑，镌刻"西域得道先贤补好丁之墓，雍正四年（1726）九月立"字样。正门上悬挂着红黑两色阿拉伯文方匾，意为："万物非主，唯有真主；穆罕默德，是主差使。"先贤普哈丁就葬于墓亭中央的地下，地面用青石砌成五级矩形墓塔。墓塔每层悬出的周边和顶面，雕有精美的牡丹花、缠枝花与如意花纹。第三层墓塔的侧面，刻着阿拉伯文的《古兰经》章节。在墓亭的东北方，有一株七百多年树龄的银杏，老干虬枝，姿态高古。在墓前沉思半晌，万籁俱寂，令人忘俗。

第 2 章 留学与布道——来自异国的使者

普哈丁是七百年前从遥远的阿拉伯世界来华的布道者。他的具体经历已经不得而知，然而其间吃遍了人间辛苦是可以想象的。他为什么要到中国来？伊斯兰先贤穆罕默德说过："学问虽远在中国，亦当前往求之。"也许普哈丁就是遵从此训，不远万里，来到扬州，并献身于此，因此穆斯林尊其为先贤。

在普哈丁之后，又有南宋的阿拉伯人撒敢达、明代的阿拉伯人马哈谟德等先贤，也葬在普哈丁墓园之内。后人并将1927年出土的元代阿拉伯墓碑保存于墓园中，墓碑共计四通八面，是拆除扬州城南挡军楼时出土的，现在安放在普哈丁墓西北的碑亭内。这些马可波罗时代的墓碑，先被置于仙鹤寺，后来移至此地保存，并且修建了碑亭。墓亭的平面呈长方形，置于亭中石座上的四通墓碑周围雕有精美的纹饰，记载着墓主的姓名、身份和卒葬年月，并镌刻着《古兰经》章节、伊斯兰格言以及颂词、祷文等。这些墓主，据考都是元代大德六年（1302）至泰定元年（1324）间葬于扬州的阿拉伯人。

阿拉伯人在扬州的历史，可以追溯到唐代。唐代的商胡在扬州留下了许多传奇故事，现在的扬州还有波斯庄和菱塘回族自治乡。一个能够接纳异质文化的城市，才是有胸襟和有抱负的，也才是有前途和有希望的。

普哈丁墓园最百看不厌的地方，是它的建筑融合了中国庭院风格与波斯建筑风格，体现了不同文化之间的包容与和谐。普哈丁墓的墓亭，是中外建筑风格交融的典型实例。

我在运河的游船上仰望普哈丁墓园，产生了一种跨越时空的感动：

运河承载着不同的使命——既输送粮草和盐巴，又输送文明和友谊；

运河沟通着不同的时代——那头是天方的先贤，这头是今天的我们；

运河分隔着不同的空间——东岸是静谧的圣地,西岸是喧嚣的闹市。

在古运河的游船上,我忽然觉得人间与天堂、红尘与仙界、凡夫与圣贤,不过是一箭之遥。

五 架设中西之桥
——意大利旅行家马可波罗

1. 马可波罗到过中国吗?

扬州人都知道,在扬州天宁寺里有一座马可波罗纪念馆,是纪念七百年前到过中国并在扬州做过官的意大利威尼斯人——马可波罗的。马可波罗曾经写过一本书,叫做《马可波罗游记》。这本书在七百年前问世之后,就轰动了整个欧洲。哥伦布就是读了他的游记,才想到东方探险,却意外地发现了美洲大陆的。游记的原始版本这样评论他的主人公:"从上帝创造亚当直到现在,从来没有人,无论是基督徒、异教徒、鞑靼人、印度人或任何种族的人,像马可波罗那样到过世界上那么多的地方观察和探险,知道那么多的奇风异俗。"

马可波罗(1254—1324)有着各种各样的身份:商人,官员,旅行家,冒险家,友好使者……那么,他究竟是一个什么样的人呢?

马可波罗一家是个商人之家,马可波罗的父亲和叔父曾经到过中国。1271年,他们开始第二次东方之旅,这次同行的还对世界充满好奇的、年仅十七岁的马可波罗。他们一行三人先到以色列,再穿过叙

马可波罗

利亚、伊朗、阿富汗,翻过帕米尔高原,走过塔克拉玛干沙漠进入新疆,然后到甘肃,经过了敦煌和酒泉。直到1275年,才来到距离北京不远的行宫上都,见到当时很渴望了解欧洲的元顺帝忽必烈。在旅途中,马可波罗因为高原缺氧而病了一年多。其他必须克服的凶险,包括沙暴、雪崩、干旱、土匪、饥饿、瘟疫等等,还有十字军和伊斯兰教徒的战火。忽必烈很钦佩他们的毅力,对聪明好学并懂得东方风俗和语言的马可波罗更是器重。在元帝国生活的十七年里,马可波罗最高做到扬州总督,还出使过越南、爪哇、苏门答腊。1292年夏天,马可波罗一家利用护送蒙古公主到波斯的机会,从泉州出发,花了三年多时间,才奇迹般地回到故乡威尼斯。他们带回许多东方珍宝,因而被称为"百万先生"。但同时也得到了"百万谎言的人"的称号,因为很多威尼斯人认为马可波罗的"天方夜谭"不可尽信。《马可波罗游记》说,杭州有房屋一百六十万万栋、工场十四万家,还说城内石桥有一万座,桥下都可通大船!对于这些,威尼斯人怎么能够轻信?有一个威尼斯铁匠说过,即使打死他,他也不相信马可波罗说的那些话。

七百年来,人们不断质疑《马可波罗游记》,甚至怀疑马可波罗是否真的到过中国。疑问集中在以下几点:

第一,马可波罗自称在中国深受忽必烈器重,但是为何元朝史书中找不到一条可供考证的记录?他自称扬州做官三年,扬州地方志里为什么无从考稽?

第二,马可波罗提到的许多地方、人名、动物、器件,都使用波斯叫法,他自称学会了蒙古语和汉语,为什么用波斯叫法?

第三,马可波罗只是泛泛地描写了一些中国资料,但最富中国特色的汉字、印刷、茶叶、筷子以及其他引人注目的东西没有提到,甚至没有提到长城。

第四,马可波罗描述了许多明显不符合史实的场面,例如他自称献抛石机帮助攻打襄阳,实际上襄阳在他到中国前一年就撤围了。

对于这些质疑意见,中国学者有自己的看法。国学大师钱穆的回答妙趣横生,他说他"宁愿"相信他真的到过中国,因为他对马可波罗怀有一种"温情的敬意"。真正对那些怀疑派进行有力的批驳的,是以杨志玖教授为代表的中国学者。杨教授皓首穷经,在永乐大典残本《站赤》中找到一条"兀鲁得、阿必失和火者取道马二八往阿鲁浑大王位下"的记载,与《马可波罗游记》中的记载一致。可惜的是,这条记载没有提到马可波罗的名字,只能说明此事与马可波罗的叙述一致,而不能证明马可波罗与此事确有联系,更不能证明他到过中国。

关于马可波罗没有提到长城的问题,中国学者认为元代长城年久失修破败不堪,所以不会像我们今天看到的明长城那样引人注目。但怀疑派说,金人修建的长城受战乱损坏并不严重,如果马可波罗真的游遍中国,必然数经长城,不可能视而不见。

关于马可波罗没有提到茶叶的问题,中国学者认为蒙古人不喜饮茶,因此马可波罗对此也无印象。但怀疑派说,忽必烈于1268年开始征购四川茶叶,1275年逐渐征购江南茶叶,1276年设立专门机构"采摘茶芽,以供内府",而且八九世纪西域商人苏来曼所写的《中国印度见闻录》明确提到了茶叶。

关于马可波罗没有提到汉字书法和印刷术的问题,中国学者的解释是马可波罗不认识汉字,所以对汉字书法和印刷术不会做记载。然而怀疑派说,当马可波罗写书的时候,正当欧洲处于手抄书本的年代,他必然会联想到独特的汉字书法和先进的印刷技术,比他早三十年到蒙古的传教士鲁不鲁乞就记载了中国的书法和印刷术。

此外,还有马可波罗没有提到筷子、缠足、鱼鹰等问题,中国学者觉得这些问题根本不成问题:马可波罗只用刀叉,所以不用筷子;他生活在蒙古人圈子里,所以没见过缠足的妇女;他居住在城市里,所以不熟悉渔民以鱼鹰捕鱼。可是怀疑派说,其他外国人如曼德维尔爵士的《爵士游记》、裕尔上校的《中国和通向中国之路》都有相关的记述。

有一件事是最让人对《马可波罗游记》的真实性产生怀疑的。马可波罗自称蒙古军久攻襄阳不下,于是他献出了威力巨大的抛石机,迫使襄阳守将出降。事实上,1273年蒙古军攻襄阳时,他还在来中国的路上,献抛石机的不是他而是波斯的亦思玛因和阿老瓦丁,《元史》和其他资料都有明确记载。中国学者对此也有解释,认为这是后人在传抄《马可波罗游记》时随意添加上去的,因为马可波罗的原稿已经流失了。

有的怀疑派学者进一步指出,马可波罗可能从来没有到比黑海沿岸和君士坦丁堡更远的地方,有关中国的种种描述是他从经过那里的波斯商人们口中打听来,并加以自己的想象形成的。理由是:

——马可波罗自称懂得蒙古语和汉语,但他在意大利用法文写成此书时,书中的很多名称却偏偏采用了波斯语;当时来往的商人们以波斯人居多,可以证明游记内容是听来的。

——马可波罗在书中很少提到他的父亲和叔父,也从未提到他们的生意,没有提到在中国符合他们身份的任何经商活动;这说明他们没有到过中国,所以经商也无从谈起。

——马可波罗回国时没有携带任何中国特有的东西,威尼斯珍宝馆收藏的"马可波罗罐",其实上与他毫无关系;而他带回的宝石,倒是波斯的特产。

——马可波罗书中道听途说的痕迹比比皆是,除扬州做官和襄阳献炮外,还把成吉思汗的病死说成是膝上中箭而死等等;他动辄使用"百万"这个词,以至于人们送他"百万先生"的外号加以揶揄和讽刺。

那么,马可波罗为什么要编造在中国的经历呢?德国的徐尔曼教授认为他企图借以激发蒙古贵族对西方人士的热情和帮助，以及西方人士对东方古国的向往和兴趣。《详编不列颠百科全书》指出，这可能与他的社会地位较低而又想向上层社会爬有关。据说，和马可波罗同时代的约翰·曼德维尔也写过一本《约翰·曼德维尔爵士的游记》，声称自己和大汗共同生活了一年半。他的书和《马可波罗游记》一样轰动一时，后来却证明他是一个剽窃者，大量抄袭了其他人关于中国的记述。这说明，马可波罗谎称自己到过中国，有可能是为了追逐名利。

有关马可波罗在华的身份，目前有枢密副使、扬州总管、斡脱商人等三种看法。所谓"斡脱商人"，是当时借助于朝廷的牌符圣旨而往来各处，为官府权要牟取重利的官商，其经营内容与经营方式都不同于正常的商业活动。因此，他们不需要深入到普通汉人社会中去。马可波罗如果真是朝廷任命的官商，有关他奉大汗命居扬州三年而担任官员的说法，也就能够自圆其说。

学者们指出，对于《马可波罗游记》其实不必过于苛求。马可波罗在中国虽然长达十七年，但他接触的人事范围毕竟有限。这一点，从同时代欧洲来华人士所留下的记述中，可以得到证明。例如孟德科尔维诺主教是1293年左右来华的，在大都留居三十五年，可是他写给罗马教皇的信件内容却很简单，而且限于宗教活动，完全看不到汉文化气息。有一位约在1321年由海道进入中国的意大利旅行家奥多里克，在遍历广州、泉州、福州、杭州之后北至大都，并在这里居住三年，然后经过甘肃、吐蕃返回西方，留下的游记《东域记程录丛》在内容、风格上与《马可波罗游记》十分相近。但是，从没有人对他到过中国提出疑问。

一部《马可波罗游记》使作者名垂青史，也使它成了海内外专家研究的热点。如同敦煌研究成为"敦煌学"一样，马可波罗研究实际上已经成为"马可波罗学"。《马可波罗游记》在全世界的译本，现在已经超过了一百种。

《马可波罗游记》共分四卷，第一卷记载马可波罗东游沿途见闻，直至上都为止。第二卷记载蒙古大汗忽必烈及其宫殿、都城、朝政、游猎等事，以及从大都南行至扬州、杭州、福州、泉州等事；第三卷记载日本、越南、东印度、南印度、印度洋沿岸及诸岛屿，和非洲东部；第四卷记载成吉思汗后裔诸鞑靼宗王的战争，和亚洲北部。每卷分章，全书共有二百二十九章。书中记述的国家，城市的地名达一百多个。

《马可波罗游记》和中国玄奘的《大唐西域记》、日本圆仁的《入唐求法巡礼行记》被称为东方三大旅行记。玄奘到印度、圆仁到中国都毫无疑问，可是马可波罗到中国却成了谜。他究竟有没有到过中国呢？

2. 马可波罗做过扬州总管吗？

扬州人在谈到马可波罗的时候，最引以为豪的一件事，是这位外国人曾经做过三年扬州总管。那么，在《马可波罗游记》里，究竟是怎样谈到扬州的呢？打开这本书的第一百四十三章《扬州城》，原文是这样写的：

从泰州出发，向东南方向骑马走一天，就到达扬州。扬州城很大，它所属的二十七座城市，都是美好的地方。扬州很强盛，大汗的十二男爵之一驻扎在此地，因为这里曾经被作为十二行省之一。我要向诸位说明的，是本书主人公马可波罗先生，曾奉大汗之命，在扬州城治理达三年之久。扬州的居民是偶像教徒，使用纸币，倚靠工商业为生。这里制造骑兵装备的工匠与作坊很多，因为在城里和附近驻扎着大量皇帝的士兵。此外就没有什么可说的了，下面请允许我谈谈西面的两个大州，这两个大州也在南方蛮子境内，先说南京城。

上面一段话显然包含着一点错误的信息，也即说从泰州出发向东南方向骑马走一天到达扬州，这显然不对，因为扬州在泰州西南而不是东南。但是，其他内容基本正确。如说扬州管理二十七座城市，是元代十二行省之一，都是对的。尤其说扬州很强盛，工商业发达，有很多佛教寺庙和皮货市场，这都符合扬州的历史。问题在于，马可波罗还说他曾奉大汗忽必烈之命治理扬州三年，这件事在学术界引起了轩然大波，学者对此有完全相反的看法。

关于马可波罗在扬州做官一说，流传广泛，影响巨大。当代作家冰心在《冰心文集》第五卷说过这样一段话："威尼斯是意大利东海岸对东方贸易的三大港口之一，其馀的两个是它南边的巴利和北边的特利斯提。在它的繁盛的时代，就是公元后十三世纪，那时是中国的元朝，有个商人名叫马可波罗曾到过中国，在扬州作过官。"美国记者埃德加·斯诺在《我在旧中国十三年》一书中也写道："我到过长江下游和大运河沿岸所有历史上有名的地方……在忽必烈统治的时间，马可波罗管理扬州城达三年。"冰心和斯诺是作家和记者，他们都相信马可波罗在扬州做过官。

然而，有的研究者怀疑此说的真实性。他们认为，扬州居于元朝中心，地位相当重要，而且纯为汉人城市，马可波罗不懂汉语而竟然治理此城三年，简直是不可能的。而且，当时马可波罗不过二十三岁，到中国才两年时间，绝不可能出任这样高职位的行政长官。扬州为十二省城之一，是元朝的大都会，总管是级别很高的行政长官，担任职务三年，时间不可谓短，可是元代史料及扬州方志从未提及此事，这也是不可想象的。元世祖规定："以蒙古人任各路达鲁花赤（最高长官），汉人充总管，回回人充同知，永为定制。"这一规定清楚地表明，扬州总官的重任不可能落在外国人的马可波罗身上。马可波罗在扬州做官三年，资料来源只是他本人的游记，因而不可相信。

这些学者提出，古代中国的官僚体系发达，大小事项都会被记录在案，每个城市的历任地方官都不会被漏掉。扬州地方志明确记载了元代的大小官员，包括外国人的详尽名单，但没有关于马可波罗的记录。因此可以推断，马可波罗不可能做过扬州地方官。另外，扬州也没有留下马可波罗的历史遗迹和民间传说。

于是，另外一些学者考证，马可波罗在扬州做的可能不是地方官，而是"枢密副使"。如法国学者鲍梯于1865年出版的《威尼斯人马可波罗游记》中据《元史·世祖纪》至元十四年（1277）二月"以大司农、御史大夫、宣徽使兼领侍仪司事孛罗为枢密副使，兼宣徽使，领侍仪司事"等记载，认为此枢密副使即马可波罗。中国学者张星烺又撰写了《中国史书上之马哥孛罗》一文，详搜《元史》及其他资料，确证了这一说法。后来束世澂著《中国史书上之马哥孛罗考》，所搜孛罗资料更为完备。但他也提出一点"存疑"，即《元史》上的孛罗，在任枢密副使以前，至迟在至元七年（1270）已任御史中丞，若其人果为马可波罗，则他到中国至迟亦在是年，而据《游记》，其抵华时间，当在至元十二年（1275）。他说："岂枢密副使孛罗非马哥孛罗欤？然其行事与《游记》何无一不合者也？"这本是一个击中要害的问题，然而因为束先生同意枢密副史说，最后以《游记》记载可能有误而未作追究。至于《元史》上的枢密副使孛罗，已有人对其生平经历作了详尽的考证。余大钧在《蒙古朵儿边氏孛罗事辑》长文中指出，孛罗是蒙古朵儿边部人，生年约在1246年左右，1283年夏奉旨出使波斯伊利汗国，从此一去不返，于1313年4月去世。可见此人与马可波罗毫不相干。

马可波罗在扬州担任的官职，除了扬州总管之外，还有扬州宣慰使、扬州都督、扬州总督等说。有的学者认为，总管、都督、总督等都是汉译者用的官名，与马可波罗实际在扬州担任的职位都不相干。马可波罗说扬州被选为十二省城之一，所以大可汗的十二总督之一驻在这城里，又说他自己曾亲受大可汗的命令治理这城三年之久。这是把扬州作为一个行省的省会而说的，扬州确实曾有一段时间为江淮行省的治所。在元代，行省的长官称"平章政事"，这用欧洲文字无法表达出来。从外文译成汉语，译为总管、总督或都督均无可指责。但元代行省以下的路，恰好有总管一职，因此马可波罗便由西方人理解的行省长官变为中国人理解的扬州路总管了。总之，有人认为，所谓马可波罗任扬州总管一说，只是文字翻译的偶合或巧合。至于总督、都督，意思与总管相同，可是元代行省并无其官衔，可就不必讨论了。

怀疑马可波罗在扬州做官的学者指出，此说可能出于版本之误。有一种《马可波罗游记》版本说马可波罗奉大汗命"居住"此城三年，而非"治理"此城三年。但也有学者提出质疑，如果仅仅是"居住"，为何要奉大汗之命？

坚持马可波罗的确做过扬州官员的学者，有自己的理由：

首先，中国史籍未提马可波罗之名有一定的历史背景，这不是判断这一事件真伪的惟一标准。对于元史和方志为什么没有提及马可波罗的问题，朱江指出，根本原因在于元朝以少数民族统治者入主中原，采取高压政策欺压汉民以维持其统治，因此必然引起尖锐激烈的民族矛盾。明朝在夺取元朝政权过程中，每得一城一池，无不大量毁去蒙古人和色目人的文化遗迹。出于上述原故，明人在编写官方史书和地方志书的过程中，除了必不可少的史实以外，会删去大量有蒙古人和色目人的事迹，而不载入史册。因此，作为色目人的马可波罗在中国的事迹，也就自然没有为后世留下可资考证的史料了。杨志玖进一步指出，在马可波罗前后到达蒙古的西方传教士、使臣、商人留有行记的不下十人，但他们的名字和事迹同样很少见于汉文记载。他说："如以不见人名为准，是不是可以断定这些人都没到过中国，他们的著述是听来的或抄来的呢？为什么对马可波罗如此苛刻要求呢？"

其次，从现存的扬州地方志和有关记载，可以搜寻到有关马可波罗的踪迹。韦培春、吴献中在《从扬州地方志印证马可波罗在扬州的踪迹》一文中指出，将《游记》中提及的两淮盐务、扬州屯兵、瓜洲与运河等问题与扬州地方志作一些对照，就可进一步印证马可波罗在扬州的真实性。他们认为，马可波罗关于两淮盐务的叙述是完全有根据的，对扬州有许多军队屯驻的说法是符合当时事实的，有关瓜洲的记载是对元初瓜洲的真实写照，对扬州段运河的记载与《水经注》的记载也是非常吻合的。因此，他们得出结论："马可波罗到过扬州及所属的宝应、高邮、泰州、仪征、瓜洲等地，这是无庸置疑的。"

再次，《游记》说马可波罗在扬州做官三年之久，这与《元史》记载"定内外官以三年为考，满任者迁叙，未满者不许超迁"的记载完全相合，说明马可波罗在扬州为官正是在元世祖忽必烈钦定元朝官员三年一任制以后的事。

至于马可波罗在扬州做什么官，说法较多。一说是江淮行省总督，二说是扬州路任总管或达鲁花赤，三说是在扬州担任盐务管理的官。一些学者指出：马可波罗精明能干，学识广博，长期在大汗身边应差，被委以某一重要城市的官员是有可能的。《游记》之所以没有写明他担任什么官，可能与他的官职较低有关。

无论马可波罗在扬州任官情况如何，他在扬州住过三年是没有问题的。可是，究竟是哪三年，说法不一。有学者论证：第一，当时扬州有二十七个城市附属于它，它又是十二省城之一，那应在1282年至1284年之间；第二，马可波罗说他治理扬州三年，那应在1282年元世祖颁定"内外官以三年为考"之后；第三，当时扬州使用纸币，那应在1280年江淮行省颁发元钞规定以后；第四，马可波罗说从瓜洲由河湖运粮食到大都，应是1285年海运以前。结论是，马可波罗在扬州的时间当在1282年至1285年期间。

扬州天宁寺中有一座马可波罗纪念馆，门前的铜狮雕像是由马可波罗的故乡意大利威尼斯人赠给该馆的。马可波罗临终时曾说:"我所写下的还不及我看到的一半。"他究竟是否曾在扬州做过官?做过什么官?也许就在他没有写出的那一半之中。

3. 马可波罗之谜能够揭开吗?

马可波罗有没有到过中国?有没有在扬州做官?所有学者都是以文献和推理来研究。一些学者断言,除了文献上找不到马可波罗的任何记载,而且扬州本地也没有留下马可波罗的历史遗迹和民间传说。其实这种说法是不对的。

据我的研究,扬州与马可波罗有关的历史遗迹和民间传说,至少有三项——

第一,据民间传说,扬州紫藤园的紫藤系马可波罗手植。《扬州紫藤园饭店介绍》说:"扬州紫藤园饭店(又名扬州市人民政府第二招待所)坐落在扬州市中心文昌阁西南侧,……店内庭院深深、古木参天、万绿深锁、山环水绕、环境宜人,故而是闹中取静的佳处。因店内有一株元代时意大利旅行家马可波罗种植的紫藤,饭店故名焉。"

第二,上世纪二三十年代,扬州有过马可波罗石像。1929年,美国记者埃德加·斯诺旅行至扬州亲眼看到石像,后来他在《我在旧中国十三年》一书中回忆了"扬州的优美渡桥和马可波罗像"。

第三,同样在上世纪上半叶,扬州出现过一方雕刻着马可波罗像的砚台,这是充满了传奇意味的一件文物。这则珍闻系本人得自恩师陈汝衡。上世纪八十年代,陈先生在上海亲口对我说:扬州教场一家古玩店收购过一方古砚,背面刻着马可波罗像;砚台后为当时扬州美汉中学校长、美国人韩忭明购去;韩忭明其人后来回到美国,砚台即不知下落,很有可能流落到美国。我在《醒堂书品》书中写道:"那方砚台是何处而来,何时制作,何人使用的?它为什么会刻上马可波罗的像?砚台上有无铭文?它是不是马可波罗本人使用过的东西?这一切都是谜。今天如能重新发现这方古砚,那不仅会为马可波罗在中国、在扬州的活动提供物证,而且将是马可波罗本研究史上的一个重大事件。"我至今仍然期待这方古砚能够重现于世。

基于上述数点,我认为,断言马可波罗没有到过中国、没有在扬州做官的结论是轻率的。

事实上,到目前为止,无论是否定或肯定的意见,都缺少直接有力的证据。肯定马可波罗来过中国,是根据《马可波罗游记》;否定马可波罗来过中国,也是根据《马可波罗游记》。如果以记载不准确,或者该记而未记为论据,是缺乏科学标准的。任何游记都是主人公的主观记忆,而不是科学考察报告。一个再过目不忘的旅行家,也不可能把目击的一切写进游记之中。旅行家总是对他感兴趣的事物印象最深。《中国国家地理》曾经发表过一篇文章,题目是《袁枚为何看不到"阳元石"》。文章说,广东仁化有一处名胜丹霞山,其标志性景观是所谓"阳元石"和"玉女渊",也就是很像男性和女性的生殖器官的一块巨峰和一个岩缝。如今这两处景观游人络绎不绝,但是清代著名诗人袁枚游历了丹霞山之后,在《游丹霞记》中偏偏没提这两处景观。按今日的说法——"没见阳元石,未到丹霞山",难道我们可以说袁枚没到过丹霞山吗?原因其实很简单,这两处地方虽然早就存在,但是在袁枚的时代,它们没有成为人人必看的景观。资料表明,这两处地方是二十世纪九十年代才开始成为景观的。阳元石早在上世纪六十年代就被丹霞镇黄屋村的村民发现,村民们称之为"马卵石",意思是像雄马的性器官。至于形似女性生殖器的岩壁,到1998年才发现。这样,我们就可以理解,为什么袁枚会对所谓的"阳元石"和"玉女渊"视而不见。合理的解释应该是,袁枚没有提到阳元石与玉女渊,和马可波罗没有提到长城一样,都是时代局限所致。袁枚所处的时代不欣赏和不关注像阳元石与玉女渊这样的形似性器官的景观,同样,马可波罗所处的时代也不欣赏和不关注像长城与茶叶这样今人以为代表中国的事象。在元代，人们并不认为长城代表中国，因而马可波罗没听说或没提到长城是正常的。

《马可波罗游记》是否记载今人觉得重要的某些东西，并不是推断马可波罗有没有到过中国的充足条件。越来越多的人认识到，不能仅仅依靠文献来认识历史，也许我们需要在游记之外去寻找证据。一些人正在迈开双脚，寻找马可波罗的足迹。

这里我想讲几件事情。

1999年10月4日到11月5日，上百万美国中小学生参与了沿丝绸之路进行的一次考察，想为马可波罗究竟来过中国没有寻找证据。沿着马可波罗的足迹去探索，无疑是个好主意，但是怎做作到成千上万的人都能参与呢？美国的一个专门辅导中小学生学习的网站Classroom Connect利用现代技术，将课堂与远隔重洋的现场连接起来。他们按照马可波罗进入中国的路线，组织了一次"探索亚洲"的考察，穿越塔克拉玛干沙漠，经过河西走廊、黄土高原，然后到达北京。马可波罗从喀什到北京走了三年，考察队从北京到喀什只用了八小时。上百万的学生在自己的课堂里，通过网络观看收听，随时了解到考察队的活动，并随时提出他们的意见与要求。考察的目标和路线，都根据多数受众的意见来确定。

考察队将自己的见闻和《马可波罗游记》比较，证明许多记载是真实的。如《马可波罗游记》说，喀什是一个都会，城市繁荣，商业兴盛。考察队发现，今天的喀什仍然熙熙攘攘，一大早赶集的人群就来到了。市场上摆着精美的丝绸、地毯、服饰、刀和帽子，正如《马可波罗游记》的记载。《马可波罗游记》说叶尔羌的居民，因饮水带来的疾病使腿和喉咙肿胀而苦恼。考古学家福克斯在今天的叶尔羌，真的看到了这样的大脖子病人，现代医学告诉我们这是缺碘造成的。《马可波罗游记》

还说，沙漠深处有精灵发出奇怪的声响，或如音乐，或如战鼓，或如军队在行进，等等。考察队在骑骆驼穿越沙漠时，没有遇到精灵，却了解到敦煌附近有一座鸣沙山。当然，考察队也感到《马可波罗游记》中的有些记述，不一定是他自己的亲历。如穿越塔克拉玛干沙漠非常艰辛，当年马可波罗遭遇的困难肯定比今天更多，理应大书特书，但《马可波罗游记》仅有两百字篇幅。

年轻的网民在收看了考察的全过程后投票，三分之二的人否定马可波罗到过中国，三分之一的人仍肯定他来过。当然，马可波罗究竟来过中国没有，不是用投票的方法所能解决的。

美国《国家地理杂志》记者爱德华兹和摄影师麦克·三夏，也曾沿马可波罗的足迹进行了考察。爱德华兹说，在中国的见闻令人难忘："马可波罗的书里描写了很多奇特的民族和生活习惯，欧洲人看了以后会觉得这不可能的，比如他描写过吃生肉的民族。当时我和摄影师三夏在云南的时候参加了一个白族的婚礼，人们真的吃生猪肉，而且我还真的尝过了。"通过旅行，爱德华兹坚信马可波罗到过中国。他说："人们都说马可波罗把面条带到了意大利，这是长久以来普遍流传的说法。也有人说，这不太可能，因为面条的发源地在中亚某个地方。不过我的看法是，意大利人对他们的意大利面条感到非常自豪，所以他们才可能不太愿意接受这种说法吧。"

摄影师三夏认为，《马可波罗游记》是本不错的"旅行指南"，至少一些风土人情需按照马可波罗的指点才会留意。例如，马可波罗曾描述新疆"这里有很多体形庞大的野生羊，头上的角能长到六个手掌长"。新疆提孜那甫的居民向山下证实了这种帕米尔盘羊的存在，不过现在数目已经很少。越来越多的发现使三夏坚信，《马可波罗游记》来自第一手材料，现实场景与他的描述完全吻合，而且恰恰都是在他所说的地方找到的。《马可波罗游记》有一节在敦煌的经历，文字与现实极为相似，马可波罗描述的是一场杀羊的仪式，其目的是保佑儿女平安，与三夏在婚礼上看到的情景竟然一模一样。重走马可波罗之路的三夏说："人们或许可以坐在伦敦的某个图书馆里，反复思索马可波罗究竟去过哪些地方。可是一旦踏上他曾走过的道路，你就会不由自主地对马可波罗深信不疑。因为，他的描述太准确了。"

中国探险家协会副主席、《中国体育报》资深记者翁一从上世纪八十年代初开始，自费行走了《马可波罗游记》所记述过的中国的每一个地方。他行程两万六千多公里，跨越十八个省，经过一百四十六个市县，拍摄一万馀张图片，被公认为走遍马可波罗中国之旅的第一人。有人问他，在国外的马可波罗研究中，对马可波罗关于西南丝绸之路的描述疑问最多。比如那时大理已有苍山洱海三塔，他为何没有提到。翁一回答说，西南丝绸之路上的风物，确实有很多东西《马可波罗游记》没有提到。但是当时中国州州有塔、县县有塔，塔是寻常之物。因此，《马可波罗游记》不提大理三塔没有什么奇怪。但他提到了蟒蛇，可是现在蟒蛇却没有了。

旅居美国的中国音乐家谭盾，以其创作的歌剧《马可波罗》获得世界音乐界最高荣誉——格威文美尔奖。谭盾说，在我的心目中，马可波罗就是我自己。因为我当年从北京到纽约的那种感觉，就跟几百年前马可波罗从意大利到中国那种感觉一样：从一个遥远的文化到另一个遥远的文化，从一个遥远的地方到另一个遥远的地方。要求马可波罗在游记里毫无遗漏地写出中国的一切，等于要求一个人从一种陌生的文化立即融进另一种陌生的文化，是不可能的。

六 邗沟美景赖君书
——日本遣明使策彦周良

策彦周良

古运河的历史价值、科学价值和文化艺术价值，越来越受到人们的重视。但是，关于扬州古运河在中外交流史上所起的作用，我们远没有完全认识清楚。最近，偶然看到日本遣明使策彦周良的《入明记》（包括《初渡集》和《再渡集》），才知道在四百六十多年前，有一个日本人曾经多次沿着运河航行，其间自然也经过了扬州运河段。难能可贵的是，这位遣明使把他的运河之旅用日记形式详细记录了下来，使我们今天对当年扬州的运河航运、沿岸风光、中外关系以及其他种种，都有了无比真切的了解。

策彦周良（1501—1579），号怡斋，更号谦斋，日本京都天龙寺妙智院高僧。他博学多才，通晓汉文，于明嘉靖十八年（1539）与嘉靖二十六年（1547）先后两次作为日本遣明使副使与正使奉派入明。他在中国逗留五年馀，多次经过运河北上与南下。策彦周良把两次来华的经历，写成记事性的诗文集《初渡集》《再渡集》，在中日关系史上具有重要的意义。明嘉靖状元、翰林院侍读学士、国史馆总裁姚涞曾经评论策彦周良说："读其文，有班马之馀风也；诵其诗，有二唐之遗响也。"

根据《初渡集》记载，策彦周良第一次经过扬州运河的日程是这样的：

嘉靖十八年（1539）十二月四日，策彦周良等人早上在镇江游玩了甘露寺。中午之前开船过江，到瓜洲靠岸。一直到夜里亥时，才越过瓜洲船坝。

十二月五日，中午时分，领取到了官方颁发的粮食——"廪给"，这是从京口驿领取的。"入夜下雨"。

十二月六日，傍晚时分，"进舟者里许而止"。停船的原因，是所乘的船漏水，"故换别船开船，亦为之迟了"。

十二月七日，一大早就起航，"辰刻拨船，未刻到扬州府广陵驿而泊矣。舟行四十里"。广陵驿，即今扬州南门外馆驿前附近。

十二月八日，因为没有及时领到官方的"廪给"，因此滞留于扬州。

十二月九日，仍然停泊于扬州驿河边。这天一早，扬州知府就来到广陵驿码头，探望日本使节。"正使及余两居座以下上岸，伸礼谢于礼宾轩下。相揖者于再、于三，无拜"。策彦周良写道，他看到广陵驿礼宾轩的门檐颜上，悬挂着"淮海奇观"四字匾额。其时，"知府又赠美酿佳肴"，表示了扬州主人的友好。而策彦周良也"将黄丽扇一柄、方纸五十枚，赠知府刘宗仁。正使亦如此"。中日双方互赠礼品之后，到中午时分，有人送来了"廪给"。

十二月十日，这一天暖日如春，依然泊船扬州运河边。早饭之后，扬州知府刘宗仁和周通事派人来，赠送给策彦周良《张文潜集》四册、手帕二方。"巳刻，进船少许而止"。

十二月十一日，这一日因为"阻雪，不拨船"。"晚，景钓云来访，手谈至夜"，所谓"手谈"，也即下棋。

十二月十二日，船离扬州，继续北上。天气"半雨半雪，午刻开船。戌刻，着邵伯驿。舟行六十里"。

十二月十三日，该日停泊在邵伯运河边，"冻雨霏霏，午后打廪给口粮"。因为风雨终日，无事可做，船上人或者调豆汁，或者下围棋。策彦周良曾上岸小游，访问召公庙，也即祭祀召伯（邵伯）的庙宇。

他在日记中写道："此驿号'邵伯',邵伯之所发也。予俾宗桂问其庙,庙在驿外。庙中央按邵公像,题左右柱云:'隐隐雷神居此地;轰轰圣像镇甘棠。'庙额横揭'列仙道院'四大字。又题柱有'龙吞苍海月,鹤伴华山云;名刹红尘远,玄门白昼长'之句,又或揭'洞府烟霞'四字。由是思之,则'列仙道院'之额决非故额,今作道院者明矣,道士杂处于其侧云云。庙门之外有人家,横颜'邵伯镇处检司第九铺'九字云云。予偶作《邵伯庙》诗:'邵公所憩有祖堂,古往今来慕德香。意足不求遗像肖,居民千载拜甘棠。'"

十二月十四日,离开邵伯,继续北上。"辰刻开船,二里许而泊中流,盖以风雪相加也"。

十二月十五日,抵达高邮。"辰刻拨船。酉刻,着盂城驿。舟行六十二里"。

十二月十六日,泊舟高邮。"天气快晴,暖日如春,打廪给口粮。过正使和上船,炉话移刻,举酒者三行"。

十二月十七日,开船到界首。"午刻开船。午刻,着界首驿"。

十二月十八日,在界首。"暖日可爱。巳刻,打廪给口粮"。

十二月十九日,行船途中,因为河水冰冻,不得已只好停船。"巳刻开船。前进者三十里,而泊于中流,盖以前程冻合也"。

十二月廿日,开船到宝应。"天气如春。巳刻拨船,酉刻着安平驿。舟行三十里"。

十二月廿一日,这一天在宝应停船一日。船上使者多日不下船,人人疲倦不堪,于是在此上岸洗澡、买酒、逛街。策彦周良对宝应见闻叙述甚详:"斋前入混堂,盖以大光催也。人里卖酒家多多,帘铭或以异常酒肆,或以'闻香下马'四字,或以'过客停骖'四字,或以'四时佳酿'四字。又有门横揭'科第名家'四大字,又揭'金榜题名'四大字。知县门楣竖颜'宝应县',左胁插小木牌,牌上书'立春'

二字。又驿门横揭'安平驿腰站'五字,其额上又有额,竖贴'传命'二大字,金字也。巳刻,打廪给口粮。午时,开船。亥刻,着淮阴驿。舟行九十里"。

前几年,日本友人曾按照策彦周良日记所记载的路线,沿着古运河重访其当年的栖息地。我们如果也沿着运河重走策彦周良之路,不但有益于中日友谊的加深,也必将有益于运河文化的光大。

七 两淮盐商翘楚
——高丽儒商安岐

在中韩交往史上,有两位与扬州关系非常密切的人物。一位是唐代的崔致远,另一位是清代的安麓村。他们都来自朝鲜半岛,为中韩交往作出过杰出贡献,值得后人深入探究。安麓村因生活的时代较崔致远更近,而且现在扬州还能找到他居住过的确凿遗址——安家巷,所以,我们实在不该忘记了他。

安麓村(1683—?)生活于清康乾年间,因随高丽贡使入京而常住中国。他和他的父亲安尚义曾经是清代权相明珠的家臣,后在天津、扬州两地业盐,遂成为最富有的盐商。安氏与同在扬州经营盐业的山西巨富亢氏齐名,并称为"北安西亢"。

安岐

安麓村以其精明的经商才干,深厚的文化修养,以及奢华的生活方式,典型地代表了扬州盐商的作风。实际上,安麓村本人就是两淮盐商的总商之一。故今天重提安麓村其人,对于深入研究中韩交往史和扬州盐商史,都不无特殊的意义。

安麓村,名岐,字仪周,亦号绿村,别号松泉老人。关于他的生平,美国学者A.W.恒慕义在他主编的《清代名人传略》里撰有《安岐》专条,叙述甚详。据书中说,安岐的父亲安尚义,或称安尚仁、安三,字易之,曾为大学士明珠以"金义""钱仁"的名义在天津长芦贩盐,后来又将经营地盘扩大到河南。安麓村是在天津开始帮助其父亲经营盐业的。此后,安家因企图将经营地盘扩大至京城西南一事引发官司,受到惩处,安家父子便仍在天津业盐,并为天津筑城出过巨资。

《清代名人传略》关于安麓村生平的记载有两点忽略,一是没有提到安麓村发现明珠家窖藏金银的传奇故事,二是没有提到安麓村在扬州经营盐业的历史事实。如果说,安麓村发现明珠家窖藏金银的故事只是民间传奇,不说也无妨的话,那么,忽视了安麓村在扬州经营盐业的重要史实,应当说是个严重失误。

《红楼梦》索引派曾认为,贾宝玉的原型就是康熙年间权倾一时的相国明珠之子纳兰性德,而明珠生前藏匿起来的巨额财富,是由来自朝鲜半岛的安麓村通过破译密码发现的。关于安麓村这段富于传奇色彩的经历,清人刘声木在《苌楚斋随笔》卷八《高丽安岐事迹》中记道:

安岐字仪周,号麓村,高丽□□县人。从贡使如都,因得故相明珠家窖金钞本书。虽系隐语,细加研索,能尽得其数,与地址所在——地址即是俗称为'大观园'是也。乃求见明公子孙,告以窖藏所在,尽发之。用其金为母,往天津、淮南业盐,富甲天下。

关于安麓村在扬州经营盐业的经历,《苌楚斋随笔》卷八继续写道:

仪周在扬州置巨宅,豪侈不可言,事阅百馀年,扬州人尚知有"安二达子"者。有地名"芦刮刮巷",原系安家巷,因俗呼而讹。虽屡经兵燹,仍未易称,可见安氏在当日,赫赫在人耳目矣。

今安家巷与芦刮刮巷俱存，一在东关街北，一在皮市街东。《茞楚斋随笔》以为"俗呼有讹"，可能是因为作者记载有误，或者是由于两处都是安家住宅的缘故。但无论怎么说，安麓村在扬州有家业是没有问题的。《茞楚斋随笔》的记载，恰好补充了《清代名人传略》关于安麓村生平事迹叙述之不足。

安麓村在扬州的事迹，主要见于《扬州画舫录》等书。通过书中若干具体的记述，我们可以对这位富有鲜明个性的高丽人产生感性的认识。

《扬州画舫录》中关于安麓村的记载共有六处。

其一，记安麓村镌刻孙过庭《书谱》石碑事："鹾商安氏，业盐扬州，刻孙过庭《书谱》数石，今陷康山草堂壁上。"（卷一）此处"鹾商安氏"，即指安麓村。孙过庭是唐代书法家，以草书擅名。安麓村将孙过庭的《书谱》刻成石碑，充分表现了他对中国书法艺术的酷爱。这件事情在徐珂的《清稗类钞·鉴赏类·安麓村》中也记道："乾隆时，鹾贾安麓村重刻孙过庭《书谱》数石，以袁子才主持风雅，馈二千金求袁题跋。袁仅书'乾隆五十七年某月某日，随园袁某印可，时年七十有七'二十二字归之，安已喜出望外矣。"安麓村所刻《书谱》石碑，原置康山草堂壁上，今草堂虽然不存，但康山之地名犹在。

其二，记安麓村强邀汪肤敏写字、观剧事："汪肤敏字公硕，号春泉，江都人。书法欧、褚，性廉介。安麓村延之不就，就之弗见。使人要于路，掖之入，见则命书戏目数出。公硕为其所迫，书而进之。命掖入密室中，良久，数仆延至一堂，麓村迓于阶下，曰：'先生古君子，前特相戏耳。'乃款留堂上，水陆竞献，笙歌错陈。所奏戏文，即为所书戏目也。尽欢而罢，归为麓村母书寿序一通。时程亶字实夫号秋槎，汪柯字可舟，书法与公硕齐名，皆居扬州。"（卷二）这一节文字，生动地反映了安麓村爱才若渴和不拘小节的性格。安麓村的家中养着戏班，可以随时为主人和客人演出，这也正是清代扬州盐商的普遍风气。

其三，记安麓村赏识朱九枪法事："朱斗南，字星堂，扬州武生员，工书。其父行九，以枪法为安麓村所知。"（卷二）由此看来，安麓村不仅喜爱中国的书法、戏曲，还喜爱中国的武术。据说朱九尤其擅长"白蜡杆"之技，扬州有此技就是从朱九开始的。

其四，记安麓村生活奢华事："初，扬州盐务，竞尚奢丽，一婚嫁丧葬，堂室饮食，衣服舆马，动辄费数十万。有某姓者，每食，庖人备席十数类，临食时夫妇并坐堂上，侍者抬席置于前，自茶、面、荤、素等色，凡不食者摇其颐，侍者审色则更易其他类。或好马，蓄马数百，每马日费数十金，朝自内出城，暮自城外入，五花灿著，观者目炫。或好兰，自门以至于内室，置兰殆遍。或以木作裸体妇人，动以机关，置诸斋阁，往往座客为之惊避——其先，以安麓村为最盛，其后起之家，更有足异者。"（卷六）扬州盐商的奢华生活，是历史上有名的。这种挥金如土的生活方式，用历史唯物主义观点来看，具有双重性：一方面，它体现了封建商人追求现世享乐而缺乏将资本用于再生产的历史局限性；另一方面，也正是因为商人们无节制的生活消费，才使得许多平民获得就业机会，并创造出了辉煌灿烂的封建文化。扬州的美食、园林、工艺、戏曲等艺术样式，莫不是因为扬州盐商的奢华需求而应运产生的。而安麓村，正如《扬州画舫录》所说，在当时"扬州盐务，竞尚奢丽"的风气之中，是以他"为最盛"的。

其五，记安麓村买八哥事："米景泉住河东岸，于天宁门街开糕铺，工诗，好笼养。是时，盐务商总以安麓村为最，一日过其铺，闻笼中八哥曰：'安公买我！'麓村喜，重值购之。盖止教此一语，亦善于取利矣。"（卷九）扬州人好笼养禽鸟，并有擅长仿效鸟鸣的口技者。在明清之际，全国著名的口技家郭猫儿、画眉杨等都在扬州活动过。扬州人米景泉教八哥说"安公买我",虽然是略施小技,但却是当时社会风气的反映。从安麓村方面来说,他不但喜爱中国的书法、戏曲、武术,还喜爱中国人对动物的驯养,这还有另外的材料可以证明。在袁枚《续子不语》卷六《张赵斗富》中,曾记述河道总督赵世显和里河同知张灏斗富的故事,略谓:张灏设宴招待河官,在树林中张灯六千盏,高高下下,灿若银河,仅点灯剪烛的伕役就达三百人,一时称盛;半月后,赵世显回请张灏,张灯万盏,而点灯剪烛的伕役才十几个人,人们正疑惑间,忽然万灯齐明,原来赵世显是使用火药线来燃灯的,燃一线则万灯齐明,张灏只得自愧不如。袁枚接着讲述了安麓村与赵世显斗富之事:"盐商安麓村,请赵饮酒,十里之外,彩灯如云。至其家,东厢西舍,珍奇古玩,罗列无算。赵顾之,如无有也。直至酒酣席撤,入燕室小坐,美女二人捧双锦盒呈上,号'小玩意'。赵启之,则关东活貂鼠二尾,跃然而出,拱手向赵。赵始哑然一笑,曰:'今日费你心了。'"这段轶事说明安麓村对驯养小动物有特殊喜好,同时也表明了安麓村不是个普通的盐商,他与地方官员有密切的交往和联系。

其六,记安麓村资助朱彝尊事:"朱彝尊,字锡鬯,号竹垞,浙江秀水人。举博学鸿词,授检讨。归过扬州,安麓村赠以万金。"(卷十)朱彝尊是浙西词派鼻祖,博览群书,尤好金石,曾参与编纂《明史》,著有《日下旧闻》《曝书亭集》《经义考》等,又辑有《词综》《明诗综》。安麓村以万金赠朱彝尊,无疑是出于对其学问的敬慕。朱彝尊的《经义考》一书,是扬州的另一家盐商马氏资助刊刻的,由此也可见当时扬州盐商崇文好儒风气之一斑。

其实,安麓村本人也是一位造诣深厚的文物鉴赏家。他著的《墨缘汇观》一书,详细记载了他所经眼的历代法书名画,《书画书录题解》评其书"所见之广,鉴别之精,实所罕觏"。要了解安麓村对中国文化造诣,不能不谈他的《墨缘汇观》。

关于《墨缘汇观》的写作过程与意图,安麓村在《自序》中说道:"余性本迂疏,志居澹泊。自髫年以来,凡人生所爱好者,如声色之玩、琴弈之技,皆无所取,唯嗜古今书画名迹以自娱。每至把玩,如逢至契,日终不倦,几忘餐饮。自亦知其玩物之非,而性之所好,情不能已也。迨后目力日进,南北同志人士往往谬以余能鉴别,有以法书、名绘就政于余者,鬻古者间有持旧家之物求售于余者,以致名迹多寓目焉。然适目之事,如云烟一过,凡遇古人手迹得有心赏者,必随笔录其数语,存贮笈笥,以备粗为观览。忽忽年及六十,回忆四十年所睹,恍然一梦,感今追昔,不无怅然。陈后山有云:'晚知诗画真有得,却悔岁月来无多。'余虽不悔,却惜岁月无多,暇日遂将平昔所记,择其尤者,复为编次,汇成卷帙。虽未敢拟诸《米家书画史》《清河书画舫》诸书,偶一展阅,得历朝墨妙,纷然在目,亦足以志余之所好云。因名其录为《墨缘汇观》。"安麓村的这篇《自序》,作于乾隆壬戌(1742),可知《墨缘汇观》一书成于是年。这一年安麓村六十岁。按序中所述,他是花费了四十年时间才积累了这样多的资料的,那么他从二十岁就开始收藏和鉴赏书画的生涯了。

《墨缘汇观》包括《法书》上下卷,《名画》上下卷,各有续录。其体例是按时代之先后,记述所见作品的作者、纸绢、尺寸、装潢、墨色、题跋、落款、印章与流传经过,并对前人品题加以评析。凡前人的长处,给以肯定,凡前人的误处,予以纠正,体现了安岐作为书画鉴赏家的认真审慎精神。《墨缘汇观》虽成书于乾隆间,但到光绪间才有刻本,近年来则印本甚多。

安麓村不仅收藏书画,也收藏古籍。叶昌炽《藏书纪事诗》卷四有诗咏云:"谁为楚滨谁永年,草堂新筑直沽前。岂因小绿天亭印,遂误观光自哲先。(安岐仪周)"据《藏书纪事诗》所引诸书,安麓村的藏书极为丰富，而且多善本、珍本。其中引周芸皋《内自讼斋文集》说："仪周，朝鲜人，从贡使入都……业盐于天津、扬州，息倍之。多富收藏，尽以归国。"据此，安麓村所藏之物，一定有得自扬州的。经安麓村收藏过的书画古籍，上面都钤有印章，其文分别是"安岐之印""朝鲜人""安仪周家珍藏""朝鲜安麓村珍藏书画印"等。

安麓村之所以在天津、扬州两地业盐，主要因为两地盐务较其他盐区更为发达的缘故。除此之外，或许与明珠在扬州的影响有关。近见柴小梵《梵天庐丛录》卷四《明珠之仆》条引《一经堂笔记》云，明珠曾经奉命至扬州，扬州官员自督抚以下，无不待命舟侧，等候接见，而此时"明珠之仆安三"正在六安州做官。也许正是因为明珠与扬州的特殊人事关系，才致使"安三"后来弃官到扬州从商的。"安三"，当即安麓村的父亲安尚义。

安麓村的生平，因无确凿资料，颇多失之过简或似是而非之处。如天津市古籍书店《墨缘汇观·再版说明》云："安岐之父是康熙年间津门大盐商，其家财甚富。而安岐虽席丰履厚，却志居澹泊，自韶龄以来，无声色之好，唯嗜古今书画名迹，广搜穷觅名人翰墨，凡精品辄重价购归，几忘餐饮。其在津建沽水草堂，其书斋古香书屋，中贮牙签万轴，皆魏晋隋唐两宋元明诸名家之物，一时有'收藏之富，甲于海内'之誉。"文中说安麓村"自韶龄以来，无声色之好"，实际上据《扬州画舫录》所载，扬州盐商的"声色之好"倒正是以他为最的。

又如岭南美术出版社《墨缘汇观·前言》云："（安岐）其先世本朝鲜人，自其祖父安三、父安图已入清隶内务府包衣旗籍，深得权臣明珠、揆叙父子信用，为得力家人，使之行盐。"文中称安麓村的祖父为"安三"，下文又说安麓村本人可能行三，也可称作"安三"，而据《清代名人传略》等书，安麓村的父亲也叫"安三"。难道安氏三代都叫"安三"吗?

但岭南美术出版社的《墨缘汇观·前言》也提供了一些关于安麓村的新的材料。如文中引杨钟羲《雪桥诗话续集》卷五,谓安麓村"善古诗,鉴赏古迹,不爽毫发",可知安氏能诗。文中又披露,"四王"之一的王石谷有《云山竞秀图卷》,是为安麓村祝寿而作的,今存天津艺术博物馆。

一般认为,安麓村生于康熙二十二年(1683),约卒于乾隆十至十一年(1745—1746)。关于他在扬州居住的遗址——安家巷,我另有《遥想安家当年》一文详述,载于上海人民出版社出版的《二十四桥明月夜》一书中,此处不赘。建议在扬州东关街安家巷附近建立安岐纪念馆或纪念碑,让后人缅怀这位来自高丽的儒商。

八　天使遗爱中华
——英国传教士戴德生

戴德生(1832—1905)留下一句名言:"我若有一千英镑,中国可以全部支取;我若有千条生命,绝不留下一条不给中国!"作为中国人,谁读了这句名言都会动容。

戴德生

在伦敦奥运会开幕前夕,英国传来消息:班斯莱镇的戴德生故居将挂上两块牌匾,一块用英文写,一块用中文写,以纪念一百年前的这位中英民间使者。几乎同时,中国的扬州也传出一条消息:皮市街的扬州教案旧址因雨水浸泡、亟待修缮,而扬州教案的主角正是英国传教士戴德生。

那么戴德生到底是什么人呢?

1. 从唐代的景教说起

基督教进入中国的历史,富有传奇性。早在唐太宗时,有一个基督教传教士阿罗本来到大唐京城长安,大唐帝国对他礼遇有加,容许它在中国传教,这就是唐代的景教。

景教是基督教最初在中国的名字,现在西安还有著名的景教碑刻,见证着东西方的交流。到唐武宗时,因禁止佛教,解散寺院,景教也受牵连。在此后几百年间,基督教在中国偃旗息鼓。

直到元世祖忽必烈时,基督教才重返中国。据说马可波罗的叔叔曾从忽必烈那里带回一封给罗马天主教皇的手谕,要求派遣博学之传教士赴华,可是这个要求未受重视。到明世宗时,葡萄牙人在澳门建立据点,从此澳门成为西方传教士来华的跳板。杰出的天主教耶稣会传教士利玛窦,就是从澳门踏上中国的土地,来到北京城,通过他修理时钟和绘画地图的奇异技巧,博得了大明皇帝的称赞。

戴德生青年时期十分崇拜一位久闻大名的传教士,他就是荷兰传道会的传教士郭实猎。郭实猎在中国沿岸的种种传奇事迹,一度引起欧洲商人、海员与政客对中国的极大兴趣,也鼓舞了许多英国年轻人的心,其中就有一个名叫戴德生的基督徒。

戴德生主动写信给中国协会秘书长皮尔士,表示他可以把协会的工作推广到中国去。他听说公理会的牧师有一本麦都思著的《中国的现在与将来》的书,决定借来阅读。牧师问他:"你要借这本书不成问题,但为什么要借呢?"戴德生回答:"上帝召唤我献出生命,到中国传道。"牧师又问:"那你计划怎样到中国去呢?"戴德生说:"我不知道。我想我会像十二使徒和七十门徒一样,没有杖,没有袋,没有粮,没有钱,出去时全然倚靠上帝。"牧师听了,用手轻轻拍拍戴德生,说:"啊,孩子,当你稍微长大一点,你就会变得聪明一些了。

你的这种想法在基督还在人间时是很好的，但现在可不同了。"

然而，戴德生还是为去中国做准备了。他决定先学医，以便到中国传教时替人看病。他克服了享乐的习惯，常做户外运动，以便迎接未来生活的挑战。他还自修中文，找到一本中英文对照的福音书，从英文词汇逆向猜测中文词汇的意义。就这样，他居然慢慢地掌握了一些常用的汉字。

2. 一个献身中国的传教士

美国著名的福音派教会代表人物葛培理牧师在为《戴德生传》写的序言说："再也没有谁能像戴德生那样，愿意为神的缘故，完全献身给中国。他甘心冲破传统，换上中国服装，更积极超越宗派界限，一心要把福音传到新的疆土里。戴德生之所以义无反顾，献身与主，绝非出于一时冲动，或是自我表现，而是他深切关怀到一群尚未认识救世主耶稣的人。"

人们常说，信仰的力量是无穷的。这在戴德生身上再次得到印证。

戴德生1832年出生在英国约克郡，1854年加入伦敦的中国布道会，是中国内地会的创始人。为了到中国去，戴德生不惜放弃了不愿和他同来中国的未婚妻。

1853年9月19日，二十一岁的戴德生受中国传教会派遣，登船前往中国。1854年3月1日，戴德生在二十二岁时终于抵达上海。没有人接船，没有人领路，他孤单一人开始了在中国的传教工作，数十年如一日。戴德生在中国工作到七十三岁（1905）高龄时，才安息归主。那一年，从上海至伦敦，都为他举行了大规模的追思会，可见他深受众人的尊重。

戴德生在华总共五十一年。他创立的组织吸引了八百名同道，建立了一百二十五所学校。他以他对中国的友爱，对传教的热忱而闻名。他在很少有传教士穿唐装的时代已穿中国服装。在他的领导下，内地会成为一个没有宗派的团体，各种教派、阶层、性别、国籍的人，都愿意和内地会合作。而且，内地会反对鸦片贸易，戴德生因而被西方视为十九世纪以来最引人瞩目的来华欧洲人。历史学者褟嘉路得总结其一生："自使徒保罗以后，能够心怀广大异象，而按部就班将福音传播到如此广袤疆域的人，十九世纪来戴德生为第一人。"

在戴德生的子女中，有二男二女在中国夭折，他的爱妻亦病死于中国。他并不是不爱子女和妻子，只因他太爱中国。

戴氏第一次从英国回中国时，只带来二十二位男女义工。但他们走遍了中国十八个省份，北至蒙古，西至新疆，南至云贵，东至江浙。戴德生还在各国进行演讲，使得大批美国、德国、瑞典、挪威、瑞士、芬兰、意大利的宣教士来到中国。

戴德生创立的内地会有几个特点。一是没有宗派，只要信仰纯正，都可加入。二是适应中国习俗，在生活、语言、起居、衣着上尽量中国化。三是只凭爱心而不借助于政治势力，即使在教案中蒙受损失也拒绝人命赔偿，情愿用无价的生命来见证爱心和宽容。

戴德生说，一粒麦种落地死了，会结出许多子粒来。他就像一粒麦种。

3. 扬州第一座基督教堂

1868年6月1日，是戴德生的一个重要日子。这一天，一艘大船从杭州沿着运河北上，来到江北名城扬州。船上载着戴德生夫妇和他们的孩子，还有戴氏的秘书白安美、孩子的看护路惠理太太，以及四个来自杭州的中国基督徒。

在来扬州之前，戴德生就知道扬州是马可波罗做过官的地方。他还知道，扬州的运河上有许多美丽的拱桥。此外，扬州的市廛、美女、园林，也给戴德生带来无尽的遐思。同时，戴德生居然也知道，扬州市井间不乏皮五辣子那样的人物。因而，戴德生在初来扬州时特别小心。他和他的家人、门徒一直留在船上,避免引起人们的注意。他只吩咐同来的中国人到城里去找房子。几天后下起了大雨,船篷不停漏水,船上再也无法久住,他们才不得不进入扬州城。

7月20日,他们搬进皮市街一间破落不堪的房子里,这就是他们以后在扬州的家。这间房子和几家邻舍共用一个通道,周边有一些天井、花园、假山等。戴德生叫来木匠,为新屋装修,改造成适合大家居住的样子,忙了整整一个月。皮市街的这幢房屋,成为扬州的第一座基督教堂。

当戴德生进入外国人极少露面的晚晴扬州城时,似乎注定会遇到麻烦。这些言必称上帝的人,被崇拜儒家的扬州人视为异端。两种文明冲突的结果,是从士绅到市民都希望把这些隆鼻蓝睛的洋人逐出扬州。

常有人用石子投掷戴德生的窗户,还有人在街上张贴海报,指控他们借行医为名,挖眼取心、剖腹炼丹。不久后,一大群愤怒的扬州民众结集在皮市街戴德生居处外面。传教士们和他们理论终日,企图否认那些硬加在他们身上的罪名。然而,语言的隔阂和观念的差异,并没有消除双方的矛盾。相反,广大市民将国运日弱的满腔愤懑一起归咎于戴德生这样的洋人头上。

8月22日这一天是星期六。恰巧有一名美国派驻浙江的官员辛德士上校和另一位外国人到扬州观光。他们都穿着洋服,因而特别引人注目。有人开始在茶馆里交头接耳,说即将会有更多的洋人到扬州,拐骗幼童,杀人取脑。扬州城里群情激动,暗流汹涌,情势越来越危急。

4. 重看当年扬州教案

扬州教案的起因,是因为法国宣教士金缄三开设的育婴堂有几十名幼儿相继夭亡,导致谣言满城流传,激起民众反教浪潮,以至于殃及到刚来扬州不久的英国人戴德生。

1868年8月22日，皮市街的基督教堂被上万人包围。民众挥舞刀棒，投掷砖块。戴德生和他的一个伙伴不顾追打，逃往知府衙门要求保护。而皮市街上愤怒的人群已经闯进屋内，恣意泄愤，甚至有人放火烧屋。留在屋内的传教士及眷属被迫跳楼逃生，幸亏邻居及时把火扑灭，屋子没有烧毁。

　　事发之时，戴德生并未求助于英国领事，而是求助于扬州官府，骚乱方得平息。关于戴德生求救于扬州知府的情形，有一些生动的追述。据说戴德生冒着砖头和石块逃到知府衙门时，门丁正要把大门关上。这时尾随在后的民众已经追上戴德生们，把他们推进衙门大堂。他们被推倒在地，但赶忙爬起，在大堂上高呼救命。戴德生明白，不论什么时候，"救命"两个字总可以引起中国官员的注意。结果他们被带进去，在那里等候。等了四十五分钟，扬州知府才召见他们，问他："你究竟把那些婴孩拿去干什么？"而戴德生却大声说："现在我请你立刻镇压这些暴徒，尽速拯救我们的家人和朋友，目前他们可能还活着。"后来知府去了现场，戴德生留在衙门等了两个小时，知府才回来。

　　结果是戴德生一行被送到了镇江。在镇江他们受到了热情的接待。1868年8月23日星期日，扬州知府和江都知县联名发布公告，告诫民众对于外国传教士不得过于无礼。

　　扬州教案的性质，过去都说是反对帝国主义的文化侵略。其实宗教的流传是东西方文化交流的重要组成部分，与帝国主义的野蛮侵略是两回事。戴德生是一个对中国充满友好感情的英国人。

5. 扬州教案在英国引起争论

　　扬州教案发生后，许多人误会戴德生，认为他寻找英国领事帮助，是利用坚船利炮来对抗中国官府。事实上事发之初戴德生是向中国官吏求助的，英国领事的行动完全出于自发。

1868年11月18日，戴德生一行回到扬州故居。皮市街的房子经官方重修，完好如初。在这所扬州屋子里，戴德生的妻子玛莉亚在1868年11月29日生下一名男孩，取名戴查理。

但是扬州教案的影响并未结束。1869年3月，英国上议院对扬州教案及其影响展开辩论。辩论中出现了两种相反的声音：

一种意见是不赞成传教士进入中国内地传教。他们说："现在我想问一问：我们有什么权利派遣人到中国内地传教？我们有什么权利到中国内地去改变中国人的信仰？"这种意见并不是尊重中国，而是相反："我绝对不赞成支持传教士进入中国内地。事实上，我们只是靠着坚船利炮来传扬基督。"

另一种意见认为传教士有自主行动的权利。他们说："削减传教士人数可不是政府的责任。传教士选择或去或留，我们都无权过问。要把他们逐出中国，恐怕政府无能为力。"这种意见认为，传教士最好跟在商人后面，当人们看到贸易带来的利益后，自然会开放更多的地方给传教士们活动。

还有人说得更直接："英国的贸易利益虽然很重要，但有些事情比神圣的鸦片贸易更要神圣。英国为着神圣的鸦片不惜发动战争，但有一些事情比这更加神圣，那就是服从主的诫命，到世界的极地去，不论安危，把福音传给万民。"

为了万里之外的扬州发生的事情，矜持的英国绅士们不惜在上议院争得面红耳赤。而关于召回中国内地传教士的要求终于没有通过。

当1905年春天来临时，戴德生第十一次来到中国。他和儿媳途经美国，于4月17日在上海泊岸，然后在扬州过了最后的复活节。三十七年前，戴德生在这里经历了生死大劫。

这一次是他最后来到中国。就在1905年6月3日，这位热爱中国的基督徒像小孩子般在中国安详地睡着了。他被安葬在扬州的江对面——镇江。如今镇江英国领事馆遗址有纪念戴德生的碑石，上面写道："恭敬纪念令人尊敬的中国内地会创办人戴德生牧师。他一生常在基督里。"

我无数次走过皮市街那座老房子，每一次都祈祷它不要在风雨中倒塌。曾经住在里面的那个英国人——戴德生，是中国人不该忘记的老朋友。

九 唐城研究的先行者
——日本历史学家安藤更生

在近现代日本学者中，对扬州最情有独钟并且卓有建树的要数安藤更生。

安藤更生（1900—1970），文学博士，早稻田大学教授，从事中国美术史和考古学研究，著有《唐宋扬州城的研究》《鉴真和上》等有关扬州的专著，还全译过中国小说《西游记》。

安藤更生是最早对扬州唐城进行研究的人。

唐代扬州城的规模是一个谜。隋代扬州附近的江岸，已向南伸展到今扬州城南的扬子镇。大业元年（605），炀帝在运河入江口的扬子津筑临江宫，以临江观赏。《资治通鉴》说，大业七年（611）二月，炀帝曾临扬子津大宴百僚。想必那时蜀冈下新涨的这片沃土，已成为一些生民云集的地方。隋炀帝的宫城所在，在唐代成为扬州大都督府以下官衙集中之地，称为子城、牙城或衙城。蜀冈下新兴的

安藤更生与郭沫若

工商市廛，则称为罗城或大城。雍正《扬州府志》、嘉庆《扬州府志》均有"城又加大，有大城又有子城"的记载。子城是在汉广陵城址上建筑起来的。在东西、南北两条中轴线相交处，有村名测字街（即十字街），大道东西有东华门、西华门的旧名。中心左近有城隍庙，据传即淮南节度使所在地，唐时称为帅牙。因蜀冈丘陵地带的黏土结构紧密，旧时版筑土城遗迹尚存。而蜀冈下冲积平原上的罗城，因土质疏松，城垣早已荡然无存。

由于遗址的残缺和记载的简略，唐代扬州罗城筑于何时史无明载。《资治通鉴》记唐僖宗光启三年（887）秦彦、毕师铎攻陷扬州城时，有"攻罗城东南隅"及"罗城西南隅守者焚战格以应师铎"之语。但文宗大和六年（832）在扬州淮南节度府任职的杜牧，在《扬州三首》中已写下"街垂千步柳，霞映两重城"的名句。所云重城，当指子城和罗城。

唐代扬州罗城的形制与大小，向无定论。而上世纪四十年代，安藤更生在中国人民抗日的炮火之中冒险来到扬州踏访，得出的结论是：罗城北自蜀冈下起，南为古运河略北一线，东系高桥南北延伸，西则在观音山向南的延长线上。他认为唐代扬州罗城是南北长而东西狭的一座城。这一说与后来主张南垣在潮河长春桥、凤凰桥至高桥一线，从而认为唐代扬州罗城是一座东西宽而南北狭的意见对立。从文献记载来看，日本僧人圆仁曾于唐文宗开成三年（838）来扬，在其所著《入唐求法巡礼行记》一书中提到"扬府南北十一里，东西七里，周四十里"的话；北宋英宗治平元年（1064）曾任扬州司理参军的沈括，在其《梦溪笔谈》一书中提到"扬州在唐时最为富盛，旧城南北十五里一百一十步，东西七里十三步（一作三十步）"的话。他们所记的东西宽度十分相近，南北长度略有出入，与安藤更生所考订的唐代扬州罗城的南城墙在古运河以北一线是相呼应的。

当代考古的发现也证明了这一点。1975年在扬州西门外扬州师范学院和江苏农学院基建工地发现大面积手工业作坊；1976年在扬州师范学院工地出土有唐咸通十四年（873）石刻经幢及刻有"罗城官"铭文的莲花瓣瓦当；1980年又出土有《大唐扬州惠照寺新修佛殿志》残碑，碑文有"惠照寺在扬外城内，当扬之理所"一语，理所即治所，当为避高宗李治名讳，而称"治"为"理"。以上所有遗址，均在潮河以南，也证实了安藤更生将唐城南界划到古运河以北一线是可信的。

简单地说，唐代扬州城分为两个部分：子城和罗城。子城在蜀冈上，是衙门所在地。子城的南面就是蜀冈南缘，西面到观音山，东面到铁佛寺，北面在江家山坎至西河湾一线。罗城在蜀冈下，是居民生活区和商业贸易区。罗城的北面即子城南缘，南面到城南运河。东西两面的情况比较复杂，有的已经探明，有的尚未知晓。但是，如今的蒿草河、康山街、砖瓦厂等地，当是唐城所经之地无疑。从东风砖瓦厂附近拾得的唐代残瓦，上面有"城东窑"字样，应是唐代扬州罗城的遗物。面对这片千年古瓦，尽管残缺不全，可是清晰的铭文却宛如昨日烧制，不禁让人生思古之幽情。

扬州城考古遗址现为全国重点文物保护单位，包括今扬州老城区及西北郊的隋、唐、宋时期扬州城池遗址。历代城池相互叠压，而隋、唐、宋城遗址保存相对较好。1987年以来，经过科学系统的勘探和发掘，已基本查清扬州城遗址的规模、布局、建城年代及其沿革关系。尽管在抗日战争前，刘师培、罗振玉等人就曾收集和考证过扬州出土的唐人墓志，见《广陵冢遗文》和《国粹学报》。但在扬州城废墟上进行实地踏访的学者，日本人安藤更生却是第一人。安藤更生根据他在扬州采集到的古代瓦片和陶瓷标本，绘制了《扬州城附近要图》，并撰写了《唐宋扬州城的研究》。无论怎么说，他都是一个值得敬重的朋友。

安藤更生又是一位国际公认的鉴真研究专家。他对中国的美学史、书法史、考古学、佛教史均有精到的研究，尤其对鉴真研究用力最勤，成果斐然。

鉴真东渡的事迹，在唐代就有文献记载。李肇《唐国史补》云："佛法自西土，故海东未之有也。天宝末，扬州僧鉴真始往倭国大演释教，经黑海、蛇山，其徒号'过海和尚'。"日本正史《续日本纪》卷二十四亦云："〔天平宝字七年〕五月戊申，大和尚鉴真物化。和尚原本为扬州龙兴寺之大德……天宝二年，留学僧荣睿、业行等，语和尚曰：'佛法东渡，传至吾国，但虽有其教，却无传授之人。幸望和尚东游，以兴教化。'辞真意切，恳请不止。和尚乃于扬州买船下海，然途中遇大风浪，船只破碎，和尚一心念佛，人皆免于死难。七年后，更复渡海，亦遭风浪，飘至日本以南，时荣睿献身，和尚悲痛哀伤，以致双目失明。胜宝四年，本国使节访问唐朝，业行乃倾吐夙志，终得遂其愿。鉴真与弟子二十四人，乘副使大伴宿祢古麻吕之船归朝，并于东大寺安置供养。"

鉴真研究的高峰时期是二十世纪，其研究中心一在中国，一在日本。在日本，最早进行鉴真研究并且取得的成就最大的，是安藤更生。他的代表作有《鉴真》（美术出版社1958年发行，后吉川弘文馆2001年二次发行）、《鉴真大和尚传之研究》（平凡社1960年发行）。还有与龟井胜一郎合编的《鉴真和尚——圆寂一二〇〇年纪念》（春秋社1963年发行），是一部纪念论文集。

现存比较完整的有关鉴真的文献，是日本奈良时期真人元开所著的《唐大和尚东征传》一书。这本书着重记述鉴真六次东渡的艰险历程，并对鉴真等经过的城邑、名刹、古寺，及沿途的所见所闻、风土人情、国内及海上的交通情况都作了详尽的描述。《唐大和尚东征传》从二十世纪以来，国内外有几个重要的整理本。其中之一就是1963年中国和日本两国共同纪念鉴真和尚圆寂一千二百周年时，日本方面出版了由安藤更生、龟井胜一郎合编的《鉴真和尚——圆寂一二〇〇年纪念》一书，其第三部分是安藤更生执笔的现代语译《唐大和上东征传》。这个译本系用现代日本口语译出。凡是原底本中错漏之处，均经安藤更生一一纠正，译本中还附有译者和简单注释。这个译本虽然通俗，但是极受日本学术界重视。

安藤更生对鉴真和尚的研究，常有独到之见。

如《唐大和上东征传》与《大唐传戒师僧名记大和上鉴真传》的关系。真人元开撰写《唐大和上东征传》，是出于鉴真高足思托的请求。而思托本人，也撰有《东征传》三卷。这些在文献中都有记载，而且将思托所撰的称为"广传"，将真人元开所撰的《东征传》称为"略传"，以示区别。究竟两者之间是什么关系，安藤更生提出，《唐大和上东征传》的撰写是在鉴真在世的时候，而《大唐传戒师僧名记大和上鉴真传》的撰写是在大和上圆寂之后。

再如关于鉴真塑像的作者问题，中国学者汪向荣和日本学者木宫彦泰都认为鉴真塑像的作者是鉴真高足思托。而安藤更生在他的《鉴真》一书中则根据《唐大和尚东征传》里"宝字七年癸卯春，弟子僧忍基梦见讲堂栋梁摧折，寤而惊惧，大和上迁化之相也，乃率诸弟子模大和上之影"一句，判断鉴真的塑像是鉴真的另一位弟子忍基率众弟子所制作的。

又如关于鉴真失明一事，《宋高僧传》十四《鉴真传》不载，《唐大和上东征传》记天宝九载（750）和上由广州到韶州，"频经炎热，眼光暗昧，爰有胡人言能治目，请加疗治，眼遂失明"。学术界一般认为，鉴真眼睛的失明是在第五次东渡的时候。中国学者陈垣有《鉴真和上失明事质疑》一文，提出过不同看法。他认为"鉴真和上到日本后晚年曾失明则或有之，谓鉴真和上未到日本前已失明，则殊不可信"。他的证据是，"和上由韶州回到江宁时，弟子灵佑来见，说'大和上远向海东，自谓一生不获再觐，今日亲礼，诚如盲龟开目见日'。龟虽可说是灵物，盲总不是美词。如果老师这时是盲，岂能当面说'盲龟开目'等话，似不合情理"。安藤更生在《鉴真》中进一步认为，由于日僧荣睿的死亡和普照的离去，使得鉴真悲伤过度；加之当时鉴真已是年逾花甲的老人，因此患了老年性白内障。虽曾请胡人为鉴真治疗，因为技术与设备有限，最终导致了鉴真失明。安藤更生一方面从现代医学的角度，断定鉴真是因白内障治疗不当而失明；另一方面他从日本《正仓院文书》中所收的一封鉴真书信中也得到证实，一个完全目盲的人肯定没有能力写信。鉴真之所以能写信，是因为他到日本后还有一些视力，这正是白内障的特征。

关于鉴真东渡对日本佛教的影响，安藤更生的观点是，鉴真对日本佛教文化的影响主要体现在三个方面：一是为日本佛教建立了严格的授戒制度，使其走上了有序发展的轨道；二是创造了日本律宗的祖庭，即著名的唐招提寺；三是为天台宗、密宗在日本的兴盛奠定了基础。

对于鉴真六次东渡经过的地方，由于古籍文献记载不详和古今地名不同，中日两国学者对其中某些岛屿的理解观点各异，众说纷纭。如《唐大和上东征传》记载，鉴真在唐天宝二年（743）春第一次东渡计划失败后，并不气馁，同年十二月又从扬州举帆起程，"到狼沟浦，被恶风飘浪波击，舟破"。但狼沟浦在什么地方呢？学术界一直有多种说法。日本学者藤田元春在《上代日支交通史的研究》中说，"狼沟浦恐在今南通县之南，近狼山，是位于扬子江北岸的港口"。而安藤更生，"狼沟浦不在南通附近，而是现在太仓浏河口附近的狼港"。

在鉴真六次东渡中，最受挫折的要算是第五次东渡。鉴真一行在舟山海域来回漂泊长达两个多月之后，从定海港的署风山"指顶岸山发"，但仍未到达扶桑，强劲的海风把他们的船吹到了海南岛。但文中的顶岸山一直是个难解之谜。藤田元春主张在舟山列岛之南，属象山的珠岩山；而安藤更生认为应在普陀山南的朱家尖。经过中国学者的实地考察和调查，印证了安藤更生提出的朱家尖的观点。

1963年，为纪念鉴真逝世一千二百周年，中日两国在北京、扬州、奈良举行盛大的纪念集会。以金刚秀一法师为首的日本佛教代表团和以安藤更生博士为首的日本文化界代表团，专程来华参加纪念活动。安藤更生终于又来到了他阔别多年的扬州。作为日本文化界访华代表团团长的安藤更生，在中国发表了如下热情洋溢的讲话：

"山川异域，风月同天"——这是大约在距今一千二百五十年前，日本的长屋王造了一千领袈裟寄赠中国的大德众僧，在那些袈裟的边上绣着的语句。照文字看，这是主张一种大同思想的。鉴真和尚听了这几句话之后，认为一个有这样思想的国家，一定是佛教兴隆的有缘之国。这时有荣睿和普照的两个僧侣从日本到中国来，很诚恳地请求鉴真和尚到日本去传戒律，使日本的佛教能够成为正规的佛教，因此，鉴真大和尚遂下定决心要到日本去传教。

当时从中国到日本去的唯一的途径是海路。凭那个时候的航海技术，要摆脱那个广阔的中国东海的风波到达日本，是不容易的。他在十二年之间，曾做过五次航海的计划，但是几次遭到激烈的风波的袭击，船被破坏，最后甚至远远地飘到海南岛的尽头处。其中还出现了一种阻止鉴真和尚到日本去的反对势力，以致和鉴真有关系的人，几次遭遇人为的障碍，有时甚至被关进了监牢。

其间，为鉴真所信任的弟子祥彦和日本僧荣睿以及在途中先后死去的同道，总共三十六人，在中途脱离者前后达二百人以上。而且鉴真在最困难的旅行途中，由于过度地劳身伤神，终致两眼失明。这时鉴真是六十三岁。虽然这样，鉴真还是没有改变到日本去传教的决心。

我并不是一个佛教徒。我和世界的任何一种宗教都没有关系。我本来是一个研究日本和中国的古代美术史的人。因为这个关系，在进行奈良唐招提寺的美术研究期间，我接触到鉴真和尚。我埋头于鉴真的研究，在鉴真身上，我看到了一千二百年前，在古代东亚的天地中所发挥出来的最强韧的意志。他自己毫无所求，只是为着教化日本的民众，即使双目失明亦不后悔。对于这个中国人的不退转的意志，真使我感奋起来。

日本的人民是不会忘记鉴真的恩惠的。在日本的奈良时代，许多的大寺是屋脊并列的；但是今天，在那些古寺之中，保留着创建时期的金堂原状的，只有鉴真所建的唐招提寺。在奈良时代，曾有许多的僧侣；但是今天，能够使人相信真正传下了其人的风貌的，只有安置在唐招提寺的鉴真和尚的肖像而已。和尚的像，是作为日本的国宝而珍重保存和被人们礼拜着的。这件事实，表明了日本人在长期之间是如何地不忘鉴真和尚的恩惠和爱护他的。

我们鉴真和尚圆寂一千二百年纪念会的代表这次捧持来的这尊肖像，是依照原像的二分之一大小仿制的，连色彩都和原像一样。通过鉴真和尚逝世一千二百年纪念筹备委员会，能够把这尊肖像赠与中国的人民大众，这是我们日本文化界代表所最高兴的。同时，我希望看到这尊肖像的中国朋友们，能够亲自接触到这尊肖像所呈现着的、连婴儿都想伸手去摸一摸的那样温和的和尚的人格，同那结实的两肩和下颚等所表现的那样强烈的意志。同时，我们相信这尊肖像将成为日中两国人民更加坚强结合的纽带，想来也是这像主人——鉴真大和尚所希望的。

各位中国朋友们：请你们相信，这尊肖像虽小，但鉴真和尚的功业是很大的，而我们对于中国的尊敬和感谢也是很大的！各位中国朋友，在鉴真和尚圆寂一千二百年的时候，组织了一个强有力的纪念委员会；又不久以前以赵朴初先生为团长的中国佛教代表团，亲自访问了日本的唐招提寺和东大寺，现在又邀请我们到中国来。我们光是亲自踏上了平素尊敬的大和尚的故国的土地,已经觉得非常的感谢,何况今天还能被允许列席于这样盛大而隆重的集会;又本月十五日还能参加即将建设于和尚的故乡扬州的鉴真纪念堂的奠基典礼,共同赞仰和尚的遗德,以此因缘,使日中悠久的友好关系更加深刻,这是我们非常感激和应该致谢的。

还有一件要附带道谢的,就是促进鉴真在日本授戒传律的动机的荣睿的事情。荣睿为奉请大和尚到日本而流浪于岭南之间,不幸得病,竟于端州龙兴寺奄然逝世。端州即今广东肇庆,听说已建立了他的纪念碑,我们对于中国朋友们重重好意,真不知该说什么才好!想来在连埋葬之地都不知道的荣睿之魂,现在一定会因此纪念碑而得到安住之处的吧!

让我再读一遍长屋王的话:"山川异域,风月同天,寄诸佛子,共结来缘。"这也就是鉴真大和尚的一种想法吧。我们势必以这位大和尚之心为心,为今后日中两国的友好发展而努力。

最后,我们这次访问贵国时,深深感谢各方面给予我们的温暖友情与热情款待。让我再一次表示我们的谢意。

这就是一个日本学者的真实心声。

十 扬州评话之友
——俄罗斯汉学家李福清

2012年10月3日,杰出的俄罗斯汉学家李福清(Борис Львович Рифтин)溘然去世,扬州评话失去了一个不可多得的外国朋友。

1. 李福清院士:中国说书艺术研究家

李福清(1932—2012)这个名字,对于中国文学研究界来说并不

李福清

陌生。我是三十年前在上海戏剧学院陈汝衡教授家中请教扬州曲艺史时，第一次听到李福清这个名字的。当时他刚刚访问过中国，我与他失之交臂。1987年，李福清专程来扬州了解扬州评话，他本来想访问康重华，但不巧康重华正好去了外地。他也准备访问我，可那天我正在戏剧学校上课，竟与他缘悭一面。去年，我在瑞士参加扬州文化研讨会，再次与挪威奥斯陆大学的易德波教授谈起李福清，准备回来联系他。不料前不久，我们与这位著名的俄罗斯汉学家就人天暌违了。

李福清1932年出生于列宁格勒，即今圣彼得堡。1950年进列宁格勒大学东方系学习中文。1953和1954年去中亚学习甘肃话、陕西话，并搜集中国民间文学资料。1955年到莫斯科苏联科学院（今俄罗斯联邦科学院）世界文学研究所工作，专事中国通俗文学研究。1965至1966年在北京大学进修。1987年当选为科学院通讯院士。1992年应中国台湾清华大学中文系邀请，在台湾作《三国演义》研究和中国民间文学研究，同时主持研究台湾的原住民民间文学。

李福清的研究范围相当广泛，特别是在中国民间文学、中国古典小说、中国年画艺术、中俄文化交流史等领域取得了令人瞩目的成就。多年来，他常在世界各国高等学府宣讲中国文化，曾被中国教育部授予"中国语言文化友谊奖"。在中国文学之外，李福清对日本、朝鲜、越南、蒙古等国文学也有评论和介绍。可以说，他已超出汉学研究范围，可称为名副其实的东方学家。

李福清十分敬业。研究中国民间文学最大的难题是原始资料少，尤其第一手资料难得。但李福清从不畏惧，他数十年来坚持进行田野调查，直接搜集鲜活的口头材料，从记录中国神话传说和民间故事，到比较中国南北的说书，再到近年来在台湾接触原住民文化，无不历尽艰辛，而又成果斐然。

他的汉学著作，有《万里长城的传说与中国民间文学的体裁问题》《中国神话故事论集》《中国戏剧理论》《中国诸族民间故事选》《李福清论中国古典小说》《汉文古小说论衡》《〈三国演义〉与民间文学传统》《关公传说与〈三国演义〉》《古典小说与传说（李福清汉学论集）》《俄罗斯国家图书馆藏中国年画图录》等。

李福清在中文版《古典小说与传说（李福清汉学论集）》的自序中，对自己的学术生涯作了详尽的回顾。他的成果，得到了中国同行的赞誉。

多年来，海外学者从各个角度对扬州文化的研究取得了丰硕的成果。日本平凡社出版的《扬州八怪》，台北艺术图书公司出版的《扬州八怪全集》，都较大陆同类著作更早。俄罗斯学者李福清对扬州评话《三国》的研究，丹麦学者易德波对于扬州评话《水浒》的研究，日本学者波多野太郎对于扬州清曲的研究，澳大利亚学者安东尼亚对于扬州经济史和风俗史的研究，美国学者梅尔清对于扬州园林和文人旅游的研究，旅台学者洪为溥对于扬州方言的研究等等，都较扬州本地学者的研究更早也更深入。"扬州学"正在成为一门显学。在建设世界名城扬州的时候，我们更应该珍惜李福清这样的汉学家。

2. 李福清谈王派《水浒》：恪守施耐庵原著《水浒传》

2011年7月13日深夜，来自全国各地的中国评书评话博物馆专家委员会成员在美丽的泰州凤城河畔经过慎重研究决定：未来的中国评书评话博物馆内，将为百年来十一位南北说书大家竖立塑像，他们分别是：扬州评话的康国华、王少堂，苏州评话的姚士章、吴君玉，北方评书的双厚坪、陈士和、连阔如，湖北评书的李少霆，山东评书的傅泰臣，四川评书的王秉诚和福州评话的吴乐天。其中，扬州评话的康国华、王少堂以全票通过。

扬州评话在长期的艺术实践中，形成了王派《水浒》和康派《三国》两个重要流派，如双峰并峙，比翼齐飞。李福清对《水浒》的研究，虽然不如对《三国》的研究花的精力多，但同样很感兴趣。他在《三国演义与民间文学传统》中文版自序中说到，他与研究扬州评话的易德波女士有共同的爱好："1996年挪威奥斯陆大学易德波教授出版了英文写的《扬州评话探讨》一书。她以扬州评话《水浒》为例，研究许多与我同类的问题，同时分析许多我没有注意的评话特点。易德波教授的书与拙著评话研究部分，可以说是大体一致的。"

对于扬州评话《水浒》，李福清在《汉文古小说论衡》里有一篇《中国长篇小说的形成》，比较了《水浒传》和《金瓶梅》两书的源流与异同。其中举的例子，是扬州评话王派《水浒》。他说，《金瓶梅》是典型的说书的仿制品，它因为经过个人的文学加工而渐渐脱离民间口头创作，所以不是民间说书人的新脚本。"例如，几百年来（直到二十世纪六十年代前），《水浒传》一直是民间说唱脚本，在这些说书作品中必然有武松的故事。可是没有一个说书人注意到兰陵笑笑生在情节轮廓中所引入的那些变化，如扬州著名的说书艺人王少堂有说《水浒》坚持遵循施耐庵的说法。"李福清认为王少堂的《水浒》是恪守了施耐庵原著的，依据来自1959年出版的扬州评话《武松》一书。

王少堂口述的《武松》有一篇《整理后记》，交代了王少堂《武松》和施耐庵《水浒传》之间的继承关系："这部扬州评话的传统名称本叫《武十回》，其主要情节和《水浒传》原书大致相同。《水浒传》原书第二十三回'景阳冈武松打虎'至第三十二回武松在二龙山落草这十回书，就是叙述武松故事的专章传记。所谓'虎起龙收'的评话《武十回》，正是在原书武松传记的基础上发展创造而成的。"《整理后记》

一再强调，王少堂的《水浒》与施耐庵的《水浒传》"主要情节大致相同"。

李福清对于王少堂的《水浒》相当熟悉。他在《兰陵笑笑生和他的长篇小说〈金瓶梅〉》一文中说，《金瓶梅》的每一回，都是以仿佛确定后续故事基调的诗词开始的。《金瓶梅》作者继承了口头说书的传统，在每一回故事开头运用诗词，一般叫做"开篇"，而扬州评话称为"定场诗"。李福清在这里举了扬州评话王派《水浒》的例子："例如，著名的扬州评话说书人王少堂在开始讲武松的故事时（《水浒传》和《金瓶梅》的头几回里都讲到这段故事），引述了这样朴实的诗句：'武二英雄胆气强，挺身直上景阳冈。精拳打死山中虎，从此威名天下扬。'古时候，在这类定场诗之后，说书人用一种特别的醒木敲一下桌子，然后大约这样说：'在下不说这几句歪诗，还是来讲一段……'除了开场诗之外，说书人还必然用收场诗。"

打开扬州评话《武松》，李福清引用的这四句定场诗一字不差。

3. 李福清谈康派《三国》：源于毛宗岗本《三国演义》

早在清代咸丰、同治年间，以说《三国》而闻名的扬州评话名家有李国辉和蓝玉春。李国辉自编书词，生动传神，威望很高，所传八个弟子，时称"八骏马"。其中康国华有"活孔明"之誉，后来成为康派《三国》的首创者。康国华传子康又华，康又华传子康重华，于是康派《三国》誉满江淮。

康派《三国》的特色是清晰、轻松、风雅、隽秀，刻画人物栩栩如生，描绘情节丝丝入扣，听其书如见其人，如闻其声。1980年春，法国学者罗伯特·如尔曼在南京听了康重华的《三国》之后，称赞康派的表演使他"得到了艺术与诗的享受"。前几年，挪威学者易德波曾往高邮访问康重华，将他的说书录了音，对硕果仅存的康派传人康重华极为敬重。康派《三国》更引起了俄罗斯学者李福清的注意。李福清在《〈三国演义〉与民间文学传统》中文版自序里说，他的这本书"只限于研究书面上的民间作品，如《三国志平话》及现代的说书，包括北京的评书、扬州的评话，还研究苏州的评弹及民间传说"。又说，他所依据的研究资料，就是扬州康重华的《三国》、苏州张国良的《三国》等。

李福清认为，在口头文学中，谨慎的孔明与鲁莽的张飞是一对戏剧化冲突十分激烈的矛盾，但这一矛盾在小说中被淡化了。"《三国志平话》并没有发展这一略露端倪的矛盾，后来的《三国演义》更是将这一矛盾抹平了。可是口头创作对这个矛盾的描写却更富于戏剧性。例如当代扬州艺人康重华的书词，或张国良的评话，或北京大学图书馆收藏的三国鼓词旧抄本。"李福清认为，康派《三国》对于孔明和张飞的性格冲突，给予了淋漓尽致的渲染。

关于中国说书，欧洲人研究的历史并不长。上世纪六十年代，有一位捷克著名的汉学家普实克院士曾经研究过中国说书，认为中国说书人继承了宋元口头文学传统，他们的说书都出于师承而无文学底本，后来是文人根据说书人讲的故事整理成了小说。但他的学生另持一说，认为中国说书人是以章回小说作为底本，然后改编和敷衍成口头说书的。到底先有说书，还是先有小说，就成了"先有鸡还是先有蛋"那样的争论不休的问题。李福清注意到，说书人与文学之间的关系是复杂的。他举例说，扬州评话《西游记》的来历，是因为戴善章当掉母亲的一条裙子，得了四吊钱，买来一部《西游记》，然后根据这本书改变为书词，故他的评话称为"裙子西游记"。显然，扬州评话《西游记》来源于小说。

对于先有说书还是先有小说的问题，李福清认为争论双方都未作具体的研究。他在《三国演义与民间文学传统》中文版自序中说，要解决究竟先有说书还是先有小说的问题，一定要找到当代中国说书人讲述的《三国》话本记录，再与《三国演义》比较，才能下结论。他说："恰好那时老友陈毓罴先生寄来了《雨花》杂志发表的扬州著名说书家康重华先生讲的《三国·看病》（即诸葛亮探望周瑜的病）的记录。"这就促成了他对《三国》评话的研究，乃至后来成了他的博士论文。

李福清在《我的汉学生涯五十年》中，详细谈到欧洲汉学界的这场争论。他说他如果也参加这场争论的话，他将做一个具体的研究，就是"找到三个说书的，一个是扬州的，一个是苏州的，一个是上海的。他们三个人都讲一个故事——《三国演义》中的《看病》，也就是诸葛亮来看周瑜的病"。李福清说，这个情节在《三国演义》现代版本中不到一页，我把这个分解成动作，大概有二十四个动作。但是一看讲扬州评话的康重华，他的那个《看病》，同样的看病，用了一百零六个动作。为什么呢？因为比如罗贯中只写诸葛亮来了入幕，"幕"就是帐幕，康重华描写这个可能就用了五分钟。譬如，诸葛亮来到周瑜的幕帐，他就想要不要进去，后来他就想要不要先跨出一只脚，先跨左脚还是先跨右脚，也就是把一个动作分成好多小的动作。"这不只是他的特点，这是说书的特点，其他的民族也是这样。说故事的人经常是把一个动作分成好多小的动作，所以我对这个进行研究。"李福清看到，尽管扬州说书人对原著有很多加工，但是基本情节还是按照《三国演义》来讲的。"我还可以证明，他们用的是什么版本，这个很有意思，因为《三国演义》有明朝的版本，也有清初的版本。十七世纪有一个姓毛的毛宗岗，把《三国演义》修改了。他修改的时候，在诸葛亮看病的末了加了一句话，写邀请医生，明代的版本里都没有这一句话。但是每个说书的都有，特别是康重华，他描写了邀请医生，差不多花了半个小时，这证明他用的毛宗岗的版本。现在世界上卖的《三国演义》都是毛宗岗的，所以这个问题解决了"。

当然，就中国的评话而言，内容也实在丰富。李福清说，他本来打算研究以《三国》为题材的各种民间作品，但因为各种《三国》题材的作品太多，一个人穷其一生精力也研究不完，所以他才决定"只限于研究书面上的民间作品，如《三国志平话》及现代的说书，包括北京的评书，扬州的评话，还有苏州的评弹及民间传说"。

在上世纪六十年代，一个外国学者研究中国说书的资料是很少的。后来资料出版渐多，而扬州评话的成绩尤大。李福清说："此后中国和其他国家都发表了不少研究著作和有关材料，如说书方面，七十至八十年代中国曲艺工作者记录了很多，扬州康重华的《三国》（江苏人民出版社出了几本书），苏州有名的说书家张国良的《三国》（上海文艺出版社出了十二本），汪雄飞的《三国》（浙江文艺出版社出了五本）。其他的说书也出了不少，比我在六十年代得到的那些记录发表的三国说书要多好几倍。"

遗憾的是，这样一位谙熟和喜爱扬州评话的俄罗斯汉学家，永远离我们远去了。

第 3 章　域中与域外
——华夷之间

一　扬州工　走天下
——扬州与世界博览

世界上举办过各种各样的博览会。中国首次参加世界博览会是十九世纪在费城，扬州最早参加博览会则是在二十世纪初，先后跻身于巴拿马万国博览会、旧金山万国博览会和金陵南洋劝业会等。

在中国城市史上，扬州是一座与众不同的历史名城。她不像天子脚下的京城，充斥着唯我独尊的王气；也不像山温水暖的苏杭，享受着自然山川的惠顾。在某种意义上，扬州是以妙夺天工的精湛手艺和精致绝伦的生活方式，来体现自己的个性价值，并远征世界。

民间一向流传着"南沈北梁""和田玉扬州工""苏州胭脂扬州粉""扬州酱菜镇江醋"等口碑……这一切都证明：扬州工，走天下。

巴拿马万国博览会奖章

1. 李斗:"天下香料,莫如扬州"

在熙熙攘攘的国庆路老街上,有一座古色古香的化妆品老店——谢馥春。当欧莱雅、资生堂、郑明明、欧柏莱等品牌在化妆品市场各领风骚之际,谢馥春却坚守着自己的百年古风,以古朴与典雅、怀旧与淡泊,征服着老少消费者。那些绘制着工笔花鸟的椭圆形彩盒,和它所包装的细腻的鸭蛋粉,陈列在闹市的店铺之中,为风景如画的扬州城氤氲了扑鼻的芬芳。

在谢馥春的收藏室里,珍藏着它的荣誉——一枚巴拿马博览会银质奖章的照片。奖章是圆形的,正面刻有旧金山的标志性建筑和两条代表和平的橄榄枝,背面为裸体的一男一女单手相迎的图案,另有中文"1915·巴拿马国际银奖"字样。这一枚奖章,把扬州的印记永远留在了世博会的史册上。

扬州香粉走向世界,其实并不是从谢馥春才开始的。有一本清人小说写道:"惟扬州香料比别处的都好。"因为扬州香粉选料讲究,工艺上乘,所以在数百年间赢得了南北女性的特别青睐。有几件掌故,扬州人不可不知:一是明末扬州著名香铺戴春林的招牌,是当时第一流书法家董其昌亲笔题字的;二是京师妇女一听说扬州戴春林货色到了,无不欣喜若狂;三是上海开埠后,同时有十几家戴春林香铺开张,大抵集中于昼锦里一带,即今上海山西中路的中段,可见扬州化妆品是如何征服了上海人。

在戴春林之后,陆续有张元书、薛天锡等香铺开张。然而它们的名声,总是比不过老牌的戴春林。据《补红楼梦》描写,连花花公子薛蟠路过扬州时,也要到埂子街买来一大堆香货,以便回去送给太太小姐。

从时间上来说,谢馥春只能算是后起之秀。但它的确承继了扬州香粉的荣光,并将其发扬光大了。谢馥春的创始人谢宏业,原来是一家药材铺的学徒。起初，戴春林香粉铺的工人常常在谢宏业当伙计的药材铺里买药材，用作制作香货的原料。寒来暑往，有心人谢宏业对香料行情了如指掌。道光十年（1830），这个当年的药材铺小伙计终于做起了大老板。他在扬州下铺街租下一小间铺面，开始做起香粉、头油的生意。店铺挂着一块醒目的横匾，上书"谢馥春"三个大字。"谢"字本让人联想到凋谢、萎谢、代谢，加上"馥春"二字立即就显得柳暗花明、枯木逢春、馥郁芬芳。

但是走向春天的路，不总是风调雨顺。创始人的离世，给谢馥春带来了未卜的前程。幸而女主人有胆有识，用后半生的努力再次打起谢家的金字招牌，并于同治三年（1864）在扬州重建家园，这就是坐落在东关街的馥园。在这座院落里，前面是作坊，后面是住宅，谢家人还在院子里栽种了几株牡丹，象征着春天的复活。谢馥春在第四代传人谢箴斋手中，终于焕发了青春活力。这位年轻的当家人，虽然总是穿着土布长衫，但天生具备商人的头脑。为了出奇制胜，他大胆使用当时与黄金同价的法国香精，使得扬州香粉非复旧时模样。

在1915年举办的巴拿马万国博览会上，谢馥春终于以其轻、白、红、香的鸭蛋粉捧得了银奖。李斗在《扬州画舫录》中预言的"天下香料，莫如扬州"，终于成为现实。

2. 钱泳："周制之法，惟扬州有之"

扬州梁盛福的漆器，曾经荣获南洋劝业会金奖、巴拿马世界博览会金奖和美国旧金山万国博览会一等奖。

在扬州诸多工艺艺术中，漆器拥有令人炫目的光环。扬州漆器的历史，可以追溯到战国时代。在扬州西湖战国墓葬中出土的漆器圆盘，以木制卷坯作内胎，髹朱红漆，盘上彩绘云水飞禽图纹，色彩艳丽清晰，显示出早期扬州漆器的高超工艺水平。

汉代的扬州漆器已融入人们的日常生活之中。在扬州郊外出土的无数漆器及其残片中，无论是食具还是用物，是文房还是兵器，即便是棺、椁、面罩等丧葬用品，皆不乏用漆器做成的。这时的漆器工艺，逐渐衍生出彩绘、针刻、贴金、金银嵌等工艺。

唐代扬州经济的发达，促进了漆器工艺的突飞猛进。南北商品交流，东西文化碰撞，使得扬州的漆工眼界大开。彩绘、雕漆、夹纻脱胎和金银平脱等技法日益精细，而且漆器还被列为当时扬州二十四种贡品之一。据记载，唐玄宗和杨贵妃多次将扬州所贡"金银平脱"等名贵漆器赏赐给安禄山和其他臣僚。所谓"金银平脱"，即先将金银熔化，制成箔片，并剪镂成各种花纹；然后将箔片贴于漆器表面，再涂上漆；待漆干后，加以研磨，让漆下的金银箔片显露出来；最后，形成与漆底在同一平面上的装饰纹样。我们在欣赏"金银平脱"时，可以看到金银光泽映照在黑色漆面上，富丽堂皇，贵重雅致。据说唐僖宗时，高骈曾一次向长安运送去扬州漆器逾万件。当时，不仅长安人对扬州漆器情有独钟，扬州漆工技艺甚至传播到了日本等东方国家。

扬州漆器的再次辉煌，是在明清时代。此时的扬州，经济和文化都达到了空前的繁盛，巨商云集和财富聚积引发了人们对于消费的更高追求，也为漆艺的精益求精创造了空前的发展天地。这个时期的扬州漆器，不但恢复了宋宣和以后一度失传的漆砂砚工艺，以彩贝镶嵌在漆面上的点螺工艺也异军突起。更有一种集大成式的漆艺，"其法以金银、宝石、珊瑚、珍珠、碧玉、翡翠、水晶、玛瑙、玳瑁、砗磲、青金、绿松、镙钿、象牙、蜜蜡、沉香等为之，雕成山水人物、树木楼台、花卉翎毛，嵌于檀梨漆器之上。大而屏风桌椅、窗棂书架，小则笔床茶具、砚匣书籍，五色陆离，难以形容，真古来未有奇玩也。"这一工艺因为是周姓漆工发明的，故称"周制"。普天之下，除了扬州，没有第二个地方有此技艺，所以钱泳《履园丛话》说："周制之法，惟扬州有之。"

梁福盛是创建于清同治七年（1868）的一家老字号。它的创始人梁友善，在万马齐暗的晚清，在百业萧条的扬州，却选择了一个充满怀旧和风雅的行当。他打着仿古和文玩的旗号，生产出各种精美的玩意，为他带来了滚滚财源。两江总督端方为祝贺慈禧六十寿辰而进贡的一堂花鸟屏风，就是由梁福盛制作的。这堂屏风由六十多名漆工，耗时两年才完成，价值白银两万两之巨。那时候，梁福盛一年要生产上万件漆器。这些打着扬州文化印记的漆器，每一旬至半个月就装满一船运往上海，再从上海销往西欧北美，年销量达到二三万件。在国内，扬州梁盛福与福州沈绍安齐名，并称"南沈北梁"。

3. 周作人："很可口的扬州小菜"

在1903年举办的西湖博览会上，和1915年举办的巴拿马万国博览会上，有一件不太起眼的扬州产品连续获得了金奖，这就是三和四美的酱菜。

扬州的酱菜，据说在汉代已是席上之珍。当乌孙公主刘细君住着帐篷、喝着羊奶的时候，她一定在惦念着家乡餐桌上的佐餐小菜，不然难以写出"以肉为食兮酪为浆"的哀怨诗句来。据说高僧鉴真曾将扬州酱菜的制作方法传入日本，日本人依法制作，果觉香味不凡，因此奉鉴真为始祖。日人有诗云："豆腐酱菜数奈良，来自贵国盲人乡。民俗风习千年久，此地无人不称唐。"如果说，扬州酱菜成为清代宫廷的御膳小菜只是民间传说，《红楼梦》中林妹妹吃的五香大头菜是扬州酱菜只是文学虚构，那么鲁迅的兄弟周作人说他在南京读书时曾吃过扬州的干丝和小菜，则完全属实。翻开周作人晚年写的《知堂回忆录》，知道他年轻时常到下关去，在江边转一圈后，就在"一家扬州茶馆坐下，吃几个素包子"。他有一位同乡也在南京读书，但喜欢往城南看戏，这种时候，唯有对他说"你明天早上来我这里吃稀饭，有很可口的扬州小菜"，才能羁绊住他。事情过去了几十年，扬州的干丝和小菜仍然深深留在周作人的记忆中。

中国酱菜有南北味之分，北味以北京酱菜为代表，南味以扬州酱菜为代表。民国年间，扬州城里的酱园多达七十多家，最有影响力的是三和、四美。据记载，"三和"取义于松、竹、梅岁寒三友，"四美"出自《滕王阁序》中的"四美具，二难并"。它们的产品，以选料考究、制作精当、酱香浓郁、甜咸适中、色泽明亮、块型美观、鲜甜脆嫩而闻名遐迩。

扬州酱菜选料严格，不仅在采摘上讲究收购的季节，还注重选择采摘的时间。比如乳黄瓜必须是清晨采摘，瓜上带花，每斤约在二十五条以上。传统扬州酱菜的工艺，讲究一丝不苟。如腌制时每隔十二小时要翻缸一次，以保持酱菜的清脆和色泽。工艺流程主要有制曲、选料、腌制、刀切、拔水、酱腌、配卤等。如此这般，瓜果蔬菜才能保持原味，又鲜甜脆嫩。三和四美的酱菜，制曲天然，腌制适时，拔水到位，酱制有序，卤汁纯净，一些关键技艺常常靠师傅口传心授，徒弟心领神会。

扬州酱菜的代表，是酱乳瓜、酱生姜、酱萝卜头、酱宝塔菜、酱香菜心、酱什锦菜等。虽是百姓寻常物，却似仙品下人寰。

4. 民谚："和田玉，扬州工"

人们只知道上海世博会江苏馆的镇馆之宝——玉雕"螳螂白菜"来自扬州，不知道早在宣统二年（1910）举办的南洋劝业会上，曾专门设立过一个"扬州玉雕馆"，与"福建漆器馆""苏州刺绣馆""景德镇瓷器馆"等群雄并列。

看过玉雕"螳螂白菜"的人都惊叹："简直和真的一样！"鲜嫩的菜叶层层相裹，粗老的菜根环环相缠，特别是白菜上的两只螳螂，蠢蠢欲动，栩栩如生。这是工艺大师江春源和他的徒弟耗费数年才完成的精品。

"和田玉，扬州工"的谚语，不仅表明扬州自古以来就是玉器的主要产地，而且强调了扬州工的细致入微。在高邮龙虬庄遗址出土的新石器时代的玉璜、玉玦、玉管，将扬州的琢玉史追溯至六千年前。汉代扬州墓葬中的玉器，品类更为丰富，而且造型优美，创意独特，工艺纯熟，雕琢精细。唐代扬州的玉器，既是人们随身佩带的装饰品，也是对外交往的友谊见证。宋代扬州的玉器，以镂空雕刻和链条制作最为引人入胜。到了明清，扬州很自然地成为全国大型玉器的雕琢中心。

清代扬州工雕琢的大型玉器的代表作，是珍藏于故宫内的"大禹治水图"。清乾隆时，宫中重达千斤、万斤的近十件大玉山，多半为扬州工琢制，其中重逾万斤被称为"玉器之王"的《大禹治水图》玉山，成为万众瞩目的稀世之宝。扬州工除了雕琢大型的玉山，还雕琢各种奇巧的玩件。最奇特的，如《听雨闲谈》记道："扬州玉肆有项圈锁一具，圈式，海棠四瓣：当项一瓣弯长七寸，瓣梢各镶猫精一颗，掩搭钩可脱；当胸一瓣弯长六寸，瓣梢各镶红宝一颗，掩机纽可迭；左右两瓣各弯长五寸，皆凿金为榆梅，俯仰以衔东珠。两花蒂相接之处，间以鼓钉。金环东珠共三十六颗，每颗估重七分；各为一节，节节可转。白玉环九，上属圈，下属锁；锁横径四寸，式亦海棠，翡地周翠，刻翠为水藻，刻翡为捧洗美人。"如此繁缛的工艺，应是为宫廷所造，果然背面镌刻着"乾隆戊申造赏第三妾院侍姬第四司盥"十六字。

扬州玉雕的基本特征是浑厚、圆润、儒雅、灵秀、精巧，基本造型分炉瓶、人物、花鸟、走兽、仿古、山子雕。历代扬州的玉雕精品，有选用和田上等白玉、采用"汉八刀"手法雕琢而成的西汉白玉蝉；有塔身雪白、七层六面、塔顶连索的宋玲珑玉塔。这些稀世珍品，为扬州琢玉发展史留下浓墨重彩的一笔。而当今的扬州玉器，又百尺竿头，更进一尺。像1986年琢成的《白玉五塔》，主塔七级八面，高一米有馀，以八根玉链、四百多圈链条从四方连接四塔，构成塔群，是古今玉塔罕见之佳作。同年琢制的《聚珍图》，通高一米多，宽近一米，重达一千多公斤，以全国著名石窟为素材，集乐山大佛、大足石佛、龙门大佛和云冈石佛于一体，构成深邃幽秘的福地仙境，一时引起轰动，新闻界称此玉山是继《大禹治水图》之后二百年来仅见的玉器珍宝。

如今，当我们回眸这些在历代世博风云中大显身手的"扬州工"时，不能不看到世事的巨大变迁。百馀年来，世博会已从主要展示工业革命成就和各国先进工业品的博览会，演变为综合展示经济、文化、科技、社会发展成就的世界盛会。

面对这样一个世界级的旋转大舞台，"扬州工"该如何在长三角经济圈中脱颖而出，拥抱世界，再次行走于天下？

二 扬州风 遍天下
——扬州与国际交流

上海的世博锣鼓，惊醒了扬州人沉睡的记忆。但是，扬州人仿佛只知道谢馥春香粉、梁福盛漆器、三和四美酱菜曾获巴拿马万国博览会奖章，不知道在清代宣统二年（1910）举办的第一次全国博览会——南洋劝业会上，专门设有"扬州玉雕馆"，与"福建漆器馆""苏州刺绣馆""景德镇瓷器馆"群雄并列；在民国二十四年（1935）举办的伦敦中国艺术国际展览会上，参展的历代绘画珍品，首推唐代扬州号称"小李将军"的李昭道的《洛阳楼图》与《春山行旅图》。

世界博览会的本质，是向世界展示当代各种文化、科技和产业的成果。在这个意义上，扬州虽然没有举办过世博会，却是货真价实的世界博览城。

可以不夸张地说：扬州风，遍天下。

1. 扬州：国际珠宝交易市场

经营珠宝、文物的行业，过去称古玩业。这一行业总是集中在文化发达而经济繁荣的都市里，如北京、杭州、上海、成都、苏州等。扬州，因其在文化和经济上的重要地位，历来是古玩业十分兴旺的地方。

早在唐人小说中，就常常写到关于"广陵宝肆"的传奇故事。李朝威在传奇《柳毅传》中说，小龙女遭到夫家虐待，书生柳毅替她送信给洞庭龙君，因而拯救了龙女。洞庭龙君为了感谢柳毅，赠给他碧玉箱、开水犀、红珀盘、照夜玑等宝物。"毅因适广陵宝肆，鬻其所得；百未发一，财已盈兆"。柳毅之所以要从洞庭长途跋涉到扬州来变卖龙王赠送的宝物，是因为当时只有扬州才能进行如此大宗的珠宝交易。这虽是神话故事，反映的却是唐代的社会现实。

扬州不但是国内珠宝的集散地，而且也是国际珠宝交易的中心之一。唐人张读《宣室志》写道，杜陵人韦弇，在开元年间考中进士，寄居在四川。有一次，他"东游至广陵，因以其宝集于广陵市"。当时有胡人看见了他的宝物，惊叹道："此天下之奇宝也！"以数千万的价钱买去。扬州人至今尚有"波斯献宝""别宝回子"诸说法，可见外国商人在扬州从事珠宝交易活动之一斑。

扬州的珠宝交易到清代依然名闻遐迩，以至四方珠宝必欲到扬州来卖，方能获得高价。《听雨轩笔记》中说，绍兴人陶小峦，雍正间在滇南做官，曾携了两大箱名叫"碧霞髓"的宝石回到故乡。当时绍兴珠宝店集中在城里千秋巷，只肯以每块八十金至百馀金的价钱收购，而苏州、杭州、扬州则数倍于此。后来其子带了"碧霞髓"，"陆续至苏州、杭州、扬州、南京、汉口、广东诸处售之……时碧霞髓价日增一日，箧中物去未及半，计所获已万馀金"。

由于扬州古玩市场货源充足，只要有雄厚的财力，在扬州做个古董收藏家并不是一件难事。吴其贞《书画记》说,康熙间扬州通判王延宾,字师臣,"见时俗皆尚古玩,亦欲留心于此"。有一天他对吴其贞说,我想大收古玩,价钱听凭商家索要。因为他囊中有钱,居然在短短几天之内,"所得之物,皆为超等,遂成南北鉴赏大名"。这个故事从一个侧面表明了扬州珍宝货源的充足。

民国年间,扬州的古玩业仍然兴旺。当时知名的古玩店,就有砖街的鼎彝斋、新胜街的古善记、北牌楼的马庆记、得胜桥的敏求山房,以及左卫街的古欢斋、正德斋、古物商店等家。这些古玩铺曾卖过一些绝世珍品。例如,一家古玩店曾有过一方雕刻着元代大旅行家马可波罗像的古砚,对于研究这位东西方文化交流使者的生平极有意义,可惜后来被一个旅扬美国人购去了。

2. 扬州:世界陶瓷集散地

扬州并不出产瓷器,但扬州是连接海上丝绸之路和陆上丝绸之路的端点,国内各种陶瓷纷纷集于扬州港口,再通过船只运往世界各地。

在历来出土的中国陶瓷中,有两件具有特别的意义,可以作为扬州是海内外陶瓷集散地的象征:

一件是出土于长沙的青釉壶,上面烧制着一首唐人的诗:"一双青鸟子,飞来五两头。借问船轻重,附信到扬州。"所谓"五两",是古人系于船头桅杆上用来识别风向的候风器,系用鸡毛五两做成。这首诗写人在江湖,思乡无望,只得盼望飞来的青鸟把书信寄到扬州去。长沙窑在烧制的器物上写此诗句,证明扬州是陶瓷的集散地,否则便毫无意义。

另一件是出土于扬州萧家山的四系壶,壶上书写着阿拉伯文"真主最伟大",而壶的背面却绘着中国式云气纹。这种中阿元素融合的器皿,是中外文化交流的典型实物,也证明扬州是国际陶瓷的集散地。

近年来关于海底文物的传奇性发现,是1998年在印尼海底打捞了大量沉船遗物。因为沉船可能是撞击一块黑色大礁石而失事的，故称为"黑石号"。从沉船里打捞出来的中国陶瓷多达六万馀件，分别产于九世纪的湖南长沙窑、浙江越窑、河北邢窑和广东等地窑口。专家们从陶瓷的器类组合，并结合当时的航运路线分析，认为这艘沉船是从扬州港解缆起航，驶向波斯湾的。据说是一位德国人在潜水时无意中发现了这艘沉船，然后费时数年，将海底文物全部被打捞出水。在数万件瓷器中，最多的是湖南长沙窑瓷器。而其中的唐代青花瓷，被称为迄今为止发现的中国最早、最完整的青花瓷。

中国从东汉时凿通丝绸之路，但到了唐代，外销陶瓷已取代了外销丝绸的位置。而扬州不但是内销陶瓷的集散地，也是外销陶瓷的集散地。在"黑石号"出水的瓷器中，最多的是长沙窑瓷器，此外还有浙江的越窑、婺窑，河北的邢窑、定窑，河南的巩县窑，广东的汕头窑，安徽的寿州窑等。这些不同窑口出产的瓷器，都是先集中到扬州，然后再装船外运的。

在大唐盛世，中国与世界的海上联系主要靠四大名港，即扬州、交州、广州、明州。作为重要的港口城市，扬州商贾如云，物流如织，其中既有从扬州驶向世界的唐船，也有从阿拉伯和南洋驶来的夷船。通常是外国商船在扬州卸下满载的香料、象牙、药材，然后装上陶瓷、银器、家具回程。

有意义的是，印尼海底沉船上的瓷器，与扬州的考古发现颇多吻合。那些在海底沉睡多年的器皿，不但在扬州出土过，而且形状并无大异。而在唐代，世界上其他发达的城市，如伊拉克的撒马拉、伊朗的内沙布尔、巴基斯坦的班波尔、埃及的福斯塔特等，也都出土过这些瓷器。学者把这些现象联系起来，于是古老的"海上陶瓷之路"便宛在眼前，而扬州正是它的起点。

令人感兴趣的是，"黑石号"沉船中还发现了大量铜镜，有的铜镜上刻有"扬州扬子江心镜"铭文。古代扬州人铸造铜镜，常常选择在农历五月初五午时在江中铸造，也是一时习尚。扬州铜镜一直蜚声海内外，这些铜镜也从一个方面证明，"黑石号"海船是从扬州出发的。

3. 扬州：南北戏曲交流中心

在中国戏曲史上，扬州两度成为南方的戏曲中心，一次是在唐代，一次是在清代。而扬州戏曲艺术的繁荣，得益于自古以来音乐艺术的盛行。

唐代扬州的市井间，有着无数的歌姬、舞姬，当时的地名就有"弦歌坊"。唐诗中每见"夜市千灯照碧云，高楼红袖客纷纷"（王建《夜看扬州市》）、"霜落寒窗月上楼，月中歌唱满扬州"（陈羽《广陵秋夜对月即事》）一类描写，足见歌舞之盛。除了歌舞，街头又有大众化的百戏，例如傀儡戏——即木偶戏，而最重要的是参军戏。唐代扬州的参军戏，已经发展到拥有专业剧团，并且远远走出了扬州的范围。唐人范摅《云溪友议》就记载了一个以女演员刘采春为主角的扬州参军戏家庭戏班，说她"自淮甸来，善弄陆参军，歌声彻云"。所谓"淮甸"，即扬州一带。刘采春所在的戏班，曾远赴浙东演出。就在这时候，扬州廉十郎将琵琶谱传给了日本留学生藤原贞敏。

扬州因为繁华，也成了各处艺伎流连之地。唐代著名宫廷歌手永新，就曾来到扬州。永新，吉州永新县人，姓许，选入宫中改名永新。她"既美且慧，能变新声"。据《乐府杂录》载，一日，唐明皇设宴于勤政楼，观者数千，万众喧哗，龙颜大怒。结果高力士请永新出楼高歌一曲，顿时广场寂静，若无一人。后来，因渔阳之乱，永新颠沛流离，离开长安，来到扬州，与将军韦青邂逅。明代戏剧家汪廷讷把这段故事编为杂剧，剧名《广陵月》。

明末清初，往来或居住在扬州的戏剧名家众多。其中，有写作戏曲《西楼记》《鹔鹴裘》《双莺传》以呈才子之情的袁于令，有著作剧本《秣陵春》《临春阁》《通天台》以寄托故国之思的吴伟业，有撰写《笠翁十种曲》和《笠翁剧论》的李渔，有用十几年时间方完成巨著《桃花扇》的孔尚任，有小说家曹雪芹的祖父、校刻《录鬼簿》旧籍和编撰《表忠记》剧本的曹寅，还有隐居扬州北湖创作《坦庵词曲六种》的徐石麒等。

  清代扬州本地的剧作家，较之明代更多。除了王光鲁、徐石麒，还有吴绮、汪楫、汪祚、李本宣等。大量戏剧家的涌现是一个富有意义的象征：清初的扬州，经过血腥的十日之屠以后，很快恢复了歌舞升平的景象。扬州的经济再一次繁荣起来了，扬州的剧坛又一次喧腾起来了，一个可以与盛唐相媲美的扬州戏剧复兴的时代来临了！

  扬州在清代，是名副其实的全国戏曲交流中心。自古以来，扬州就受到戏曲艺术的熏陶，汉之百戏、唐之戏弄、宋之南戏、元之杂剧、明之传奇都曾在扬州十分流行。入清后，由于在政治、经济、文化方面的重要位置，扬州成为全国戏曲汇集之地。全国主要的剧种，如昆腔、京腔、秦腔、弋阳腔、梆子腔、罗罗腔、二簧调等，均荟萃于扬州。诸腔云集，百调纷呈，地方戏曲舞台出现空前未有的繁荣，被戏剧史家称之为"花部勃兴"的局面，其中心即在扬州。正如戏剧史家周贻白所说，当时"诸腔百调，均荟集于扬州，造成一时盛况"。这一段扬州戏剧史，也引起了近代日本戏曲史家青木正儿的特别关注，他在《中国近世戏曲史》中对扬州舞台艺术有详尽的探讨。

  各种戏曲荟萃于扬州，为南北戏曲的发展与交流提供了借鉴与竞争的平台，所以扬州不愧为全国戏曲交流中心。更加耐人寻味的是，扬州戏曲史也成了国际大舞台的一部分——扬州廉十郎把琵琶艺术传给日本留学生，日本青木正儿对扬州地方戏作学术探讨，澳大利亚马克林提出京剧源于扬州四大徽班，挪威易德波数十年心研究扬州评话——扬州是名副其实的国际舞台。

4. 扬州：以精致生活影响世界

有学者认为，人的一生必须到三个地方，那就是英国伦敦、印度德里、中国扬州，这三个地方正好满足了人的三种需求，即物质需要、精神需要、情感需要。

说到底，一座城市的影响如何，不仅要看它的吸引力，而且要看它的辐射力。测定一座城市的魅力如何，一个简单的方法就是看她有多少"Fans"。

中国人有一个习惯，把仿效别人的人，叫做"小某某"。仿效梅兰芳的是"小梅兰芳"，仿效六龄童的叫"小六龄童"。同样，仿效香港的叫"小香港"，仿效上海的叫"小上海"。如果我们放眼天下，纵观古今，会发现历史上各种各样的"小扬州"还真是不少。

在扬州的近处，每个县城都曾自称是"小扬州"。仪征因为盐务的缘故，商贾作派和文人风气与扬州相通，厉惕斋《真州竹枝词》云："敢说吾乡浑不俗，君来又住小扬州。" 高邮的生活方式和人文气息颇似扬州，王虎卿《珠湖竹枝词》云："莫笑一州如斗大，而今已作小扬州。"泰州在晚清一度是东南政治经济重镇，朱宝善《海陵竹枝词》云："眼底烟花太寥落，淮南赖有小扬州。"东台是盐、棉、米、茧的集散中心，嘉庆《东台县志》坦率地承认："阛阓通衢多茶坊、酒肆、浴溷，而城市之间，踵事增华，近有'小扬州'之目。"

稍远一点的淮安，是淮北盐务中心，处处模仿着扬州，如扬州盐商聚居的地方叫"河下"，淮安盐商聚居处也叫"河下"。黄钧宰《金壶浪墨》这样描写淮安盐商："一时宾客之豪，管弦之盛，谈者目为'小扬州'。"

南通虽然僻处海隅，但是在生活方式上受扬州影响极大。如南通人也像扬州人一样爱花，金榜《海曲拾遗》写道："至期篮挑舟载，下及茶肆酒垆，莫不争购以博清赏，是一'小扬州花市'也！"

甚至连南京也被视为"小扬州"。嘉庆年间著名文人吴清鹏游历扬州，见扬州山温水软，物阜民丰，当即挥就《小秦淮》二首，其中有句云："未必渡江能胜此，秣陵应号小扬州！"

省内如此，省外也是如此。例如：

安徽的石埭因为"衣冠竞尚华丽，山珍海错必备"，而被称为"小扬州"。乾隆《续石埭县志》说：本县"习尚之靡，流于奢矣，称为小扬州"。

广东的南雄由于地处粤、赣、闽交界处，商旅遍地，歌吹沸天，马可波罗称之为"小扬州"。朱彝尊也在《雄州歌》中写道："十部梨园歌吹尽，行人虚说小扬州。"

湖南的沅陵是文化旅游资源大县，当地人自称为"江南小扬州"。湖南益阳的泉光河镇，是当地最大的鱼米集市，有"千猪百羊万担米，扬帆汉口一早起"的"小扬州"之称。

福建四大名镇之一的莆田涵江，在上世纪三四十年代，海运商贸十分发达，一时有"小上海""小扬州"之美名。当时的富商大贾，和扬州商人一样，喜欢兴建华宅美屋，雕梁画栋，极为精致，至今留有大量遗迹。

山东长山的周村，中央广播电台为曾其制作专题节目，题目为《天下第一村——北方小扬州之周村》。据说周村的元宵节灯彩多，气派大，节期长，届时粉白黛绿，鬓光钗影，使人迷恋，所以人称周村为"小扬州"。

还有一个人们想不到的"小扬州"，是台湾台南的茅港村。茅港现在已经没有什么特别之处，但在清代，大陆人要登陆台南府城，经常在此打尖留宿，隔日一早再上路，因而曾经繁华一时，有"小扬州"之雅称。时过境迁之后，有人写道："今经是地者，无复识向时之'小扬州'也！"不无惋惜之意。

名声最大的"小扬州",当数天津。明清之际,天津满眼是水乡景色,与江南扬州十分相近,加上扬州是淮盐集散地,而天津是芦盐集散中心,所以诗人张问陶在《天津》诗中咏道:"十里鱼盐新泽国,二分烟月小扬州!"从此以后,"小扬州"成为天津人自豪的别称。清末民初,天津作家刘云若写了一本描写天津风情的畅销小说,就叫《小扬州志》。

扬州曾用精致的生活方式影响过世界,而绝不仅仅是香粉、漆器、酱菜。这种生活方式的不胫而走,比起以政府的名义举办世博会,意味更为深长。

三 近代扬州实业的先行者
——扬州与南洋劝业会

在距离上海世博会一个世纪前的1910年,南京曾举办过一次规模盛大的南洋劝业会。这是中国历史上第一次以官方名义主办的全国性博览会。

当时的扬州正是积贫积弱的时期。令人感到十分意外的是,这个早已从康乾盛世跌落低谷的江北城市,居然在南洋劝业会上有不俗的表现。它似乎不甘沦落,而在绝处求生。

1. 南洋劝业会 获奖知多少

在这次南洋劝业会上,扬州产品获得了辉煌的荣誉,可是至今只有极少数奖项还被人们提起。在南洋劝业会上获奖的扬州

南洋劝业会奖章

产品，到底有多少呢？

最近发现了这样一份完整的名单：

梁福盛漆器

谈涌茂、厚昌祥锡器

胡顺兴镰刀

何恒茂入漆棉花

习艺所柳条布、发网

吕丰合染色绒

一言堂染色布

何记元色丝绸

乾顺泰雪青官纱

何公盛酱油酱菜

吴正泰卫生香

宝霞银楼银船

大生裕旱菸

庆瑢女士刺绣帐沿桌帏

朱蕊仙女士线制桌毡

郑桐雕刻扇骨

詹介臣选送乌江早稻、水晶晚稻

韩永喜选送糯米、青豆

窦念祖选送蚕豆

宜陵商会选送乌豆

这份珍贵的名单，见于民国十四年（1925）修撰的《江都县续志》卷六。

南洋劝业会是中国近代史上首次举办的大型物产博览会，是晚清有识之士为了振兴国力、提倡实业而兴办的。这是借鉴了美国圣路易斯万国博览会、比利时博览会、意大利米兰博览会的成果。除两江而外，东北、直隶、湖北、陕西、湖南、四川、河南、山东、云贵、安徽、江西都纷纷设馆，南洋群岛的爪哇、雅加达、新加坡、苏腊巴亚等也都前来参展。劝业会在上百万件展品中，选出五千馀件获奖展品，其中一等奖六十馀件、二等奖两百件、三等奖四百件，分别颁发奖牌。

这一年，鲁迅正担任浙江两级师范学堂监学兼博物教员，因为他主张接触社会实际，也曾组织师生赴南京参观南洋劝业会。

2. 当年名字号　只有香如故

当年在南洋劝业会上因获奖而声名显赫的扬州老字号，现在大都退出了历史舞台，但仍留在人们记忆中。

最有名的要数梁福盛。梁福盛漆号坐落在辕门桥北段今国庆路上。它有一座仿古雕花的门楼，有两进坐西朝东的铺面。店堂檐梁至柜台之间，有一块乌亮的黑漆大招牌，用厚螺钿拼槟榔纹嵌成"梁福盛"三个亮闪闪的斗大阳文。沿梁悬挂金字横匾一面，上面镌刻着"梁福盛仿古漆玩"七个大字。左右是一副刻漆楹联："福我家邦艺通中外；盛兴基业名振东西。"恰好将"福盛"二字嵌于联首。

梁福盛的创业人是梁友善，他是在晚清时扬州市面风雨飘摇的时节创下这份产业的。当时的扬州，盐务衰败，百业凋零，梁友善偏偏选择了漆器这一似乎无关乎国计民生的行当，并且公然以"仿古"和"漆玩"来招揽顾客。事实证明，他的策划是非常成功的。对于扬州这样一座古城来说，还有什么比追思往昔和摩挲文物，更能迎合人们的心理需要呢？还有什么比鉴赏挂屏和把玩砚盒，更能消磨世纪末的那些无聊时光呢？梁福盛成功了，正如《江都县续志》所说："漆器自卢葵生后，为扬州特产，销行甚广。其仿制最善者，近为梁福盛。郡城各肆岁销银币约三万，而梁福盛居其半焉！"

谈涌茂是另一家有名的扬州字号，它获奖的是锡器。谈氏原籍浙江,后在苏皖等省开设谈涌茂、谈涌昌、福茂恒等商铺,经营五金、响器、药材等,时在十九世纪末。谈氏先开设谈涌昌五金店,随后有谈文舟其人开设了谈涌茂铜锡铺,在各地多有分号。据《江都县续志》说:"铜锡业岁销银币约九万,向以谈涌茂最著。其所制物品,运输各地。"又说:"锡碗有制,如各种鼎敦状者,谈涌茂制品于宣统二年得南洋劝业会银牌奖。"芜湖的谈涌茂锡铺,据说就是扬州的分号。前些年,有盐城人在老屋地基下挖出三个锡锭,状如梯形,分量很重,上有"扬州谈涌茂"字样。与谈涌茂齐名的是厚昌祥,它参展的锡器在南洋劝业会获得三等奖。如今在连云港新浦北部的民主路上,还有老字号厚昌祥的分号旧宅。

何公盛的酱油与酱菜,是在南洋劝业会上获奖的又一扬州著名产品。这一荣誉,显然给何公盛带来了巨大的效益。在何公盛的商标上,最上面的一行字是"扬州何公盛正记酱园",左边写着"南洋劝业会奖章",右边写着"江苏物产会奖章",这正是它值得炫耀的荣誉。商标最下面写着酱园的地址和经营的项目:"本号开设扬州钞关城内埂子大街。自造三伏秋油,各式罐头酱菜、香酸滴醋、特制腐乳,自运绍兴老酒、徐沛高粱。赐顾者请认明酒灶商标,庶不致误。分设:本城文昌楼、新浦东大街。"何公盛是近代走出扬州的老字号的代表。打开《上海蔬菜商业志》,上面就记载着:民国初年,上海酱菜业获得大发展,扬州酱业商人蜂拥而入,领头雁就是何公盛酱园。直至若干年之后,上海人还记得何公盛、正泰、维生等扬州旅沪酱业老字号。《江都县续志》记道:"糟酱业,以酱为主,兼售酒醋。郡城最大者,为何公盛、四美二家,徐恒大等次之。所制之酱,运销各地,酱油、酱菜尤著名,岁销银币约五十万。"

在荣获南洋劝业会奖章的老字号中,还有一家吴正泰香店,它精制的卫生香永远留在扬州人的记忆中。吴正泰的创始人吴康平,据说是《儒林外史》作者吴敬梓的后人。1836年，吴康平携弟来到扬州，在北门城外开设香店，取名吴天宝。太平军占领扬城后，吴天宝歇业，吴家迁往仙女庙。次年，吴康平在仙女庙重操旧业，取名吴正泰。1896年，吴氏在今国庆路上又开了一爿吴正泰香店。到吴康平三子吴淦泉继承家业时，将店名加上"清记"二字。因吴淦泉经营有方，生意日隆，从业者竟多达百人。文革时期，香烛被认为是"封资修"之类，于是吴正泰被改成"蚊香门市部"。1980年代，吴正泰恢复旧名。1990年代，因禁燃烟花爆竹等原因，吴正泰经营萎缩，终至关门大吉。

宝霞银楼银船也是南洋劝业会的获奖产品。扬州旧时银楼众多，有人粗略统计过，知名的有丰永、义顺、九华、宝霞、宝庆、凤祥、玉凤、天庆、天裕、宝新、庆凤、德顺、兴源、天宝、宝盛隆、永恒盛等家，加上近郊的银楼，总数不下百馀家。各家的银器制作，题材风格各别，有的擅长人物，有的擅长花木，有的工于文玩，有的工于簪钗。其工艺，主要有镌镂、掐丝、镶嵌、阴刻、手錾等。宝霞银楼制作的银船，应是一种尺寸大而工艺繁的银制工艺品。

大生裕旱菸，俗称旱烟，也曾获得南洋劝业会奖章。扬州的烟业向来发达，市场上有旱烟、水烟、烟丝等烟草制品。《江都县续志》说："菸业，分旱菸、水菸二种，旱菸岁销银币约十余万。"民国间王振世《扬州揽胜录》附录的烟店，有辕门桥的大生裕，西门街的万昌，砖街的益泰和，教场街的大丰，和东关街的钜兴祥。晚清时扬州画家陈崇光，因幼年家贫，曾在大生裕店旁设摊，为顾客在烟袋杆上刻写书画。由于扬州烟业繁荣，还成立了烟业公所，作家李涵秋寓居其中创作了著名小说《广陵潮》。

可惜的是，这些老字号如今只有香如故了。

3. 昔为座上客，今成陌路人

南洋劝业会上的获奖者，按理说当年都是红极一时的。然而仅过了百年,许多光环已经消退得无影无踪。曾经是扬州人家的座上客,而今都成了陌路人!

比如获得南洋劝业会奖章的有一项是"何恒茂入漆棉花",但是我们今天对它已经十分生疏。

还有一项获奖的是"习艺所柳条布、发网"。习艺所应是当时传授技艺的机构,柳条布、发网都是它的产品。据有关资料,民初扬州织布厂规模稍大的有两家,工徒约三十四人,所织为"柳条土布"。当时扬州的织布,有家机布、高机布之分。其中家机布是粗厚土布,不好看而耐穿;高机布用洋纱织成,美观但不坚厚。今江都大桥一带,多以自种棉花制纱织布,名为"桥布",而城市所织布,有"柳条布"等名目。所谓"发网",是一种妇女装饰品,以线编制,包裹发髻。据《江都县续志》说:"宣统二年,扬州商会以丝线编小渔网,得南洋劝业会奖。"推测"习艺所"是扬州商会所设机构,但已不得其详。

获奖项目中的"吕丰合染色绒""一言堂染色布""和记元色丝绸""乾顺泰雪青官纱",现在都不知详情。扬州的染业在康乾年间就很兴旺,民间流行的色彩层出不穷。到了民初,据《江都县续志》载,扬州的染业"专染青、蓝、元三色。从前用土靛,后用洋靛,近以洋靛价贵,又复参用土靛,一岁贸易约银币十余万"。但是,"吕丰合染色绒""一言堂染色布""和记元色丝绸""乾顺泰雪青官纱"到底怎样出色,今人并不清楚。

值得注意的,是参加南洋劝业会的还有扬州女性,她们是以个人名义送展并获奖的。其中,有"庆璪女士刺绣帐沿桌帏"和"朱蕊仙女士线制桌毡"。据有关资料,庆璪女士"赴赛南洋劝业会,得有超等奖凭,并向政府注册,准免税厘三年",这表明她的刺绣已成规模,所以要免税。清末民初扬州市面上的绣品,似乎以外地产的为多。如《江都县续志》说,扬州"绣货多贩自苏州,谓之'顾绣',亦曰'苏绣';

近年有来自湖南者为'湘绣','湘绣'价贵,惟富家用之。市上通行者仍以'苏绣'为多"。这样看来,"扬绣"能够获奖就更为难得。《江都县续志》还记载:"麻姑绣像,南洋劝业会由毛笠塘送列者,得银牌奖。""绣帐沿桌围,南洋劝业会庆瑢女士得三等奖。"可惜关于庆瑢和朱蕊仙的情况,很少记载。宋人赵以夫《扬州慢》有云:"十里春风,二分明月,蕊仙飞下琼楼。"朱蕊仙的名字当由此而来。

获得南洋劝业会奖项的,还有一些扬州农产品。它们分别是:"詹介臣选送乌江旱稻、水晶晚稻","韩永喜选送糯米、青豆","窦念祖选送蚕豆","宜陵商会选送乌豆"。据《江都县续志》说,扬州所产的糯米,"性粘,粒细,秕白如雪。谷壳有红白二色,有毛或无毛,别有黑糯一种。种虽不一,米只分赤、白二色"。又说,"东郭乡地产豆","仙女庙一带产青豆"。至于蚕豆,"乡人于闲地种之,大者名'虾蟆背'"。可是关于那些选送人的情况,只好待考了。

4. 唯有胡顺兴,依然一枝俏

在南洋劝业会上获奖的诸多扬州老字号中,如今依然活跃在商海里的唯有一家,即:胡顺兴。

国庆路东侧有一条得胜桥街,它的闻名不仅因为百年老店富春茶社在此,而且因为这里是扬州三把刀的大本营。胡顺兴刀剪老店就坐落在这里。胡顺兴现在主要卖刀剪,但当初在南洋劝业会上获奖的,却是它锻造的镰刀。《江都县续志》写道:"镰刀,刈物用,形弯曲,以生铁铸之。瓜洲胡顺兴制,南洋劝业会得银牌奖。"胡顺兴由专制镰刀,到精制扬州三把刀,也算是顺应了市场的需求。前几年媒体曾经报道,胡顺兴的后人曾"兄弟阋于墙",哥儿俩在国庆路和渡江路各开了一家胡顺兴刀剪老店,店名一模一样。纠纷的结果不知如何,但在外人看来,总以团结为好,和气才能生财。毕竟在光绪年间由胡德顺艰苦创下的品牌,延续至今,颇为不易。千万不要让别人说,胡顺兴刀剪再快，却剪不断家庭内部的乱麻。

与胡顺兴的兴旺有着不同命运的，是另一家获奖者——郑桐雕刻扇骨。郑桐字逸琴，清末江都人，工书画，擅浅刻，上世纪二十年代去世，存世作品极少。其子郑小西继承父艺，为牙刻和竹刻名艺人。郑桐的雕刻曾经风靡一时，但现在已进了博物馆。扬州博物馆收藏着一只黄杨木鼻烟壶，小口，溜肩，深腹，圈足。壶盖雕《太白醉酒图》，象牙匙柄上浅刻古诗一首："北方有佳人，绝世而独立。一顾倾人城，再顾倾人国。岂不知倾城与倾国，佳人难再得。"落款是"逸琴弟郑桐刻"。壶身雕了许多老叟，或坐或站，或倚或扶，或弹琴或赏画，或对弈或观泉，集浮雕、浅刻、深镂等技法为一体。壶肩部有阳文"植之刻"三字，表明这是郑桐与另一位扬州知名雕刻家朱植之的合作。《江都县续志》记载："朱植之善雕刻，能于一核桃上刻七十二猕猴。"朱植之和郑桐均为扬州著名雕刻艺人，作品传世又少，两人联袂之作仅见此壶。

胡顺兴刀剪和郑桐雕刻，同样获得了南洋劝业会的荣誉，但一个还活跃在市场上，另一个却进了博物馆，令人唏嘘。

现代意义上的扬州实业，按照前人的说法，到晚清才真正发端。晚清之前，扬州的经济支柱是商品流通。直到民国年间，《江都县续志》才第一次设立"实业"卷，并指出："光绪季年，海内渐趋实业，知时之士，闻风而兴。宣统初，当道设南洋劝业会于江宁省城，其与会得奖者，颇不乏人。"扬州现代实业的先行者，正是在南洋劝业会大显身手的那些前辈，值得我们永远缅怀。

四 商胡离别下扬州
——寻找丝绸之路的印迹

扬州不仅是陆上丝绸之路的终点，也是海上丝绸之路的起点。两条丝路在扬州连接，迸发出东西方文明碰撞交融的火花与光芒。杜甫诗云："商胡离别下扬州。"所谓商胡就是外国商人，主要来自波斯和大食，即古代的伊朗和阿拉伯。扬州出土过一批陶俑，隆鼻深目，卷发浓须，一望而知是胡人。

古代的商胡在扬州留下了诸多的遗迹。今天，我们无论是行走在扬州的古城或是郊野，漫游在扬州的名胜或是街头，总能够从现实、传说、文物、食品乃至俗语里寻觅到来自西域的种种印记。这些貌似平常的痕迹里，隐藏着古老的丝绸之路留给我们的神奇、深邃和启迪……

1. 胡饼：舌尖上的历史

走进扬州老字号大麒麟阁，可以看到一种被称为"扬州胡饼"的美食。扬州为什么会有胡饼呢？

扬州出土阿拉伯扁壶

关于胡饼的定义，说法有二。其一，"胡"原指中国北方和西方的少数民族，后来引申为西域的民族。西域食品早就传到中国，《后汉书》说"灵帝好胡服、胡帐、胡床、胡坐、胡饭、胡箜篌、胡笛、胡舞，京都贵戚皆竟为之"。来自胡地的物品都称为"胡"，胡饼当然是源于西域的饼，北宋黄朝英《缃素杂记》说："盖胡饼者，以胡人所常食而得名也。"其二，汉代刘熙在《释名》中说:"胡饼,作之大漫沍,亦以胡麻著上也。""漫沍"的意思为无边际,形容其饼之大,由此可知汉代胡饼应当很大,并在表层洒上胡麻。或说胡饼就是新疆的馕。如今扬州街头常有新疆人推车叫卖色泽金黄、刻有花纹、质地硬实的圆形大饼,也是一种胡饼。大麒麟阁的胡饼,精致而小巧,应是与扬州文化交融后的产物。

胡饼传入中国后,很快受到各阶层的喜爱。《三辅决录》有"赵岐避难至北海,于市中贩胡饼"的记载。《晋书》说"王羲之独坦腹东床,啮胡饼,神色自若"。这都是胡饼受到中国人欢迎的证明。到了唐代,啮胡饼已经成为一种新潮的享受。《旧唐书》说"贵人御馔,尽供胡食",其中就包括了胡饼。

扬州人还传说,胡饼就是"炉饼",制作工艺犹如扬州出名的"草炉烧饼"。这一说法的真实性,还有待考证。不过自古以来文化就是相通的,探究制作工艺的来源固然重要,更重要的是文化的相互融合。宋代的胡饼在制作上已经有所变化,出现了诸如白肉胡饼、猪胰胡饼等新品种,其中白肉胡饼是经常出现于权贵餐桌上的美食。白肉胡饼与今天陕西的名小吃肉夹馍类似,即将烤制好的胡饼一剖为二,中间夹以砧压去油的熟肉。扬州人喜欢在刚出炉的草炉烧饼里夹入油条或咸肉,想到一口咬下去,那混合着芝麻香、烧饼香、油条香或猪头肉香的美味,就令人禁不住口水直流。我们有什么理由说,这种吃法不是受到胡饼的影响?

2. 波斯:名字中的时尚

1963年夏天,在扬州东郊五台山唐墓里出土了一方墓志铭,上面铭刻着"河东郡卫氏夫人墓铭"九个篆字。这是唐渤海吴公故夫人卫氏的墓志铭,由裴子章撰写。墓志铭的大意是:卫夫人的先世在河东郡,家族兴旺而德行高尚,世世传承礼义,代代沿袭儒风。生母陈氏太夫人育有二女,夫人为次女,具有女性的美德。早年嫁渤海吴氏,相敬如宾。可惜天机难测,芳华易逝,夫人忽染小病,药物无效,于光启二年(886)六月十五日逝于扬州江阳县庆年坊,享年四十有三。卫夫人育子五人,二男三女。最令人惊叹的是第二个男孩的名字,"长子曰延玉,次子曰波斯"。为什么将自己心爱的儿子取名"波斯"呢?无非因为波斯两个字在当时的中国非常时尚与响亮,就好像现代中国人常常取名"建国""跃进""卫东"一样。

唐代扬州有很多波斯商人,有些波斯人以扬州为家,在此生儿育女,甚至死后也葬在扬州。波斯人深目隆鼻,腰缠万贯,走在扬州十里长街上,异域风情十足。生子取名"波斯",正是追逐时髦的表现。

中东文化早就传入中国,有一种被称为景教的教派起源于今日的叙利亚,长安、扬州都是景教的传播地。扬州曾经出土过数块景教徒墓碑,说明了丝绸之路为不同文化的交流提供了绝好的通道。

大约从元朝开始,由于大量色目人来到中国,中国景教信徒愈多。马可波罗和一些中世纪西方学者指出,中国有很多景教团体存在。元朝的景教徒称为"也里可温"(arkagun),可以享受免役和免税的特权。马可波罗说,元代的北京、大同、敦煌、肃州、甘州、凉州、宁夏、喀什、叶尔羌、伊犁、扬州、杭州、镇江、温州、泉州都有景教徒和景教寺。明朝以后,才逐渐衰微。

如今在扬州博物馆里收藏的"河东郡卫氏夫人墓铭",告诉我们唐代扬州有个小孩叫做"波斯"。在这个名字里面,包含着中外文化交流的重要信息。

3. 波斯庄:现实里的村庄

江都有个奇特的村庄,据说从前波斯人聚居过,村口路牌上赫然写着"波斯村"三个大字。村里有座洋溢着阿拉伯风情的园林,门口石碑上用中阿两种文字写着"波斯庄"。村名的由来,有着两种不同的说法。一说这里曾是长江的码头,波斯商船常在此停泊,形成了波斯人聚居的村庄；另一说是有个波斯人与当地姑娘通婚，后在抵抗土匪的战斗中牺牲，当地人就将村庄改名为波斯庄纪念他。

波斯庄虽然没有确切的记载和可靠的实物，但它的来源依然引起国内外学者极大的兴趣。甚至有学者提出，村里有少量姓"伱"（音nai，当地人则读作li）的居民就是波斯人的后裔，尽管他们除了眼珠是黄色的，长相与其他人没有太多差别。当地人还种有荞麦，而荞麦原产于中亚，是波斯人的主食，揣想也是由他们传来中国的。村民们喜食荞面疙瘩汤、荞面薄饼、荞米粥等。这些别具风味的食物，不仅可以防暑，也可作为土仪，是不是与波斯有什么关系？

至今这里还有不少饭店、商店、旅社以"波斯"命名，许多建筑物上饰有美丽的阿拉伯图案。长期的融合与同化，使这个村子的生活习俗与周围没有太大差别，唯有祭祀方式仍保留着古波斯拜火教的色彩。

村子里有座波斯亭，里面的石碑这样记载："波斯村原名桦阁村，唐朝波斯商人在此设肆经商。朝廷腐朽，雨涝为患，盗匪猖獗，于是乡民拥波斯商人为长，与来犯之敌殊死搏斗。波斯人拒敌于村外，不幸为敌所戮，抛尸河中。乡民打捞忠骸，裹以素锦，遵其俗尚，祭以大礼，葬于村旁。念其保乡保民之恩，易名为波斯庄。"我们宁可相信这不是传说，而是信史。

4. 波斯胡：传奇中的商人

唐代扬州处于扬子江和大运河的交汇点，因水路运输为当时主要交通要道，故胡商云集。唐人将来自波斯、大食、天竺、罗马及西域的商人统称为"商胡"。为了便于区别，在"胡"前加上国家名，所以波斯商人被称为"波斯胡"。宋人李昉所编《太平广记》记载了波斯胡的许多故事。如说有一位在扬州行商二十多年的波斯老人，自称"我本王贵种，也商贩于此，已逾二十年"。还有一位唐代开元年间的波斯胡在扬州生子,到睢阳经商时身染重病,病中还念念不忘回扬州,说"异乡子抱恙甚殆,思归江都"。

波斯胡在扬州从事的行当,多利润丰厚而具有特色,有珠宝业、金融业、医药业和餐饮业等。

珠宝业的高额利润吸引着波斯胡收藏、运输和交易珠宝。《太平广记》载,元和初年,某盐船的守船者获得宝珠,"至扬州胡店卖之";又载,建中初年,有乐安任顼者,好读书,后得到一珠,来到广陵,有胡人见之曰:"此真骊龙之宝也,而世人莫可得。"结果以数千万为价而市之。

波斯胡还在扬州开设钱庄,藉此进行大宗金融交易活动。《太平广记》说,李生欠折官钱数万贯,在扬州遇到得道的卢二舅。卢二舅了解李生情况后,将随身拄杖送他至波斯邸取钱。波斯人见李生手中的拄杖,大惊:"此卢二舅拄杖,何以得之?"依言付钱。所谓波斯邸就是钱庄,卢二舅的拄杖就是金融交往的凭证,相当于今天的支票或存折。

波斯胡还在长安、洛阳、广州、扬州等城市从事药材贸易。据《唐大和尚东征传》记载,天宝年间鉴真和尚二次东渡日本前,曾在扬州"备办海粮"。在他采集的药物中,有麝香、沉香、甲香、甘松香、龙脑香、瞻唐香、安息香等共六百馀斤,又有毕钵、胡椒、阿魏、石蜜、蔗糖、诃黎勒等五百馀斤,都是舶来品。据认为,这样大宗的海外药材交易,货物应是扬州波斯胡中的药材商提供的。

"波斯胡"留下了无数关于财富的故事。

5. 波斯陶:陶壶里的风涛

1963年早春,在扬州东南近郊征集到一件双耳绿釉大陶壶。这一带原是唐代扬州罗城外的墓葬区,这只长颈丰肩的壶似乎就出自墓葬中。在很长时间内,人们都以为它是一件唐代陶器而未加重视。直到二十年后，经过专家鉴定，才知道这是来自波斯的安福拉式陶器。

自那以后，扬州又出土了大批波斯陶片。据顾风在《略论扬州出土的波斯陶及其发现的意义》一文中说，扬州出土的波斯陶片具有一些显著的特征：一是胎色多呈淡黄，色泽鲜妍，与汉唐陶器有明显区别；二是这类陶器胎质疏松，胎骨和釉层往往厚于国内的釉陶器皿；三是胎釉结合比较紧密，基本无脱釉现象；四是这类器物的口沿上留有支烧痕迹，说明它们是单个覆烧或对口合烧的；五是这类陶片标本中既有釉质匀润、发色鲜艳的优质品，也有表面不平、黯淡无光的劣等品；六是这批陶片的釉层表面，都有云母光泽或粘有云母状的物质。

扬州出土的波斯陶片，后经中国社会科学院上海硅酸盐研究所作化学分析，结果是它们的胎釉化学成分与汉代绿釉陶器有明显的区别：波斯陶胎体氧化钙的含量高出汉代绿釉陶胎体氧化钙的含量九倍，波斯陶釉中二氧化硅的含量为汉代绿釉陶中二氧化硅含量的一倍左右。这表明两种器皿的烧造工艺完全不同。

国内出土波斯陶的只有福州和扬州，亚洲发现这类波斯陶的则有伊朗、伊拉克、巴基斯坦、斯里兰卡、菲律宾、泰国等。

扬州出土的波斯陶，毫无疑问是中波文化交流的实物见证。波斯和中国有悠久的交往史。早在唐朝之前，波斯与北魏就建立了联系。《洛阳伽蓝记》写洛阳城里有很多"西夷"，其中包括波斯人。隋炀帝时，裴矩在《西域图记》中记载了通向波斯的丝绸之路中道。隋唐时期，波斯商船从海上频繁来到中国东南沿海进行交易。来自波斯以及昆仑、婆罗门的商船，满载着香药珍宝，先到达南中国，然后经过南昌，沿着长江，来到扬州。唐人那些文笔绮丽的传奇所描写的波斯胡，大都是从海上来到中国的。唐人《广异记》说，有波斯胡人在洪州（今江西南昌）一僧人处市一小瓶，大如合拳。后胡人至扬州，长史邓景山知其事，问胡人瓶里装的何物，胡人说："瓶中是紫羺羯，人得之者为鬼神所护，入火不烧，涉水不溺。"如果小瓶子装得下这种神奇的宝物，那么那只大陶壶应能装得下海上丝路的风涛。

6. 波斯球：铜镜上的运动

1965年，邗江泰安出土一面唐代打马球图铜镜。铜镜为八瓣菱花形，直径约六寸，厚度约三分。镜背主纹饰是四名神态各异的骑士打马球的图案，骑士们或驰马高举鞠杖，或勒马平持鞠杖，或反手下持鞠杖，或倒骑挥动鞠杖，生动逼真地刻画出打马球的激烈场面。

马球本是波斯人喜爱的运动，因人骑在马上持棍打球，称为马球，又称波斯球。汉代传入中国，唐代由波斯商人传入扬州，成为扬州民俗游戏之一。

这种来自异域的马球运动，后来居然被聪慧的扬州工匠移植为铜镜的纹饰，成为中波体育交流的文物。目前中国仅存三面波斯球图案铜镜，一件为故宫博物院的传世品，一件收藏于安徽怀宁县博物馆，而以扬州出土的这一面铜镜保存最好，是唐镜中的珍品。古代的扬州铜镜有"铸镜广陵市，菱花镜中发"的美誉，这面铜镜更是珍品中的极品。

唐代扬州因铜材来源便利，又汇集了高水平的手工匠人，使得扬州铜镜蜚声遐迩。"扬州青铜作明镜，暗中持照不见影"，明若秋水的扬州铜镜以在江心舟所铸的江心镜最为著名。据《异闻录》载："天宝三载五月十五日，扬州进水心镜一面，纵横九寸，青莹耀目，背有盘龙，长三尺四寸五分，势如飞动，玄宗览而异之。"唐代关于扬州江心镜屡有记录，可见名不虚传。1998年，印尼海底发现"黑石号"沉船，出水的一面铜镜上刻有"唐乾元元年戊戌十一月廿九日于扬州扬子江心百炼造成"铭文。这面铜镜的重现天日，证明扬州铜镜不仅闻名国内，而且远销海外。同时发掘的还有六万余件中国陶瓷器，同样的器皿在扬州均有出土。"黑石号"沉船上的文物，使学者普遍认为该船是从扬州解缆起锚,目的地可能是伊朗的席拉夫。

小小一面波斯球铜镜,不但是中波友谊的信物,也是扬州工艺的奖牌。

7. 波斯献宝:俗语中的奥秘

扬州人形容他人炫富,常讥之为"波斯献宝"。关于波斯胡识宝的故事,古代小说多有涉及,故事发生地大多离不开"广陵宝肆"。唐代的扬州,堪称国内珠宝的集散地和国际珠宝的交易中心。

"广陵宝肆"曾有许多奇珍异宝,李朝威《柳毅传》说,书生柳毅替受夫家虐待的龙女送信给洞庭龙君,龙君为感谢柳毅,赠给他碧玉箱、开水犀、红珀盘、照夜玑等宝物,"毅因适广陵宝肆,鬻其所得"。这则传奇反映了唐代扬州拥有巨大珠宝市场的现实。张读《宣室志》也讲过一个神奇的故事,说书生韦弇在四川游玩时遇到了神仙,酒酣之后,神仙们送他三件宝物,一件是碧瑶杯,一件是红蕤枕,一件是紫玉函。韦弇得到宝物后,带到扬州集市卖。有个胡人出资数千万购买,说这是价值连城的"玉清真三宝",即神仙饮过的酒杯、睡过的枕头和用过的玉匣。韦弇从此富敌王侯。扬州人称那些识宝的人为"别宝猴子"或"别宝回子",都是从"别宝回回"衍生而来。"回回",就是波斯胡。

唐代之后,扬州经营珠宝文物的古玩业依然名闻遐迩,以至各地的宝物必须到扬州来交易,才能卖上好价钱。清凉道人《听雨轩笔记》说,绍兴人陶小峦携带两大箱"碧霞髓"宝石回故乡,绍兴珠宝店只肯以每块八十金至百余金的价钱收购。后来其子携带这批宝石陆续到扬州、苏州、杭州等地,价钱数倍于此。直到民国年间,扬州古玩业仍十分兴旺,知名的有砖街的鼎彝斋、新胜街的马庆记、得胜桥的敏求山房,以及左卫街的古欢斋、正德斋、古物商店等家。

波斯胡以他们独特的文化背景和鉴宝知识,促进了"广陵宝肆"

的繁荣。以至于我们今天一提到"波斯献宝"这个词，就会油然想起古代经由海丝之路来到扬州的波斯商人，以及他们留下的种种神秘的传闻。

如今丝绸之路已经成为历史，它留给我们的是一个个未解之谜。所幸的是，扬州到处都散落着古老的丝路留下的履痕。它们向世人讲述中外交流的神话般的历程，再现古代扬州的梦幻般的繁华。它们在让我们重温昔日扬州辉煌的同时，也激励我们继续以阔大的胸怀融入世界，加快实现我们重建世界名城的梦想！

五　外国人眼中的扬州运河

自从春秋时代，一道邗水沟通江淮，邗城就不再是蜀冈上顾影自怜的孤城了。

到了隋朝，千里碧波贯通华夏南北，大运河从此成为联结扬州与天下的长虹。

一位名叫德富苏峰的日本人在访华时咏道："六朝金粉水悠悠，南北风云今亦愁。独立金山寺边望，淡烟一抹是扬州。"写出了千百年来外国人眼中如诗如画、如梦如幻的运河与扬州。

1. 扬州——东方的明珠

"承和六年二月十八日……请益、留学僧等出（扬州）开元寺，往平桥馆候船。"

"廿日……未时，出东郭水门……诸船到禅智寺东边停住，便入寺巡礼。"

"廿二日……亥时，到路巾驿宿住。"

"廿三日……辰时，高邮县暂驻。北去楚州，宝应县界五十五里，南去江阳县界卅三里。"

这些日记见于唐代来华的日本僧人圆仁所著的《入唐求法巡礼行记》，是圆仁随日本船队从扬州至淮安的逐日旅程。圆仁是鉴真大师的再传弟子，日本天台宗高僧。唐开成年间，他随遣唐使入唐求法，在经历两次渡海失败之后，第三度西渡，经风浪颠簸，九死一生，才到大唐扬州。他的《入唐求法巡礼行记》卷一忠实记录了在扬州运河航行的情况。其中"开元寺""禅智寺"是唐代名刹，"东郭水门"是罗城东门，"路巾驿"即江都境内的露筋驿。

扬州在唐代已是中外交流的要道，运河给唐代扬州带来的繁华举世瞩目。美国学者爱德华·谢弗在《唐代的外来文明》第一章里，充满激情地写道："八世纪时，扬州是中国的一颗明珠。当时的人们竟至于希望能死在扬州，从而圆满地结束自己的一生。扬州的富庶与壮美，首先要归功于它处于长江与大运河的结合部的优越地理位置。长江是中国中部众水所归的一条大江，而大运河则是将全世界的物产运往北方各大城市的一条运河。正因为如此，唐朝负责管理国家盐务专营的朝廷代理商（这是一个权势非常显赫的角色）将其衙门设在了扬州。扬州是唐朝庞大的水路运输网络的中枢，由唐朝和外国商船运来的各种货物都要在扬州换船，装入北上的运河船。所以这里也是亚洲各地商贾的聚集之所。从广州运来的盐、茶、宝石、香料和药材，从四川沿着长江航道运来的珍贵的锦缎以及织花罩毯等，都集中在了扬州，然后再转输到各地。作为重要的商品集散地的居民，扬州人的生活在当时也很富足。而且扬州还是重要的金融中心和黄金市场，就扬州地区而言，金融家的重要性一点也不在商人之下。简而言之，扬州是一座钱货流畅、熙熙攘攘的中产阶级的城市。扬州还是一座工业城市，扬州以精美的金属制品（尤其是青铜镜）、毡帽、丝织物、刺绣、苎麻布织品、精制蔗糖、造船、精良的细木工家具等特产而著称于世。扬州的毡帽当时在长安的年轻人中曾盛行一时。著名的扬州蔗糖是在七世纪以后根据从摩揭陀传入的工艺制作的。扬州是一座奢侈而放荡的城市，这里的人们衣着华丽，可以经常欣赏到最精彩的娱乐表演。扬州不仅是一座遍布庭园台榭的花园城，而且是一座地地道道的东方威尼斯城，这里水道纵横、帆樯林立，船只的数量大大超过了车马的数量。扬州还是一座月色溶溶、灯火阑珊的城市，一座歌舞升平、妓女云集的城市。虽然殷实繁华的四川成都素来以优雅和轻浮著称，但是在当时流行的'扬一益二'这句格言中，还是将成都的地位放在了扬州之下。"

谢弗认为，大运河之所以有力地促进了扬州的繁荣，是因为唐室不得不从江南将谷物运送到北方。换言之，是漕运使运河的功能产生质变，从而带来了扬州的辉煌。

2. 扬州——水运的枢纽

扬州运河的繁忙景象，在明代来华的日本人策彦周良所著的《入明记》中有真切的记载。

策彦周良是日本京都天龙寺妙智院高僧。他博学多才，通晓汉文，于明嘉靖年间先后两次作为日本副使与正使入明。他多次航行于运河，后来把在华经历写成《初渡集》《再渡集》，合称《入明记》。在他笔下，广陵驿、邵伯驿、盂城驿、安平驿等明代扬州运河驿站的风光，如在目前。

《初渡集》对运河重镇邵伯和宝应留下了浓重的笔墨。有趣的是，他还提到宝应城里有"混堂"，这是明代扬州沐浴业发达的有力证据。策彦周良一行是在十二月廿一日这一天泊船宝应的。船上使者因多日不下船，人人疲倦不堪，于是上岸洗澡、买酒、逛街。策彦周良对宝应的叙述是："斋前入混堂，盖以大光催也。人里卖酒家多多，帘铭或以异常酒肆，或以'闻香下马'四字，或以'过客停骖'四字，或以'四时佳酿'四字。又有门横揭'科第名家'四大字，又揭'金榜题名'四大字。知县门楣竖颜'宝应县',左胁插小木牌,牌上书'立春'二字。又驿门横揭'安平驿腰站'五字,其额上又有额,竖贴'传命'二大字,金字也。"这些都是明代扬州运河风光的第一手材料。

扬州是运河的枢纽,日本学者吉川幸次郎在《我的留学记》中说,他民国年间曾沿着运河"去了扬州,去了高邮,去了宝应。去高邮是为了见王念孙的子孙,去宝应是为了见刘宝楠后裔的家。"他的出行路线是"沿着大运河,扬州的北面是高邮,高邮往北是宝应,宝应再北是淮安"。

另一位日本作家芥川龙之介,游历了中国东南的很多城市,包括杭州、苏州、扬州、镇江等地。大运河显然勾起了他的思古之情。他在《中国游记》中感慨道:"啊,听说炀帝曾叫人在这堤上种植万株杨柳,每十里建一亭子。堤是昔日之堤,而炀帝今何在?""大运河之水不分今昔,悠悠然南北相通。可隋朝却如一场春梦般,顷刻间土崩瓦解了,不是吗?"这些感慨,都是在看到扬州运河之后发出的。

3. 扬州——繁盛的商埠

扬州人在谈到马可波罗的时候,最引以为豪的是这位外国人曾经做过三年扬州总管。那么,《马可波罗游记》是怎样谈到扬州的呢?打开本书第一百四十三章《扬州城》,原文写道:"扬州城很大,它所属的二十七座城市,都是美好的地方。扬州很强盛,大汗的十二男爵之一驻扎在此地,因为这里曾经被作为十二行省之一。我要向诸位说明的,是本书主人公马可波罗先生,曾奉大汗之命,在扬州城治理达三年之久。扬州的居民是偶像教徒,使用纸币,倚靠工商业为生。这里制造骑兵装备的工匠与作坊很多,因为在城里和附近驻扎着大量皇帝的士兵。"从马可波罗口中,我们看到了一座实力强大的商业城市。

但很少有人知道,罗马天主教修士鄂多立克,是继马可波罗之后来华的著名旅行者。鄂多立克生于意大利小公国弗尤里,少时入圣方济各会修道，终年打赤脚、穿褐衣，以面包、白水度日。他于元延祐年间，从威尼斯起航，开始其东方之旅，游历了广州、泉州、福州、杭州、南京和扬州等地，并从扬州沿运河北上到大都。《鄂多立克东游录》专门谈到作者眼中的扬州，说："当我在这条塔剌伊河上旅行时，我经过很多城镇，并且来到一座叫做扬州的城市，吾人小级僧侣在那里有所房屋。这里也有聂思脱里派的教堂。这是座雄壮的城市，有实足的四十八到五十八土绵的火户，每土绵为一万。此城内有基督徒赖以生活的各种大量物品。城守仅从盐一项上就获得五百土绵巴里失的岁入；而一巴里失值一个半佛洛林，这样，一土绵可换五万佛洛林。"鄂多立克指出，"此城有大量的船舶"。他特别有兴趣地谈到扬州人待客的热情，说扬州人如果请客，一定要在专设的酒店里预定丰盛的筵席，并且事先对酒店说明"我打算花多少钱"。而"老板一如他吩咐的那样做，客人们受到的招待比在主人自己家里还要好"。这表明了元代扬州餐饮业的高度发达。

利玛窦是明万历年间来中国的意大利耶稣会传教士。他在有名的《中国札记》中谈到，他从南京到北京，沿途经过了许多运河城市。第四卷写道："这次旅行沿途经过的主要地点是：南京省的扬州，纬度三十二度；淮安，约三十四度；徐州，经充分测定为三十四点五度。"作为科学家，利玛窦对大运河的运输方式和运输技术特别关心。他说："从扬子江来的私商，是不允许进入这些运河的，但居住在北面这些运河之间的人们除外。通过这项法律，是为了防止大量船只阻碍航运，以便运往皇城的货物不致糟蹋。然而，船的数量是如此之多，经常由于互相拥挤而在运输中损失许多时日，特别是运河水浅的时候。为了防止这种情况，就在固定的地点设置木闸来节制水流，木闸还可以作为桥来使用。当河水在闸后升到最高度时，就开放木闸，船只就藉所产生的流力运行。"这是说的明代河运的技术状况。

罗马尼亚人尼古拉·斯伯达鲁·米列斯库，曾作为俄国沙皇的使者，于清康熙年间来到北京。异国的山川，异样的土地，使他归国后撰写了《中国漫记》等书。在该书第四十三章，米列斯库用欢快的笔调写到他眼中的扬州："本省第七大城，名扬州府。顺大江而上，可以望见一个大洲，从这里有一条大运河直通这座美丽的城市。所以，这座府城是一个重要口岸，可为皇帝征得可观的税收。不过，这座府城的主要财源还在于制盐，这里的居民用海水熬盐，方法和欧洲相同。居民靠这个行业发了财，建造了大批豪华的房屋。"米列斯库用诗歌一般的语言写道："这里自然景色优美，空气新鲜，土地肥沃。府城下辖十八个小城镇，离城不远挖掘了一条六十华长里的运河。运河两岸一律用白色大理石块铺砌而成，工艺精美，无与伦比。"这是说的清代河堤的保护情况。

近代访问扬州的日本哲学家，第一要算宇野哲人。他在《中国文明记》里谈到他对扬州的印象，首先是经济繁荣："广陵是中原东南之重镇。直至最近，扬州因当运河之冲，船舶辐辏，为货物之一大集散之地，繁荣至极。"

4. 扬州——诗意的田园

清乾隆五十八年（1793），大英帝国派遣以马戛尔尼为首的庞大代表团，以给乾隆祝寿的名义出使中国。这是华夏帝国和大英帝国的第一次正式接触。英国的本意是为了通商贸易，清廷却以为是弱国来朝，造成了戏剧性的矛盾冲突。但从英国人濮兰德留下的《乾隆英使觐见记》中，可以看到扬州在英国人中的影响："二日，礼拜六……渡黄河后，仍循运河曲折南行，预计不出数日可抵扬州。松大人曰，吾等至扬州后，当休息数日。""五日，礼拜二，至扬州。其地商业堪盛，吾等本拟在此略作休止，兹以松大人已经改换计划，拟抵杭州后始命停船，故此间并未耽搁。扬州名胜之区，仅在吾眼帘中一闪而过也!"字里行间,充满了向往与遗憾之情。

过了大约七十年,在清同治五年(1866),另一个英国人吟唎在他的回忆录里又写到了扬州。吟唎是参加过太平天国活动的"洋兄弟",太平天国失败后回国,写了《太平天国革命亲历记》一书。在该书第十三章,吟唎写他从镇江到扬州去,为天京采购大米,其中描绘了扬州运河沿岸的田园风光,令人感动:"我们顺流而下,航行一个多钟头,到达了金山下游的一个河口。我们离开了大江的浑浊激流,驶入河内,叫水手上岸背纤,顺着缓缓流动的河水前进。我们的目的地是仙女庙。仙女庙为此处一带的大市场。两岸的乡间全都是肥饶的耕地。农民的耕种方式和农民的房舍,较其他中国地方更接近英国的样式。大麦、小麦、裸麦、燕麦一一映入眼帘,不像中国其他乡间,大多尽是一望无际的稻田。田间有一堆堆的干草堆,房舍高大宽敞。林木稀少,斑鸠甚多。"吟唎说:"这里的乡间极为完美。可是居住在这里的人民是有缺点的,或者毋宁说他们的统治者是邪恶的,因为我相信中国人本身是具有改进自己的力量的。我在到仙女庙的沿途,特别注意到清政府的可恶的勒索行为。从运河口到这个大市场,不满三十英里,而我所见到的厘卡竟不下十五处之多。"

民国初年,日本人德富苏峰游历中国。据他的《中国漫游记》说,他是从镇江雇小汽船过江到扬州去的。他眼中的扬州运河,一派和平景象:"今天早晨起来,天是阴的,风很冷。小汽船经过瓜洲驶进了淮南的运河。瓜洲的情形真的就像王荆公在'京口瓜洲一水间'中所说的那样。……坐在船上,我不由得觉得这里像苏伊士运河。""运河上有各种各样的人来来往往,有往上游走的人,有往下游走的人,有正在收帆的人,有正在扬帆的人,有运芦苇的人,有运苦力或猪的人,有运蔬菜谷物的人,还有摇着桨手里抓着帆网的人,而且其中还有不少妇女。"

相比之下,同时期的芥川龙之介的《中国游记》写得更有诗兴:"我小睡了一会儿之后,再向船舱外望去时,汽船不知何时或已过了瓜洲。只见一条草色青青绿带般的长堤,就在眼前移动着。这里已不是长江,而是隋炀帝开凿的、全长二千五百英里的、世界第一的大运河了。但从船上望去,这运河并不怎样雄伟。在淡淡日光照耀着的土堤上,有时闪过蔬菜的青色,有时看见农夫的身影。此情此景,有点儿像开往铫子(日本利根川河口城镇)的汽船船舱里,眺望葛饰的平原。甚至有一种平淡无奇的感觉。我又衔上了一支香烟,想酝酿一下怀古的诗情。"

"淡烟一抹是扬州"——这就是镶嵌在运河涛声和舟楫帆影背景中的古扬州。

六 日本人笔下的扬州风物

2006年初,北京十月文艺出版社出版了日本著名作家芥川龙之介的《中国游记》一书,该书记录了作者1921年访华的全过程,其中有三段文字描述了当时的扬州城。

因为鉴真大师的缘故,扬州在中日关系史上一直享有特殊的地位。但是,人们往往对于古代扬州的中日佳话谈得较多,而对近代扬州的中日轶事关注较少。其实在近代,也有不少日本友人与扬州结了缘分。

1. 五亭桥的娇姿

近代访问扬州的日本哲学家,第一个要算宇野哲人。宇野哲人(1875—1974),号澄江,是当代研究中国哲学最有成就的日本学者。他1990年于东京帝国大学毕业后,历任东京高师、东京文理大学教授,后任东京帝国大学文学部部长。为学严谨,处事温厚,素有中国儒家之风。著有《支那文明史》《支那哲学史讲话》等。

宇野哲人曾来扬州游历，他在《中国文明记》一书里便谈到了他对扬州的印象。与其他人爱乘画舫游湖不同，他是从天宁寺骑驴游小金山的："自此雇驴，连骑往奔郭北，走四五里，到小金山。小金山高二十米左右，正名长春岭。山上有木兰亭，梵境闲静，红叶盖满青苔。绕山有九曲池，少妇荡桨。送迎行客。隔湖可见法海寺塔，湖上架桥，名五亭桥，道通法海寺。"瘦西湖的景色给宇野哲人留下了美好的印象。他认为，游览扬州郊景，如要增加游兴，当以坐船为好；但如要节约时间，还是以骑驴为好。"雇驴往复，有三小时即可，而僦舟船，则费时为其两倍。"

与扬州结缘甚深的日本名作家，应属芥川龙之介（1892—1927）。芥川龙之介本姓新原。1913年进入东京帝国大学，使文学新潮流进入文坛。龙之介的小说始于西方历史题材，继而转向明治文明开化题材，最后写作现实题材。1927年7月，由于健康和情绪上的原因，龙之介服毒自杀，年仅35岁。

1921年春夏之间，芥川龙之介来中国访问了上海、杭州、苏州、扬州等地，事后写成一本《中国游记》。芥川对这次访问本来抱有很大期望，但中国当时的现实状况使他感到失望。在他的印象中，中国到处是肮脏、疾病、荒芜，唯有苏州和扬州例外。扬州给芥川的第一印象虽然是"破旧、寒酸"，但当他游历了盐务署、绿杨村、大虹桥、徐园、五亭桥、平山堂之后，终于发现了扬州的美，最美的是五亭桥。他说："从总体的感觉来说，此桥把中国式的风雅推向了极致。""西湖、虎丘、宝带桥——这些景致自然也不能说不好。但让我感到幸福的首先是扬州。至少从离开上海以来，其他地方皆无法相比。"

戏曲学家青木正儿也访问过扬州。青木正儿（1887—1964），别名迷阳，毕业于京都大学，获文学博士学位。曾任立命馆大学教授，是日本近代中国文学研究家。他专攻中国古代戏曲与中国文艺思想史，著有《支那文学艺术考》《清代文学评论史》《支那文学概说》《支那文学思想史》。

青木正儿在散文《扬州梦华》中,记录了1922年访问扬州的情形。他行经的路线,是东关街、天宁寺、小金山、平山堂。青木正儿常用《扬州画舫录》里的记载来对照当时的扬州,因此不免处处感到伤感。使他欣慰的是五亭桥:"……不过我看到了五亭桥美丽的桥姿,让我感到安慰。中国特有的石拱桥上,那白石红柱黑屋顶色彩上的和谐,弯曲的桥洞,倾斜的台阶,直立的亭柱,曲线的屋顶,非常协调。"另一件使他惊喜的事情,是当他乘坐画舫到达绿杨村时,忽然听到了《板桥道情》,他以为"那是我在苏杭一带没有听到过的,幽静的流畅,具有民间歌谣的情趣"。扬州的风物,就这样留在了他的心中。

2. 永远的鉴真缘

日本人对扬州最感兴趣的,还是鉴真。这里可以列举两人,一是把鉴真搬上舞台的作家井上靖,一是用丹青彩绘鉴真的画家东山魁夷。

井上靖(1907—1991),日本作家,历任日本文艺家协会理事长、日本笔会会长、日中文化交流协会会长,曾获日本政府颁发的文化勋章。井上靖大学毕业后在大阪每日新闻社任记者、编辑,后来辞职专心从事文学创作,曾获芥川文学奖。井上靖的才能是多方面的,出版过诗集、剧本、电影脚本、美术评论等。

井上靖的历史剧《天平之甍》分为四十场,以鉴真东渡为题材,在日本公演数百场。他在《扬州雨》一文中回忆了1963年访问扬州的情形:"那天,我们由南京出发,渡过长江到浦口,从那里乘汽车,一路颠颠簸簸,约莫跑了四小时以后便进入了扬州市。""如今的扬州,昔日的繁华已经消失,也没有什么东西十二衢和二十四桥了。它变成了一座幽静的古城,运河的支流布满了城市四周。"他感到欣慰的是大明寺仍在,一千多年前日本留学生走过的山路还在。"这次演出《天平之甍》,舞台上出现了大明寺。这是全剧中重要的一场,表现了鉴真为日本青年僧人的热情所激励,发愿渡日的动人场面。"

东山魁夷(1908—1999),日本画家,原名新吉,画号魁夷。1931年毕业于东京美术学校。1934年留学德国,在柏林大学哲学系攻读美术史。其早年绘画作品《冬日三乐章》《光昏》分别获得1939年第一届日本画院展一等奖和1956年日本艺术院奖。1969年获文化勋章和每日艺术大奖。其代表作是1975至1981年创作的《唐招提寺障壁画》。此外他还擅长于散文写作,著有《东山魁夷文集》。东山魁夷自1971年开始为奈良唐招提寺鉴真和尚"御影堂"绘制障壁画,前后耗费了十一年的时间,这使他登上了战后日本画的最高峰。

在现代日本画家中,东山魁夷因其画过大量与鉴真有关的画而闻名,他的《扬州熏风》《扬州观感》等画表现了他对扬州的深厚感情。魁夷在《中国纪行:水墨画的世界》一书中记述了访问扬州的心境:"昭和五十一年(1976),我加入日本文化界代表团,先后访问了北京、大寨、西安、南京、扬州等地之后,我与妻子能有机会单独去太湖、桂林写生。这次旅行到处都给我留下了深刻的印象,但是作为唐招提寺槅扇画的题材,我觉得最合适的莫过于扬州和桂林的风景。扬州是鉴真和尚的诞生地,同时也是来自日本的留学僧人荣睿、普照两人探访当年正在大明寺讲授律学的鉴真和尚,并提出希望他东渡日本请求的值得纪念之地。第二期创作槅扇画的三个房间的中间那间,安置着供奉鉴真和尚的佛龛,因此我想在这间房间里画象征着扬州的水乡风景。"他笔下的扬州风光,构图优雅,意境深远,不但给人超凡脱俗的联想,也是中日人民友好的见证。

3. 扬州的旧书肆

扬州吸引日本人的地方,除了风景,还有书肆。

长泽规矩也(1902—1980),是日本著名的版本学家。他曾先后为日本三十多家藏书单位整理和汉古籍，堪称日本近代文献学第一人。从 1927 年到 1932 年，长泽每年都用两三个月或近半年的时间前往中国，盘桓北京，跋涉于扬州、南京、苏州、上海、杭州等地，调查书业行情，大批购买中国珍籍善本。

1930 年，长泽规矩也在由苏州至南京的途中，特意从镇江下来，乘汽渡过江到扬州。那时扬州给他的第一印象是："扬州城内的街道一如旧时一般的狭窄，即便是最繁华的教场街，也丝毫没有大马路的感觉。"他在扬州下榻的地方，是绿扬旅社。而他最关心的是书肆，特地来到教场街的邱氏文富堂，称它是"扬州屈指可数的旧书肆"。在文富堂，他看到了日本版的《通鉴》。除了文富堂，扬州的文海楼、文枢堂、会文堂、自信书社、同文余记等书店，他都一一走访，但收获不多。他说："想不到扬州的旧书肆竟如此萧条。我久仰江都、广陵之名，然而此行却深感沧海桑田、世易时移的凄凉。"

另一个为了寻书而来扬州的日本著名学者，是吉川幸次郎。吉川幸次郎（1904—1980），号善之，日本神户人，1923 年考取京都帝国大学，选修中国文学，师从著名汉学家、京都学派创始人狩野直喜教授。吉川幸次郎是文学博士，曾任国立京都大学名誉教授、东方学会会长、日本艺术院会员、日本中国学会评议员兼专门委员、日本外务省中国问题顾问等，著有《吉川幸次郎全集》。

吉川幸次郎在中国留学时，曾游历江南，他也是从镇江过江到扬州的。后来，他在《高邮旧梦》一文中写道："由镇江过江北上，乘汽车到达扬州市区，我寻访的第一站就是南牌楼的古书店。书店名不记得了，店主的名字则记着，叫邱绍周——一个留着络腮胡子，穿着马褂的矮小老人。"邱老板先请客人吃点心，那是一家小茶馆的二楼，可以听到胡琴声从对面飘进来。吉川说，点心就是包子，为扬州名产，确实好吃。吃完包子，他又回到书店看书，"书价非常贵，但不负包子的好意,买下了两三种"。他在书店里看到一种《吴梅村诗笺注》的原刻本,因为太贵,没有买。分别时,吉川给书店留下了日本京都的地址,当时邱老板读出声来,吉川幸次郎觉得"是最接近北方口音的"。

七 有朋自远方来

一座城市,倘若没有多少外国人向往她、了解她、研究她,还能算是世界名城吗?

在我的面前放着一摞外国人写的古书。这些书的作者,分布于中国千百年间的各个王朝,他们不约而同地提到一座城市——扬州。在这摞书之中,有唐代来华的日本和尚圆仁的《入唐求法巡礼行记》,有元代来华的意大利商人马可波罗的《东方见闻录》,有明代来华的葡萄牙教士曾德昭的《大中国志》,有清代来华的英国使臣濮兰德的《乾隆英使觐见记》,等等。翻翻这些千百年来外国人的著述,你不能不相信,扬州——的确是一座名副其实的世界名城。

不过,这些古书对扬州的描述,毕竟只是吉光片羽罢了。扬州好像一只华美的彩绘花瓶,圆仁、马可波罗们只反映了它的某些小小的细节。把扬州作为一座完整的城市来加以观照,把扬州的某一方面作为重点的对象来加以理论,就我所知,这是最近三十年的事。

1981年初,我从南京回到扬州,第一项工作是研究扬州清曲。对于这项陌生的工作,我要做的第一件事情是尽可能多地占有资料。很巧,在杂志上看

与坂田进一在湾子街

到一篇日本学者波多野太郎教授的文章，谈到"扬州南音"。为了和波多野太郎取得联系，我经过上海陈汝衡教授的帮助，得到了他的地址。但说实话，在八十年代初，同一个日本人通信我是有顾虑的。经历了十年浩劫的中国人，对于中外交往有一种格外的戒备。当时的心态，现在想起来是很可笑的——我们一方面奢言放眼世界心怀天下，另一方面动辄怀疑人家里通外国。我亲历过那个悲剧的时代。

然而，为了弄清扬州南音和扬州清曲的关系，我还是和波多野太郎教授通了信，而且连续数年之久。波多野太郎的年龄其实比我父亲还要大，他是日本的中国通，世界著名的汉学家。当时我和波多野太郎的通信很审慎，并且保留了全部底稿。由于中日之间的微妙关系，我和波多野太郎始终没有见过面。但他对扬州文化的热爱，使我深为钦佩。他多次对我表示，要"重来虹桥之地，亲聆鼓儿之书"。

到了八十年代中期，中国更为开放了，我同挪威的易德波女士就是这时开始认识的。她比波多野太郎年轻得多，所以到中国来得特别勤。我曾戏称她为扬州和北欧之间的候鸟。她的研究课题是扬州评话。一个欧洲人，学好中国话已经不容易，何况对扬州方言进行学术探讨呢？但易德波的中文说得很棒。她每次来扬州，都喜欢住在师院的红楼。我那时在戏剧学校任教，她去找我，找了几次我都恰巧不在。后来她留下地址，我才到红楼找到了她。现在还记得，开始见面时我有些惴惴不安。那其实是一种无名的恐惧，生怕有人借此算计于我。但是，对外开放在中国终于成了不可阻挡的风气。

易德波到扬州来的次数，不下十回。前不久，我意外地收到她所著的《扬州评话探讨》的汉

与包捷在苏黎世大学

第 3 章 域中与域外——华夷之间

译本。该书的原版我有，也是作者赠我的，但用的是英文，这次有了汉译本觉得倍感亲切。据作者在《新编序言》里说，这虽是译本，但有一些新的补充和修改。正如序言所说："我相信出版中文本的意义之一，正好在于为西方的和中国的对口头文学的研究架一座桥梁。"其实，不仅中西方的口头文学研究需要桥梁，在整个中国和世界之间，都需要更加宽阔和更加畅通的桥梁。

《扬州评话探讨》一书分两个部分。第一部分《对扬州评话的调研》，共有七章，即：说唱艺术与扬州评话、原始资料、语音、语法、文体、叙述、口头性与书面性；第二部分《扬州评话艺人口述选段》，共有三章，即：王派《水浒》、吴派和康派《三国》、戴派《西游记》；此外，书后附有《扬州评话行话术语》《专案录音录像》和《参考书目》。书很厚，长达三十五万字。易德波的特点，是尤为注意田野作业，她不但喜欢在书场听书，而且常到扬州评话艺人家中问学、切磋。这一点，和我们中国学者常常重视文献而忽略调查有别。其次，因为她是个外国人，所以她所关注的东西往往倒是我们不大注意的。尤其是某些语音的细微变化，在我们已经司空见惯，在她却是重大发现。例如扬州评话使用的语言与扬州人日常方言的细微区别，"家""下""还""去"等字的文白两种念法，诸如此类。她还注意到，有些评话艺人把"能""愣""人"三个字的声母都读成一样（"愣"），而在北方方言中三字的声母分别为 N、L、R。"二"字，扬州人平时念成"阿"，但在评话中有文、白二读。比方，惠兆龙先生在说"武松排行第二"时把"二"字念成"er"，而在说"武二爷"时念成"a"。这些细微之处，常常是为扬州人自己忽略的，一旦揭出便觉盎然有趣。作者特别注意评话艺人的不同语音特征，例如王少堂、王筱堂、王丽堂等人在说书过程中，对方口、圆口、官白、私白的运用，是有不同变化的。至于扬州语法的特征，如后缀词

"子"——"花了下子""多晚子""这么子",尽管中国学者早已注意这一现象,但由外国人提出来也别有意趣。此外,作者还注意到,扬州评话中用"著"多于"着',用"望"多于"看",这都是作者的细密之处。最后,也是我觉得十分新鲜的,是作者喜欢追踪扬州评话的最新的变化。例如在她列表的《武松打虎》七个表演者中,有王少堂、王筱堂、李信堂、任继堂、陈荫堂、王丽堂、马小龙,排在最末的小马还只是个青年演员。

一个西方人研究扬州评话,要克服语言和审美的双重障碍,而东西方两种文化之间的隔阂更是难以跨越。了解这一点,我们就不必对书中所论对象基本上都是扬州评话的表现形式,而不是扬州评话的艺术造诣过于看重。总之,这本书在扬州评话被列为国家级非物质文化遗产名录之际出版,具有特殊的意义。

对于扬州古琴有浓厚兴趣的坂田进一先生,是在九十年代初来扬州的。他是日本的职业琴士,在东京从事琴学活动。那天我正在戏剧学校的一间办公室里,忽见一个长得矮矮壮壮的人立在门口,向我深深鞠躬。一问之下,才知道是波多野太郎介绍他来找我的。坂田基本上不会说中文,但能略微听得懂。我曾问他,日本现在有没有"浪人",费了好多口舌他才明白我的意思。

我把坂田带到湾子街去过。他感慨地说,这里颇像战前的东京,他希望扬州多多保留这样的老街。他关注的对象是扬州流传的明清俗曲,对[银纽丝][剪靛花]等中国曲牌颇为熟悉。我建议他用日本笛子吹奏中国东传的俗曲,他欣然允诺。[银纽丝][剪靛花]现在还保存在扬剧和扬州清曲之中。听着坂田吹奏的曲子,在似曾相识的旋律变化之间,我深感到中日民间文化交往的绵长。

比起易德波和坂田来,澳大利亚的安东尼亚女士对扬州文化的关注面更为广阔。安东尼亚因为喜欢陶渊明的缘故,后来改名为安东篱。

与范丽在扬州

我和她的认识,大约有一二十年了。安东篱是一个腼腆的女性。她关注的题目,最初是扬州历史上的女性。我和她的第一次见面,是在扬州一家宾馆里,因为谈得投机,以致忘记了宾馆关门的时间,把我锁在了宾馆里。我开玩笑说,如果安东篱不介意的话,我愿意与她作彻夜长谈。那时的宾馆,到时间就要关门,现在的宾馆几乎已经没有夜间关门一说了。这也可见一二十年来,中国社会风气的巨变。

同样是在前不久,我收到了安东篱写的一本书,名叫《说扬州:1550—1850年的一座中国城市》。这本书可说是澳大利亚人写的第一部扬州文化断代史。安东篱所关心的扬州十日、扬州盐商、扬州水利、扬州园林、扬州女性、扬州移民等等问题,都囊括在她这部三十万字的大书中。

安东篱有一个美国同行林达·约翰逊先生,前些年主编过一本《帝国晚期的江南城市》,书中汇集了美国、澳大利亚、意大利、日本的学者对中国长江中下游重要城市苏州、杭州、扬州和上海的研究。其中第四章《扬州:清帝国的一座中心城市》的作者,署名安东尼亚·芬安妮,应该就是我的朋友安东篱。

中国的社会开放,到九十年代又上了一个台阶。作为一个扬州市民,我们和外国人的交往不再那么瞻前顾后,畏首畏尾。美国姑娘梅尔清是这一时期给我留下深刻印象的最年轻最漂亮的学者。我们第一次在甘泉路西头的八怪宾馆会面,她就热情地拥抱了我,那次会面的情形却给我留下了深刻的印象。她问到扬州瘦马的历史渊源,而当时我正为《扬州大学中国文化研究所集刊》写一篇扬州瘦马的专论。当她听我讲话时，把眼睛睁得圆圆的，使我想起中国古典文学常常形容女性的"杏眼圆睁"一词。她的中文一般，所以我们不能作自如的交谈。不过，她对清初扬州的那段历史，却好像如数家珍。王士禛、卢见曾、孔尚任、大虹桥、文选楼、天宁寺，这些中国人名和扬州地名在她那张红艳艳的薄唇里进出来，具有一种异国情调的亲切感。

数年之后，我和梅尔清在扬州金聚得酒店重逢。时隔几年，这位清秀的西方美人已经出落成雍容的少妇。作为一个学者，她的阅历自当更加丰富，修养也愈加深厚了。因为她有了自己的学术成果——一本美国人有关扬州的专著。

梅尔清的这部专著名叫《清初扬州文化》，现在国家清史编纂委员会已将其列入《编译丛刊》之中。这本二十二万字的书，把大虹桥、文选楼、平山堂、天宁寺等名胜作为清初扬州文化的象征、标志或者纪念碑。在她眼中，扬州大虹桥因为诗文集会而联系着当时在全国举足轻重的一流人物，文选楼把始于隋唐的扬州学术传统一直延续到清代，平山堂是在新的王朝里扬州文人们重新开始寻欢作乐的伊甸园，天宁寺则更多地被联想到大清皇帝对扬州这座城市的天恩和眷顾。

在由西方学者为主组成的扬州俱乐部里，还有一位来自捷克的汉名叫做包捷的女士，和我一见如故。她喜欢扬州园林，喜欢扬州饮食，喜欢扬州文化，也喜欢谈《扬州画舫录》。她对李斗有浓厚的兴趣。她曾对"画舫录"三个字提出她的别解，认为李斗有可能擅长造船，所以他才把他的书题作《扬州画舫录》。她对扬州的宗教感兴趣，曾对我提出的一个问题是，佛教徒死了后为什么会"玉箸双垂"？"玉箸双垂"是什么意思？此典出于《扬州画舫录》卷九："今之天心庵，即古天心墩旧址。至今之所谓墩者，乃古之墩旁一土阜耳。庵居女尼，乾隆三十年间，一尼坐化，玉箸双垂。"很久之后，我才弄懂"玉箸双垂"的意思。

最近结识的范丽女士，是另一种类型的美国人。和她的见面，有一种"自来熟"的感觉。范丽并不是学者，应该说是一位幽默而慈善的美国大妈。她的皮肤雪白，白得发红。身体也发福得可以，几乎像日本相扑运动员那样壮硕。她的中文不敢恭维，只能说一些单词而已。所以她每次来扬州，都要请人为她做翻译。

范丽是近年才对扬州文化感兴趣的，但来扬州的次数至少已经两三趟。我和她见面的地方，有时在我的家里，有时在她住的饭店。她是一个极为乐观的人，原在一家大学图书馆工作，退休后业余从事美国的"说书"。美国人生活节奏快，往往喜欢一边开车，一边听电台里朗诵流行书的内容。范丽认为，说书就是为了给人带来快乐，所以她自己永远是快快乐乐的。她在我家时，有宾至如归之感，说到兴奋处，就在我家客厅里绘声绘色地表演了一段西方的"说书"。内容大致是：一个国王，有两个女儿，大女儿嫉妒心强，害死了小女儿，后来有人用小女儿的骨骼做成竖琴，在王宫弹奏，大女儿听了以后，产生幻觉，认为是妹妹的泣诉，因而自杀。范丽有讲故事的天分，虽然她用英语讲述，但仍然引人入胜，而且在弹奏竖琴一节使用了口技，这是超越国界的艺术。

我想不到的是，范丽最喜爱的扬州评话竟然是"皮五辣子"。她表示，一定要把扬州评话《清风闸》的故事带到纽约和华盛顿去，让美国新一届总统奥巴马先生不但能够听到爵士音乐，还能听到来自中国的扬州评话。

在我案头的左边，放着《入唐求法巡礼行记》（唐）、《东方见闻录》（元）、《大中国志》（明）、《乾隆英使觐见记》（清）等书；在我案头的右边，放着《清初扬州文化》（2004）、《帝国晚期的江南城市》（2005）、《扬州评话探讨》（2006）、《说扬州：1550—1850年的一座中国城市》（2007）等书。左边的书，花了千馀年时间才积累到现在这样的厚度；而右边的书，是不过三十年时间就收获的丰硕果实。

安东篱曾在我的沙北三村寓所对我说过，她最喜欢的两句话是"让扬州走向世界，让世界了解扬州"。我和她都认为，文化交往不但是政府之间的事，而且更是国民之间的事。中国应该具有更开放的气魄，扬州应该具有更宽广的胸襟。如果东京人能够听到中国俗曲[银纽丝]，纽约人能够听懂扬州评话《清风闸》，扬州的世界名城地位将不再是个问题。

子曰：有朋自远方来，不亦乐乎？

八　戴安娜访谈记

戴安娜·古柯（Diana Coca）女士，西班牙人。2004年毕业于英国布莱顿大学，获学士学位。2008年，在纽约国际摄影中心进修。2009年，毕业于西班牙巴利阿里大学，获哲学学士学位。

2013年4月28日下午，就职于瑞士电视台Vernissage TV（VTV）的戴安娜·古柯女士与供职于香港凤凰电视台的李荞汐女士，结伴来扬州海德庄园对我进行采访。话题极为宽泛，涉及扬州园林、盆景、扬剧、三把刀等。由外文出版社人员做翻译。此次她们在扬州的采访对象，还有市文物局、环保局的官员等，主题是京杭运河和环境保护。

因为采访内容与东西方文化交流有关，故将戴安娜·古科女士对我的访谈记发表于此。

作者、樊帆与戴安娜

1. 韦明铧先生访谈记

今天我在美丽的海德庄园拜访了韦明铧先生。

韦先生是一位可爱的历史学家,出版了很多有关扬州历史文化的书籍。我刚开始游览扬州的时候,韦先生就告诉我理解扬州城和扬州人的关键所在。《又梦扬州》的书名也是韦先生起的,我非常感激韦先生。书名取自扬州八怪郑板桥的一句诗:"我梦扬州,便想到扬州梦我。"这个梦不仅是物质的梦,更是精神的梦,是关于昨天和今天、理想和现实、物质和精神、本能和情感等各个层面的梦。

在扬州待的时间越长,这种体验就越深。比如喝茶,扬州的茶一般由三种茶叶混合而成:魁针、龙井和珠兰。它不仅混合了口味,而且融合了颜色、形状和味道。像这种特别的融合方式不仅反映了扬州茶文化,更反映了扬州文化的基本特征。正如韦先生所说,扬州人喜欢借鉴和学习外地的做法,并将其恰当地融合进当地的生活方式,因此扬州人的生活变得更加丰富多彩。瘦西湖、小金山的名字,都是一种借鉴和学习。扬州人善于创造新东西,但仍能在创造的新东西中发现历史的印记。扬州本身就是一种伟大的组合:园林中的城市、城市中的园林,而且历来以桥多著称——桥是连接不同文化的渠道,所以在扬州到处看到南北方交融、东西方交融的痕迹。

扬州文化不仅属于精英阶层。比如玉,下层人物和上层人物可以共同欣赏。比如园林,富商有大园林,百姓也有小庭院,至少有一个花台。在扬州,人人都可以去茶馆,而在中国有些地方,只有上等人才去茶馆。洗澡也是这样,分布全城的混堂给所有的扬州人提供了分享的空间。和其他城市相比,你会明白扬州为什么如此独特。

扬州的独特表现在各种细节。就像在扬州吃姜,姜一般都是直接吃,但其实错了。姜不是用来吃的,而是用来清洁口腔的,因为在吃菜之前,应该先要清洁嘴巴然后再来享受美味。还有喝茶,应该慢慢地饮，来品尝茶的味道、形状和颜色等细微之处。韦先生说，要从细节来加深理解扬州文化。扬州人更享受过程，而不是结果。扬剧也是这样的，扬州人不是看扬剧，而是听扬剧。他们喜欢闭上眼睛，慢慢品味那些妙曼的腔调。这些都是走近、理解和热爱这座奇妙城市的关键之处。

韦先生说，明清的扬州就像意大利文艺复兴时代的佛罗伦萨，经济繁荣，文化昌盛，有许多艺术沙龙。很多其他城市的文人写了很多有关扬州的诗词，让扬州的名字更加富于魅力。只要提到扬州，外地人就会充满向往，扬州人就会引以为自豪。扬州一直都很开放，唐代吸引了来自波斯、大食及阿拉伯的外国人前来经商。韦先生谈到了穆罕默德的后裔普哈丁。普哈丁在完成了北方的传教任务后，从运河乘船回扬州。他在途中觉得自己快要死了，就对门徒说，他死后要安葬在扬州运河边的高地上。后来他果然死在扬州，他的门徒按照他的遗嘱把他安葬在运河东岸的高地，即后来的普哈丁墓。普哈丁是宋代来扬州的阿拉伯先贤，普哈丁墓是中外文化交流的见证，许多伊斯兰教徒都会去祭拜普哈丁墓。

韦明铧先生知道很多外国人来扬州的故事。甚至扬州本地方言都能证明丰富的对外交流，如"波斯献宝""别宝回子"等。"波斯献宝"的意思，似乎是人们不应该有什么秘密，而应该互相诚实，有了宝贝拿出来大家共赏；但也可以看成是炫耀宝物。西域商人做珠宝生意最精明。如果有人说："我们没法判断这是什么宝贝。"西域商人就会以最低价格买下这件宝物。"别宝回子"就是指那些识别宝物的西域商人。甚至在扬州美食里也有外国元素，例如扬州有"胡饼"。有了大运河，扬州成为交通枢纽，因此能保持长期繁荣。扬州人尊重外地文化，并擅长将外地文化融入自己的文化。鉴真和尚东渡日本，马可波罗西来中国，这是理解更多扬州生活和文化的关键点。

韦先生说，扬州位于陆上丝绸之路和海上丝绸之路的交汇之处。扬州在唐朝是中国最大的城市，其次是成都。扬州是中外交流的中心之一。商人走陆上丝绸之路和海上丝绸之路，都要经过大运河，经过扬州城。一般来说，他们并不是要去京城旅游，而是要去经济中心扬州赚钱。隋朝凿通了运河，扬州随之繁荣。隋炀帝开凿运河时花费巨大，因此被称为坏皇帝，但开凿运河对扬州未来的发展做出了巨大贡献。隋炀帝明白运河对扬州、对国家的重要性。工程完工花了很短时间，即使采用现在科技也不可能这么快。全国三分之一的劳力被征召开凿运河，十五岁至六十五岁的男人都必须参加开凿，这就是能如此之快完工的原因。运河工程导致了唐朝的繁荣。但因为隋炀帝想尽早完工，人们非常愤怒，人人都恨隋炀帝，最终导致隋炀帝在扬州被杀。有很多传说都是关于隋炀帝骄淫奢侈的。即使在隋炀帝被埋葬后，有些故事说老天还下了雷雨，人们不得不三次移动其棺木。

韦先生说，大运河是连接中国南北的唯一水道，因此对于中国这么大的国家来说非常重要。中国的东西交通远没有南北交通那么重要，因为政治中心在北方，而经济中心在江南。大运河在运送人力和物资方面发挥了不可替代的纽带作用，保证了中国长期的统一和安定，扬州因此才如此重要，如此繁荣。

扬州是我永远魂牵梦萦的地方。

2. 韦明铧先生访谈续记

我拜访了著名作家韦明铧先生。韦先生的著作有《扬州掌故》《扬州文化谈片》《扬州曲艺史话》等五十馀种之多。韦先生在全世界举办讲座，宣传中国的园林、文化、文学和艺术。

韦先生解释了北方园林和江南园林的差异。北方园林主要为皇家而建，而江南园林则主要为平民而建，因此差异很大。南方自古就是商业贸易中心。扬州园林如此独特，是园林主人决定了其风格。商人拥有这些园林，因此风格更自由，更舒适。商人可以自由地表达自己，可以决定他想要展示的东西。商人非常富有，因此可以炫耀财富。相反，北京的园林属于皇家风格，高墙阻隔，戒备森严，远离普通人。苏州园林多是退休官员建的，他们多数人都韬光养晦，因此占地面积较小，风格精致而简洁。相比而言，扬州园林则没有限制，面积很大。食盐商人非常富有，他们希望在自家园林中呈现出最好的风景。正像中国古语说的那样："仁若山，智若水"——山象征尊敬圣贤，而水象征崇拜智慧。在中国哲学中，水没有形状，是容器决定了其形状。所以水代表了灵活、变化、转型和适应。对于我而言，这是对中国文化的最佳描述。这就能够理解，为什么假山和池水是园林的关键元素。

韦明铧先生说，花草竹树等元素在扬州园林中也非常重要。每种花木都代表了一种道德。比如竹子有三层意义：第一，竹根深植于土，代表坚固，暗喻有公职的社会人士必须要有道德根基。第二，竹子中空，代表内心谦虚，爱好学习他人之长。第三，竹子有节，象征人的气节、操守和毅力。韦先生举了个园的例子。

很多人都喜欢梅花，梅花在冬天开放，意志坚强，在温度最低的时候也仍然生长。梅花象征着扬州人喜欢的道德。扬州人还喜欢种植在山区的兰花，认为兰花代表中国文人比普通人更加清高。在韦先生的起居室，我们欣赏了墙上的四幅画，依次是梅、兰、竹、菊。在中国，任何东西如果没有象征、没有寄托，就没有意义。韦先生住的地方种满了这四种植物，屋内屋外充满了自然的气息。在园林般的客厅里，我们可以欣赏到芭蕉、桃树、桂花、腊梅。韦先生说，中国古人常在芭蕉叶上练习书法，可以节省纸张。在扬州，桂花非常受欢迎，折取桂枝象征着读书人可以通过考试，得到富贵。

对中国人而言，园林背后的哲学遵循着道家思想，和人类和自然之间的和谐有关。中国园林中的植物一般不会修剪，让它自由生长，不受外观限制。韦先生在欧洲旅游的时候,很惊奇地发现人们每天都会修剪花草树木,以保持几何图形一样的整齐外观。中国人偏好自然美,而不是人工美。中国人偏好长度和节奏的差异,在书法和诗词中可以发现这一点。欣赏好书法的时候,更多是来自直觉和字体,而不是理解它的意思。书法像魔法一样流动,和胡安·米罗(Joan Miro)的绘画一样,胡安·米罗是著名的加泰罗尼亚艺术家,深受东方哲学影响。

因受佛教影响,中国人认为世事轮回,就像四季一样往返回复,所以园林中要种植常青植物。人们相信每个季节都有自己的风景,四季都同样重要。这是对自然的尊重。欧洲园林来源于理性,理性充斥着每件事情,失去了人和宇宙的神秘联系。在欧洲文艺复兴之前,科学等同于神秘。文艺复兴之后,西方人开始区分知识,对每件东西严格分类。我尊重中国知识,想要掌握一般思想和内在联系,而不仅仅是特定知识。

我们和韦先生还谈到了盆景。盆景有三种形态:植物、山石以及两者的混合。据历史记录,盆景首先出现在中国,在唐朝的壁画中可以看到盆景。扬州盆景可以在苏轼的文章中看到记载。苏轼(1037—1101)又称苏东坡,宋朝作家、诗人、画家、书法家、医药家、美食家和政治家。盆景在元、明、清发展非常快。很多城市都有自己的风格和流派,但最重要的是扬州派和苏州派。苏州派把自然浓缩在盆中,基本上不干预盆景的生长,而扬州派正相反。扬州派喜欢显示人工的智能,即使是一棵小树,也要把它打造成一片云彩那样,包含着很多美学思想。扬州派想证明人工能够控制自然,从而成为人工科学。

韦先生告诉我一位宋朝官员的故事。这位官员找到了两块石头,觉得很奇特,而且有寓意。他把石头放入水中,这就有了把石头放到水中的装饰与欣赏方式。通过这种方式,石头的颜色和形状都轻柔地得到了增强。不久前，我和翻译严晶一起在扬州工艺美术大楼外面游玩，我们看见有很多摊贩售卖玉料，还有好看的小石头，每颗都放在水中，能看到最美丽的颜色。

和韦先生在一起的时间过得很快，我们最后谈到了扬州何园的石涛假山。石涛假山是独特的作品，其他作品无法与其相比。明朝结束后，石涛成为和尚，在扬州度过最后十年。石涛是一位非常有智慧的画家、诗人、理论家。他用假山表达绘画，假山就像混合了诗词的3D绘画。假山之下的湖中，能从很多不同角度看到月亮的倒影。艺术家通常不会在假山上署名，但石涛留下了自己的名字——当然并不是刻在石头上。

我们必须和韦先生道别了。临别时，韦先生问起我塞万提斯·萨阿维德拉的西班牙文学名作《堂·吉诃德》。我们会意地笑了。我们都觉得扬州人有点像书中的人物性格，那也代表了西班牙人的性格：桑丘·潘沙的实用主义，堂·吉诃德的理想主义。

第 3 章 域中与域外——华夷之间

第4章 洋务与洋楼
——西洋建筑踏访录

一 从澄碧堂说起

洋务运动与西风东渐都已经成为教科书中的历史名词。但是，洋务运动留下的痕迹还在，西风东渐带来的建筑还在。

行走在古城扬州，在青砖黛瓦的明清建筑海洋里，偶尔会遇见一两座尖顶圆窗的西式建筑，那可能是基督教堂。在扬州，看到一座洋房也许并不介意，看到十座洋房会产生什么感觉？看到二十座洋房又会是什么感受？况且洋房并不都是教堂，它早已成了扬州的学校、机关、园林甚至民居的一部分。也就是说，早在一百年前，西方文明已经通过各种方式，包括建筑的方式悄悄进入扬州，并且消融在扬州人的生活之中。

我踏访了扬州幸存至今的西洋风格的建筑，或是具有西洋元素的建筑。叠经政治风云，时空变换，这些洋房虽然苍老，但依然存在，向我们作无言的倾诉。这使我产生一种冲动，想走近它，了解它，和它对话，与它同行。

在清晨，在黄昏，在夜晚，我们经常冷对那些无言的洋房。它们淹没在中式建筑的汪洋大海里，显得那么特别，那么孤独，又那么顽强。在那些耶稣堂、天主堂里面，到底有些什么故事？在诸如寄啸山庄、吴道台宅第这些中式庭园中，何以突兀着一座洋楼？在树人堂、绿杨旅社等国人活动的场所，为什么采用西洋色调的建法？我们能否走近这些洋房，通过它们来管窥古城扬州在中外交通史、宗教史、建筑史、艺术史、文化史等领域中的地位与价值之一斑？

外国人在扬州建筑房屋的历史，或者中国人在扬州建造洋式房屋的历史，至今还是一团迷雾。我原先以为，是1840年的鸦片战争打开了中华帝国的沉重之门，欧风美雨伴随着洋枪火炮进入了古老的中国。但是，实际上扬州人接受西洋建筑的历史，远远早于鸦片战争。还在康乾盛世，广州人得欧洲文明风气之先，率先建造洋房，扬州人也从广州引进了许多新鲜的东西，譬如西洋建筑风格。

广州洋商的经济活动，给中国带来了一场建筑风格上的革命。中体西用的理念，造成了十三行中西合璧的新式建筑风格，与中原的秦砖汉瓦、飞檐翘角迥然相异，显得华丽而又时尚。在清中叶，广州洋商最有名的一座西式建筑叫做"碧堂"，以致千里之外的扬州盐商仿其风格，也在瘦西湖边仿造了一座"澄碧堂"。这是扬州历史上最早的有记录的西式建筑。乾隆间曾三游珠江的李斗在《扬州画舫录》中写道：

四桥烟雨，一名黄园，黄氏别墅也，上赐名趣园……入涟漪阁，循小廊出，为澄碧堂。

涟漪阁之北，厅事二，一曰澄碧，一曰光霁……第三层五间，为澄碧堂。盖西洋人好碧，广州十三行有碧堂，其制皆以连房广厦、蔽日透月为工。是堂效其制，故名澄碧。联云："湖光似镜云霞热；松气如秋枕簟凉。"

澄碧堂在如今四桥烟雨景区内，遗迹已不可寻，但这是扬州有西洋建筑的早期实例。从一座澄碧堂之后，扬州便有了无数澄碧堂。

二　北河下·天主堂

　　近代扬州留下的西洋建筑虽然不少，但是典型的哥特式建筑却差不多只有一座。那就是站在跃进桥头向西眺望时，一眼就能看见的那座掩映在翁翁郁郁的绿树后面的尖顶教堂。它的特别的造型，给人留下了难以磨灭的印象。这是扬州现今唯一的天主教堂，亦称耶稣圣心堂，位于北河下。好多年前，我几乎每天经过它的门口，因为女儿在它旁边的江都路小学读书，早晚要接送。它对于我来说，可谓是近在尺咫，但不知什么原因我一直没有进去过。

　　直到有一年端午，才来拜访这座外形犹如欧洲童话里的城堡式样的教堂。教堂外的大门，完全是中式的，水磨砖砌的门楼上镶嵌着石额，镌刻有"天主堂"三字。进入大门，一座中世纪哥特式的建筑完整地映入眼帘。教堂坐西朝东，两侧是高高的钟楼，正面有三道拱门，屋尖竖着铜质的十字架。登上台阶，从北面一道呈半圆形的小门进去，顿时觉得气象开阔，氛围庄严。十个大红色的圆柱，分两行支撑着高高的哥特式建筑梁架，圆柱下则是白矾石柱础。在圆柱之间，整齐地安放着一排排长条椅。左右各有五个尖顶的窗户，都镶着彩色玻璃。向前方仰望，有一个圆圆的窗户发出粉红色的光，一座十字架镶在其中。教堂的前方中央设有祭台，中间供奉的是耶稣圣心像，左边是圣伯多禄像，右边是圣保禄像；南侧供奉圣若瑟像，北侧供奉

天主堂

路德圣母像。祭台前供奉着各种鲜花。整个大厅据说有三层楼高。墙上描绘着与《圣经》故事有关的图画。南北两个角落，各有一个小小的忏悔室。

得到管理人员的允许后，可以自由地在教堂里闲走。整个教堂，除了主体建筑而外，南面有神父楼，北面有宿舍仓库，现在都保存完好。教堂之南，有一尊圣母玛利亚的彩色塑像，慈祥地注视人间。

据有关资料记载，扬州天主堂始建于清同治三年（1864）。同治十二年（1873），上海法籍神父来扬聘请扬州工匠重修。教堂占地面积两千多平方米，现为省级文物保护单位，门牌是北河下二十五号。

三十多年前，"文革"结束后，被冠以"鸳鸯蝴蝶派"恶名的李涵秋的《广陵潮》得以重新出版。我在第一时间读到此书，曾注意到书中有关天主教的描写。书中特别提到北河下的天主堂，写道："田焕又道：'缺口街天主堂可巧新来了两个上海洋人，不曾改着我们中国装束。'三姑娘等笑道：'我说的呢，我们疑惑是洋人，又疑惑不像我们地方上传教的洋人，那传教的洋人不是穿着长袍儿、马褂儿、瓜皮帽儿，背后还拖着一根瘦黄辫儿？像这样洋人，真是小媳儿说的头一次。'"《广陵潮》的这一段话，从一个侧面透露了晚清时天主教在扬州的流传。北河下在缺口门内，现在的广陵路当年称为缺口街，所以天主堂也称作"缺口街天主堂"。

在扬州现存的西洋建筑中，北河下天主堂是最为典型的哥特式建筑。哥特式建筑是一种兴盛于中世纪的建筑风格，由罗曼式建筑发展而来，后为文艺复兴建筑所继承。因为发源于法国，所以哥特式建筑也曾被称作"法国式建筑"。哥特式建筑的特色，包括尖形拱门、肋状拱顶与飞拱，主要用于天主教堂，同时也影响到世俗建筑。世界上最著名的哥特式建筑，有俄罗斯圣母大教堂、意大利米兰大教堂、德国科隆大教堂、英国威斯敏斯特大教堂和法国巴黎圣母院等。

哥特式建筑风格在明代就传入中国。北京的宣武门天主堂是明万历年间由意大利传教士利玛窦创建,也是中国现存历史最久的天主堂。清顺治年间,德国传教士汤若望又在旧址上重建。那以后又过了三百年,哥特风传至扬州。

在扬州古运河两岸,时见老人散步,情侣牵手。而在他们近旁,就是佛教的长生寺阁、道教的琼花观、伊斯兰教的普哈丁墓,和天主教的耶稣圣心堂。彼岸和此岸是如此的接近。这些建筑成了古运河旅游线的重要景观,更是中外文化融会的历史见证。

三 泰州路·神在堂

距离我原来的居住地最近的西洋建筑,是盐阜东路南面的那幢小洋楼——神在堂。小洋楼在原来的扬州商学院内。十几年前,扬子江旅游学会在那里办公,我多次去那里,感到楼里特别安静。不过,一直没有机会好好打量这座洋房。

最近,为了探访辛亥前后欧风东渐的建筑遗迹,在一个雨后的下午我带着我的学生专门拜访了它。它现在属于扬州大学盐阜路校区。从盐阜路南的校门进去,一条大道直通教学大楼,再从教学大楼侧面绕过去,便见到一幢墙上遍布爬山虎的青砖小楼。这里东邻图书馆,北面墙上标有"扬州大学盐阜路校区021号楼"字样。整个建筑为哥特式风格,尖顶、阳台、百叶窗。小楼总共两层,正面朝东,有

神在堂

三个青砖方柱,四级水泥台阶。由于年久失修,到处现出破裂、剥落、颓败的景象,不变的只是西洋风味。从正面看去,楼上下各为三间。透过窗户,可见一楼南屋里的壁炉和木地板,想当年住在里面的人,生活应是非常温馨的。北面的一间,已被隔成南北向的三小间,似乎是当教室用的,但早已蛛网密布,人迹罕至。中间一块地方,被隔成一个小门厅和两间东西向的办公室。一楼北侧有水泥楼梯,可以登楼,但因大门紧锁,无法进入,估计二楼结构与一楼相同。

这就是神在堂。我们去时,周围杳无人迹。只有楼下葱绿的草地上,有两只不知名的美丽的鸟儿在互相追逐嬉戏,好像是一雌一雄。

在风雨飘摇的晚清,西方文化像潮水一样不可阻挡地涌入古城扬州,带给古城阵阵清凉的风。作为基督教堂的神在堂,是清光绪三十四年(1908)由美国传教士韩忭明在美籍会长沈克礼的协助下创建的,属于圣公会教派。1924年,此处改建成新教堂。1934年,由鹿威陵继任会长,傅国德任副会长。1935年,由过良先任会长。1946年,漫长的抗日战争结束之后,扬州缺医少药,联合国救济总署苏宁分署、美国援华会赠给神在堂以病床、药品、奶粉、毛毯、衣服等物品,分发给扬州的教徒和非教徒。1948年,马道元在此任会长。新中国建立后,教堂成为民居。

这幢洋楼也是扬州近代教育史上著名的教会学校——美汉中学的所在地。光绪三十四年(1908),韩忭明在扬州左卫街(今广陵路)租赁民房,办校招生。宣统二年(1910),校址迁至便益门内,也即今址。在学校筹办过程中,美国海军大将美翰曾捐巨款,故取名美翰中学。民国建立后,为了表示中美友好,改称美汉中学。美汉中学是上海圣约翰大学的附中,所以它的毕业生可以直升大学。美汉中学设国文、英文两科,正式将现代英语教育引进古城。当时有一首《扬州竹枝词》咏道:"混沌初开教字母,已通西学习挨皮。"所谓"挨皮",

就是英文字母"AB"。不管那时的扬州人愿意不愿意，西风已经吹进了古城，"ABCD"和"之乎者也"一样，成了莘莘学子的必读书。1949年，美汉中学与信成中学合并为群力中学。美汉中学出过不少名人，其中有上海新丰洋行创始人之一的俞开龄、中国医学科学院副院长吴征鉴、森林生态学家与林木遗传育种学家彭镇华等。

神在堂的门牌号码本是大草巷四十六号。但这要转好几个圈才能找到。当我们找到大草巷时，遇到一位老大妈，问她教堂的事情，她指了指北面说："那里就是。可是现在路已经不通了，必须从马路上的大门进去。"她说的马路上的大门，就是我们刚刚出来的扬州大学盐阜路校区大门。原先的教堂大门，现在了无痕迹。

关于美汉中学校长韩忭明，还有一件事值得一提，那就是他手里掌握着一件马可波罗在扬州的重要遗物。马可波罗在扬州留下的遗迹极少。据我的研究，只有三条线索可寻。一是扬州紫藤园的紫藤相传是马可波罗手植，二是美国记者斯诺在扬州看到过马可波罗石像，三是扬州曾有过一方雕刻着马可波罗像的砚台，这是最充满传奇意味的一件文物。详细情形是：扬州教场一家古玩店收购过一方古砚，背面刻着马可波罗像；砚台后为当时扬州美汉中学校长、美国人韩忭明购去；韩忭明其人后来回到美国，砚台即不知下落，很有可能流落到美国。韩忭明有无后人？此砚台是否存世？这是所有关注马可波罗的人都极感兴趣的事情。而这方砚台，就曾安放在神在堂里。

可以说，神在堂见证了扬州的百年沧桑。它随着晚清欧风东渐的大势而建立，就建筑而言，可与南京圣保罗教堂、无锡中心教堂相媲美。它曾被军阀孙传芳霸占为军营，又沦陷为日寇的外侨集中营。如今诵经声、读书声都已远去，只剩如许一座空楼。尽管有人说，它只是英国乡村常见的那种小教堂，但一百年前在秦砖汉瓦的扬州有这样一座洋楼拔地而起，意义也许大大超出了房子本身的规模。

四　北柳巷·真道堂

在一个冬季的雨夜，我们从彩衣街拐入北柳巷，寻找那座被民居遮掩着的基督教堂。当时因为天气严寒，未及细看，只觉得它的对面就是纪念大儒董仲舒的董子祠，儒家祠堂与基督教堂两两相望，甚是有趣。直到今天，才又来寻访这座建于民国时代的西洋建筑。

从文昌路进北柳巷，不一会就看到了那红色十字架。这就是坐东朝西的真道堂。它与居民住宅混杂一处，简直难分难解。唯一可以识别它的，是它那对开的赭红色铁门，上方有一个近于三角形的拱形券门，有着与众不同的西洋风。水磨墙砖仍是青灰色，只是在右边墙角上镶嵌着一块已经褪色的铜牌，上面写着："1933年董子坚牧师创建，建筑面积一四九平方米。2004年10月毁于火灾。2007年9月修成。"关于董子坚牧师的材料，所知甚少。只知道他是一位信仰坚定的信徒。董牧师临终之前，作过几首赞美诗，一是："我信耶稣，宝贵应许，为我预备，房屋在天，这是何等，美好福气，我所仰望，就是天家。"二是："此家建在，不夜之城，黄金街道，珍珠之门，充满快乐，赞美之声，我所爱慕，就是天家。"三是："肉体苦难，至暂至轻，天家之福，莫可言名，感谢我主，坚固我信，我愿立刻，进入天家。"副歌是："光明天家，荣耀天家，一到那里，亲见我主，与众圣徒，永远同住，我所渴慕，就是天家。"

周围的居民说，这座教堂现在大约宽十五米，进深十米。新中国成立后由市房产公司代管出租，曾作为工厂宿舍，1990年移交市基督教会。2004年10月，因屋内住户用火不慎，致使屋顶被烧毁。2007年，真道堂按原样修复。现在虽然不能进去观看，但屋脊上的十字架下凸起的如同佛教里盛开的莲花一样的图案，还是引起了我们浓厚的兴趣。

这是纯粹的巧合，还是不同宗教之间的借鉴与交流？

真道堂现在的门牌是北柳巷七十八号。自董子坚牧师创建后，1940年后由谢颂三继任牧师。谢颂三（1900—1989），浙江杭州人，生于长老会牧师家庭。民国三年（1914）入苏州东吴大学附属中学，毕业后继续在东吴大学求学，曾任学生青年会会长、学生布道团长。民国十三年（1924）赴美，在纽约州奥朋神学院学习，民国十六年（1927）毕业，获神学士学位，同时成为美国长老会牧师。民国十七年（1928）回国，任上海青年会德育部主任干事，后任东吴大学教师。民国二十一年（1932）起担任监理会基督教教育部执行干事，民国三十年（1941）至1958年担任上海慕尔堂主任牧师，其间曾任上海基督教联合会会长。谢颂三著有《儿童主日学教授法》，曾将吴雷川《墨翟与耶稣》一书译成英文。

真道堂属于"神的教会"教派。扬州的基督教堂有浸礼会教派、圣公会教派、内地会教派、神的教会教派等。当年的真道堂可容纳一百五十人参加活动，如今它湮没在陋巷中，似乎在默默地坚守着什么。

五　南柳巷·福音堂

从萃园桥菜场向南，是扬州人熟悉的南柳巷。在记忆中，南柳巷最南端有一家大门向东的公园旅社，现在是一家浴室。在它的对面有一块凹进去的空地，向里可见对开的黑漆大门。经过整饬一新后，现为是东关街道办事处教场居委会的办公场所。

居委会办公的地方，就是有名的城中福音堂。在一个风和日丽的假日，我们慕名前去寻访。

试着推开大门，扑面而来的是南面那幢漂亮的两层欧式小楼。墙体由浅灰色砖头整齐砌成。一楼有一扇门,两扇窗,和东西两扇侧门。二楼有一扇门,四扇窗。所有的门和窗,都嵌有白色三角形的门头,和长方形的边框。二楼的扶栏为白色的罗马柱。远远望去,最引人注目的是二楼东面窗户上用繁体字书写的一个红色的"愛"字。经询问在这里工作的人员,才知道这里原属三爱会,现在租赁给教场居委会作为市民学校、阳光学堂、青少年活动中心、心理健康指导室、新市民驿站和社区空巢老人之家等公益活动场所。这座欧式小洋楼在沉寂了多年之后,秉承着大爱的精神,成了服务于民的基地。

整个院子不大,看了一圈,也就一览无馀。我们正准备告辞,忽然发现小楼下方有一块斑驳的铜牌。走近细看,上面写着如下文字:"城中福音堂。1934年英籍传教士王瑞臣创建,建筑面积四百平方米。2004年6月屋顶塌陷,2007年9月重建。"

城中福音堂是英籍传教士王瑞臣创建的基督教堂。但关于王瑞臣的生平及其创建福音堂的过程,我们一无所知。

六 皮市街·基督堂

沿着皮市街向南,在凸凹不平的石头路上走走停停,远远望见街西有两幢十分衰败的二层青砖小楼。这就是轰动一时的扬州教案旧址。

从侧面看,这两幢位于皮市街一四七至一四九号大院内的两层小楼与中国普通老房子没多大差别。前楼面阔三间,后楼面阔五间,斑驳的青砖外墙,还有一口水井,都透出古朴的气息。其实在两楼之间,本有一座教堂,而今早已灰飞烟灭。以前在来去匆匆中,记得这里曾有老百姓居住,现在也人去楼空。绕到它们的背面,北面的那些残存的弧形拱窗,还隐约可见西洋的风格。

它就是同治七年(1868)发生的那场震惊朝野的扬州教案的旧址,

总占地约八百平方米。二十世纪五十年代以前,一直是内地会教堂。1950年代政府接管,成为扬州师范学校(后改为扬州市五中)宿舍,分别租给十多户人家居住。1990年落实宗教政策,产权转给市基督教三自爱国会,继续由房产局安排居民居住。由于保管不善,虽然原来的大门仍在,门前的石碑已经不存。现在,两楼前面的东墙上开了便门,墙上有一块于1996年8月被定为"扬州市级文物保护单位"的红底白字牌。房屋年久失修,现在已是危房。木质的楼板、窗户均已拆除,只剩下空空如也的窗洞和岌岌可危的屋架,成为那场风波的历史见证。

鸦片战争使得中国人陷入民族的屈辱之中,但在客观上却给古老的天朝吹来了新鲜的西风。这个时期的中国人,一方面面对着压迫自己的封建体制,另一方面面对着从未见过的西方文化。如果说清廷可恶,却已司空见惯,见怪不怪;而对初来乍到的西方文化,第一感觉就是如同洪水猛兽,非我族类,其心必异。因此只要一点星火,都会点燃起燎原的民愤。中国婴孩在外国传教士主办的三义阁育婴堂里被虐杀的传闻,虽然未加证实,却立即激怒了成千上万的扬州民众。他们义愤填膺,揭竿而起,高喊着"驱逐洋教"的正义口号冲向皮市街。这场教案风波,最终以赔偿教会损失、修复被毁住宅、立碑保护教堂、惩罚肇事分子、教士返回扬州而了结。

实际上,在这场教案中被驱赶的英国传教士戴德生是冤枉的。教案的导火索是法国传教士所设育婴堂里发现了婴儿尸体,而英国人戴德生刚到扬州还没有开展传教工作。戴德生本人是一个虔诚的教徒,他的名言是:假使我有千镑英镑,中国可以全数支取;假使我有千条性命,绝不留下一条不给中国。因此,我认为扬州教案的本质不是反帝,是东西方文明在特殊形势下碰撞所迸出的火花。

教案已经成为历史。当我站在这片几成废墟的旧址前时,只是想尽快修复它。

七　萃园路·礼拜堂

坐落于扬州市萃园路二号的基督教礼拜堂，已经建堂九十周年。

1909年，美南浸信会传教士毕尔士在扬州贤良街租赁通宁泉茶馆民房创立圣道书院，讲授《圣经》和神学知识，培训传道人员。1923年，毕尔士建造贤良街浸礼会礼拜堂。新中国建立后，贤良街改名萃园路，故这里称为萃园路礼拜堂，或萃园路教堂。

教堂砖木结构，十字形屋顶，鱼鳞瓦屋面，建筑面积达千馀平米，是一座集"主日学"与"大礼拜"的集会为一体的教堂。礼拜天中间是基督教徒礼拜用的无柱敞厅。两边有供圣经学校作为教室用的二十馀间房，各有活动隔间。拉开隔间，连通礼堂，总共可以容纳千馀人。礼堂前面，设有讲台和浸池。讲台上面设有唱诗台，供圣诞节、复活节等宗教活动时唱赞美诗用。唱诗台上方有一穹窿形墙柱，柱上镌刻着"耶和华在他的圣殿中，全地的人都当在他面前肃敬静默"的金色字样。讲台后面建二层平顶楼房，为牧师的住所和办公室、会议室、接待室。浸池供洗礼用。

萃园路教堂于1981年重新开放。1982年、1985年又加以维修，使其整旧如新，现为扬州市级文物保护单位。

萃园路教堂的牧师，在上世纪二十至四十年代是张同卿，四十至八十年代是吴继孝，九十年代后是宦保罗，今为朱明华。据一位牧师的后人回忆说，他从小出生在基督教家庭，爷爷是扬州地

礼拜堂

区第一位牧师。他小时候住的都是教会的房子。在刚恢复宗教活动时，他的家就是信徒做礼拜的地方，将四合院的槅子门卸掉，让堂屋、天井完全敞开，信徒们就坐在院子里听牧师讲道。后来翠园桥教堂开放，就全部在那边礼拜了。每年圣诞节快到的时候，家里都会买一棵小松树装扮起来，挂上彩灯，一闪一闪的。第二天圣诞节在教堂举行仪式，庆祝耶稣诞生，大家都上台唱赞美诗《马槽歌》，因为耶稣是降生在马槽里的。礼拜做完了有圣诞果发放，那是很简单的，就是一包水果糖，不过对孩子来说可是很奢侈的了。

基督教传入扬州很久了。有学者认为，基督教在中国的传播有两次，一次在唐代，一次在元代，扬州曾经发现元代的相关墓碑。1981年，扬州博物馆考古部于扬州市南郊荷花池西侧地下发现延祐四年（1317）三月"也里世八"墓碑一通。据介绍，这是一通基督教的墓碑。

多年来，萃园路教堂在传教、管理、培训、慈善等活动中得到教众和社会的认同，成为第一批全国表彰的和谐创建先进单位。

八 南通路·仁爱楼

南通路上的育才小学有一百二十年的校史。走进校门，穿过励志楼左拐，有一座带有欧式风格的古朴典雅的青砖小洋楼。这座建于十九世纪八十年代呈"凹"字形的砖木结构三层楼，坐落在紫薇、斑竹营造的绿色中。它的底层门窗均为半圆形拱券结构，深色边框衬托出它的庄严肃穆。二楼为中式方形木槅扇门窗。三楼为

仁爱楼

四个"人"字顶的阁楼。经历了一百二十年风雨沧桑后，它已与周围环境和谐地融为一体。

育才小学里的这座主行政楼现称仁爱楼，东面墙上书写着"仁者爱人"四字。因纪念学校的创建者慕究理女士，又名慕究理楼。据记载，这位美国基督教南浸信会传道部（简称西差会）的女宣教士焦力·慕究理，是培养教会女传道人和中国教士的"贤妻良母"。她于1888年创立真理女学堂，招收女童入学，并设置了刺绣、圣经和钢琴三门课程。因当时扬州为东南政治文化中心，士大夫阶层、政府官员强烈抗拒教会势力的进入，慕究理女士只好从上海教会济良所带领七名女童来扬州，作为该校最早的一批学生。这位尊崇儒家思想、倡导仁爱求真的外国女传教士，让从未上过学的女孩子们接触到近代的科学文化，了解到世界的最新变化。她亲手栽于小操场东北角的枸骨树现已枝繁叶茂，她播撒的仁者爱人、追求真理、探索科学的种子也一代代薪火相传。

1906年慕究理病逝后，传教士安德烈继任校长，次年改为慕究理女学堂。民国后改为慕究理女子学校，后又改称江都私立慕究理小学。上世纪二十年代学制调整，初小四年，高小四年，中学四年，教师多为美国女教徒。抗战爆发次年，美籍教士伊斯坦任校长，学校改名为扬州浸会慕究理学校，开始招收男生，并附设幼幼院，结束了长达五十年的女子学校的历史。之后，学制改为"六三三"制，即小学六年，初中三年，高中三年，计十二个班，一百多名学生。抗战期间校舍因被日军占据而停办。抗战胜利后重新开学，中小学分开，小学部在东（现育才东校区地址），名私立慕究理第一小学；中学部在西（原邗江县委党校校址），名私立慕究理中学。

新中国成立后，美籍教士纷纷离开，政府发给小学"私立慕究理小学"印章，校长为吴月。1951年4月学校改为公办，定名为苏北育才小学，首任校长为孙维翼。同年7月学校调整，中学停办。之后的历任校长，秉承"仁爱求真"的校训，不仅教育学生从小养成良好的行为习惯，教育学生爱自己、爱他人、爱社会、爱自然，还把"自主学习，差异发展"作为育人的目标。

仁爱楼，应是中美文化交流的见证。

九　国庆路·盐务所

扬州市府东院有一座西洋风味浓郁的小洋楼。在一个暖意融融的初冬的午后，我们再次探访了这座小洋楼。

进入朱红色的大门，东首第二幢便是掩映在绿树中的两层洋楼。仔细端详，只见它外墙呈奶黄色，正门朝南。一楼外接拱形露台，二楼为三个用罗马柱相隔的半圆形券窗，人字形顶的屋面下为三角形窗。这座外凸的洋式建筑，将小楼分成东西两半，每一半各有五个券窗。沿着花岗岩台阶拾级而上，迎面漆得发亮的矩形大门让人猜不出小楼的真实年龄。轻推木门，乃是一个保存完好的四方形中庭。走过青色的木地板，登上通往二楼的红色木楼梯，正面是可以正衣冠、照仪容的大镜子，不知是否旧物。这座小洋楼的门口，挂着两块牌子："扬州市技术监督情报研究所""江苏省质量技术监督局稽查队"。显然是两个单位的办公地点。看起来，各办公室依旧保持着红门、木窗、地板等原先的模样，使人生出走近历史的感觉。

轻手轻脚走出来，以欣赏的心情细看它的外观。南面每个窗户下都有"丁"形装饰。

盐务所

一楼外墙距地面两砖高处有方形防潮通气孔。站在小楼西面，发现二层有五扇与东西两面相同的券窗，一层为四窗一门。小楼北面有一凸出的方形两层建筑，与主楼相连，估计作杂物间与洗漱间之用。

环绕小楼一周，看到北面花圃有一株合欢树，枝干粗壮，昂然向上，见证着岁月的长久与生命的顽强。

这座洋楼原是两淮盐务稽核所的办公楼。在相当长的时间内，民国从中央到地方的盐务管理机构分为行政和稽核两套系统。行政机关主管盐的产、运、销、缉私等事项，稽核机关掌管盐税的征收、存储、提用、稽核、报销等实权。稽核机关从上到下都被外国势力所控制。如民国中央稽核机关的副会办，根据列强间的协议分别由英国人、德国人担任。自1913年起，长芦、山东、奉天、河东、两淮、两浙、福建、广东等地分别设立稽核分所，次年川南、川北、云南、松江、淮北又设分所，两淮稽核分所于是改称扬州稽核分所。各地稽核分所的洋协理职位，由参加银行团的英、德、日、俄等平均分配。扬州稽核分所就由一个日本人把持，名叫高洲太助。

建筑上的西洋风格本来是国门开放的结果，但是民初所建的这座小洋楼实际上是国力衰落的产物。在两淮盐运使司衙门中式门楼的近旁，突兀着这样一座西式小洋楼，包涵着扬州盐运史的屈辱与复杂。

十　淮海路·稽核所

两淮盐务稽核所位于今扬州淮海路东侧，与扬州中学隔路相望，现为扬州市规划局办公场所，迄今已有整整九十年的历史。这地方本来叫大汪边。以前从这里经过时，很少注意到这座西洋风格的小楼。近来因为经常到规划局开会，而且开会地点有时就在盐务稽核所的三楼，所以对它仔细观察了一番。

稽核所

这是一座大体呈四方形的洋楼。正面朝南,有人字型红瓦屋顶,墙体刷成黄色。从正面看去,洋楼为两层。底层前面有凸出的露台,三座拱门分布其前,又有小小的回廊围绕周边。二楼有三个方窗朝南,并无特别之处。进入正面的拱门,是一个袖珍的客厅,红漆的地板。稍北有宽大的木制楼梯通向二楼。楼上楼下,都分隔成若干个大小房间,当年应各有用途。在底层的侧面,还有狭小的楼梯曲折向上。我那天开会前,由西侧小楼梯拾级而上,转来转去,才知道二楼上还有三楼,现为小型会议室。细看整个洋楼,依然保持了旧时的形制结构。木地板,木楼梯,木门窗,处处透露着民国时代的气息。

洋楼西墙上有一块红色的牌子,写着"盐务稽核所"字样,标明是市级文物保护单位。关于它的历史,旁边也有说明:"两淮盐务稽核所,淮海路三三号。民国十年(1921)用盐业税收款建造,为两淮盐务稽核所外籍人士的别墅。楼内有客厅、卧室与办公用房,并有较高档的生活设施。抗日战争期间,被日军占领,并于此设日军'苏北宪兵司令部'。1952年春,为迎接亚洲及太平洋区域和平会议代表来扬,改为'大汪边招待所'。同年底,又改为'江苏省交际处扬州招待所',又称'华侨招待所'。曾先后接待过刘少奇、谢觉哉等一批党和国家领导人及重要知名人士。1982年起,辟为老干部局和离退休干部活动中心,2005年修缮后市规划局迁入。"可知这里并非两淮盐务稽核所的正式办公地点,而是在稽核所供职的外籍人士的别墅。

两淮盐务稽核所为什么会有外籍人士?这要稍微回顾一下民初扬州的盐务机构。民国成立后,废除两淮盐运使制度,改建两淮盐政局,后改称盐运局，不久又恢复两淮盐运使，仍驻扬州。同时又有所谓"两淮盐务稽核所"，乃是外国人参与控制中国盐务的机构，1913年成立，1942年关闭，历时三十年。据了解，盐务稽核所完全是弱国外交的产物。民国二年（1913），袁世凯以办理善后为名，向英、德、日、俄等列强借款，依照附加条件，在盐务署下设稽核总所。稽核总所以中方盐务署长兼任总办，洋人任会办兼顾问。凡是产销盐的地方，均设稽核分所或稽核处，主管都是华人、洋人并用。名义上华人为正、洋人为副，实际上是洋人掌管实权。

据有关资料，民国间对于盐务稽核总所的职权范围，中外有过多次交涉。旧章程规定，中方的盐务署长是总负责人，当然也就是稽核总所洋员的上级。新章程虽然规定盐务署长兼任稽核总所总办，许多条文却赋予"总办"与"会办"有同等权利，使洋员握有很大实权。新章程还明文规定，各稽核分所的华、洋经协理"等级职权均相平等"。旧章程规定所征收之盐税应存入中国银行，由中国银行经理，新章程则按照《善后借款合同》改为存入外国银行。

人们对两淮盐务稽核所的情况所知甚少，有两个人似可一谈。

一是中国人林振翰，字永修，福建人，著名盐政专家，中国第一部世界语教材翻译者。他先在福州格致书院读书，后赴京师大学堂译学馆深造，曾于宣统三年（1911）出版《汉译世界语》。辛亥革命后，林振翰返闽任《群报》主笔，鼓吹革命。民国后当选为福建省临时议会议员，因不满贿选，愤而离去。后在川南盐务稽核分所、宁波盐务稽核支所、扬州十二圩盐务稽核支所任职，并代理扬州、松江稽核分所经理。著有《川盐纪要》《浙盐纪要》《淮盐纪要》《中国盐政史》《中国盐政辞典》等书，提出澄清吏治、整理盐场、取消专商、就场征税等措施，改革盐政。

一是日本人高洲太助。日本作家芥川龙之介在《中国游记》中说，他1921年初到扬州旅游,是由高洲太助陪同的。这位高洲太助就是在扬州盐务稽核所征税的日本人。根据中日不平等条约,中国欠日本之款须由日本人在华直接征收盐税。高洲太助工作的地方应在原两淮运司衙署内,他本人寓居于萃园,故淮海路的盐务稽核所洋楼他似乎没有住过,但一定来过。此人自视甚高,他曾说:"外国人在扬州做官的,前有马可波罗,后有高洲太助,如此而已。"

2006年,两淮盐务稽核所和麦粉厂、大陆旅社、震旦中学礼堂等被确定为扬州市第四批文物保护单位。我们默默环视这座小小的洋楼,心头掠过的是近代扬州盐业与中国盐政的风风雨雨。

十一　大汪边·树人堂

从淮海路看扬州中学,站在铁栅栏门外就看见被法国梧桐繁茂的枝叶簇拥得只露出一角的树人堂。它虽是垂暮的美人,但依然风姿绰约。

这是一幢建于1930年的米黄色品字形四层建筑,大门朝东,1996年10月被扬州市人民政府立为扬州市文物保护单位。最外面是一个类似欧洲中世纪城堡的凸出的建筑,其馀三面是六角轴对称的门楼,门楣上从右向左嵌入遒劲有力的"树人堂"三字楷书。再往里,便是不算宽大的拱形券门。

树人堂

树人堂已于前几年辟为扬中校史陈列馆。大量珍贵的史料,陈列在树人堂里,无言地追述着这座名校的往昔。原中共中央编译局局长、家兄韦建桦的照片,也陈列在其中。

树人堂东面被林荫遮盖的路面，现在开挖成长方形的水池，好像是美人梳妆的水池。水中有一些金鱼欢快地游来游去。此情此景，令人想起"问渠哪得清如许，为有源头活水来"的诗句来。

以树人堂为骄傲的扬州中学，用"十年树木，百年树人"的理念办学，已经成为培养出数十名两院院士、两任前联合国副秘书长的摇篮。可以说，扬州中学既是具有现代化萌芽的新教育体制的大胆尝试，也是古城扬州勇于吸纳西方文明的袖珍缩影。民国初年，扬州中学就有门类齐全的综合性中学的学制，并且英文、德文两课有外籍教师执教。国文教育讲究"自动重于教授，专书重于单篇，札记重于课作"，即自学、多读、勤记的学习方法。理化生物重视观察和实验，还有各科研究会和课外活动小组。同时，先进的教学仪器也为学生的成长提供了必不可少的条件。

站在树人堂向东北望去，北面有一片广阔的绿地，朝东有硕大的黄山石，刻有"正直向上，热于求知"的校训。这并不深奥的八个字，体现了当年周厚枢校长培养人格高尚、学风踏实的人才的理念。正因为如此，二十世纪三十年代的扬州中学赢得了"南扬中，北南开"的美誉。

当年的扬中，为什么要建一座具有西洋风格的礼堂？应该是时代风尚使然。古诗云："西方有佳人，皎若白日光。被服纤罗衣，左右佩双璜。修容耀姿美，顺风振微芳。登高眺所思，举袂当朝阳。"树人堂不但是不老的佳人，而且是所有扬中学子的慈母。

十二　高桥路·麦粉厂

在扬州城东的古运河畔，矗立着两座风格极其相似的民国风格建筑，中西合璧，古今交融，一前一后，酷似同胞，现在统称"观邸"。

麦粉厂

据介绍,观邸是取"坐观天下"之意,借鉴旧上海外滩建筑及民国建筑的风貌,旨在深沉而不张扬。遥望观邸,仿佛可闻黄浦江边夜上海的飘渺歌声,和穿过石库门洞置身大都市的尊贵感觉。据说观邸的内部设计采用的是新古典主义的理念。熟悉扬州历史的人都知道,这两座建筑中,南面那幢楼是著名的扬州麦粉厂的老厂房。

扬州人一直认为,扬州的近代工业就是"两爿半厂",即振扬电厂、麦粉厂与汉兴祥蛋厂。电厂、麦粉厂常年开工,蛋厂只能季节性生产,一年中要停产半年,故称"两爿半厂"。其中麦粉厂位于便益门外古运河西岸高桥南街二号。它的前身是清光绪三十二年(1906)创办的高邮裕亨麦粉厂。1931年,高邮城遭遇洪水,戴姓业主将厂址迁移扬州,易名为扬州面粉厂兴记(后改明记)股份有限公司。1939年,公司改装欧美式磨粉机和德国西门子电动机。今存的这座主机楼,就是当年的制粉车间,为砖木结构的五层楼,当时曾是扬州城的第一高大建筑。抗日战争期间,麦粉厂为日军占领,为其磨制军粮。新中国成立后,这里成为扬州粉面工业的主要厂家。1954年9月公私合营。1983年扬州麦粉厂生产的"绿寿桃牌"标准粉和特制粉,分别被评为商业部质量信得过产品和江苏省优质产品。2001年,原麦粉厂的老厂房经维修后拟改为扬州工业博物馆。

这是一座扬州少见的带有鲜明中西合璧色彩的建筑。整个建筑呈规整的四方形。最顶层的东边一半是楼房,西边一半是平台。从南面望去,每层大抵分布九扇券窗,窗顶均为弧形。底楼的中间有一座拱形门,想当年麦粉厂的老板和工人即由此出入。走近细看,发现窗户都是复式，即里外各装窗扇，也许是为了防尘、防潮与隔热之用。有一台废弃的旧式机器，现在陈列在大楼旁边，无言地诉说着旧日的繁忙。

我特别感兴趣的是这座老楼用的砖头，颜色青灰，质地坚硬，至今未见风化迹象，可见质量上乘。许多砖头上都有图案。图案约有五六种之多，比较突出的，一为英文字母 A，一为俄文字母 Ф，一为铜钱状（圆圈之中有方孔），一为兰花状（三瓣兰花均向上）。这些图案的意义，有的显而易见（如铜钱意味财富），有的意义不明（如 A、Ф、兰花）。可以肯定的是：一，这些砖头乃是麦粉厂专门定制的；二，这些图案是设计者有目的的行为；三，外文字母的运用显示了当时建筑者的开放心理。

扬州麦粉厂关闭后，不少资料当做废品卖了。一些老资料流落到天宁寺古玩市场，价钱很便宜也无人问津。后来一位收藏者在绿杨村古玩市场发现有关杜月笙与扬州麦粉厂的资料，竟然花了比七八年前上千倍的代价，才得到三份扬州麦粉厂的老文书。其中一份资料注明日期为民国三十七年（1948）3月27日，为扬州麦粉厂兴记股份有限公司转账传票，在"科目与摘要"一栏写明总公司的开支："三月二十六日送杜董事二女结婚花仪一千万礼金。"账单上有会计、记账、制传票、总经理等人的印章。据考证，杜董事即杜月笙。还有一张扬州麦粉厂兴记股份有限公司上海办事处的便笺，为"收到民国三十六年度办公费伍百万元整"的回单，落款日期是"中华民国三十七年一月三十日"，有杜月笙的亲笔签名。这些文书的价值，在于见证了海上闻人杜月笙与扬州麦粉厂的某种亲密关系。杜月笙是上世纪前半叶上海滩上最富传奇性的人物之一，但他与扬州麦粉厂是何关系，从来未见记载。或者因为扬州麦粉厂是当时的弱小民族工业，想找个上海滩大亨做靠山，也是有可能的。民间一直流传上海滩大亨杜月笙与扬州有关系。如今发现这一具有考证价值的资料,我觉得它不仅证明杜月笙与扬州麦粉厂有业务联系,还可见当时社会的人情世故和地方工业的生存不易。应该说,这是很珍贵的史料。

大约十年前,扬州在整治古运河沿岸风光的时候,有意保留下扬州麦粉厂的旧厂房作为扬州近代工业的见证,这是有远见的。可惜这座老建筑没有得到真正的利用。它号称是"扬州工业博物馆",实则形同虚设,有名无实。它看起来是"观邸"的从属物,却又从未公开营业,开门揖客。我看最好还是把它利用起来,不要让它闲置。

十三　新胜街·绿杨旅社

扬州新胜街有一座百年老店——绿杨旅社,每次从它门口经过,都有一种想住进去的冲动。

绿杨旅社的门面,宽五间,高三层,青砖砌墙,红砖装饰,有欧式风格的铁栏阳台凸出在外。底层中央是大门,两侧有圆柱对峙,显得整饬庄重。踏过石板台阶,来到旅社的大厅。穿窿似的结构,直通式的天井,兰花形的吊灯,米黄色的光线,处处使人产生怀旧的欲望。最精彩的是那些木制楼梯,踩在上面会发出轻轻的呻吟声,让人不忍因为疾行而忽视了它今天看来过时而当年曾经时髦的样式。每层楼的走廊都呈回字形,循环往复,互相连通。楼上客房可以通向小小的阳台,对折的门上镶嵌着蓝、绿、红、白等彩色雕花玻璃。在阳台上凭栏俯瞰,似乎可以看到这条古街的流转时光。

绿杨旅社

关于两百年前这条老街的盛况,李斗《扬州画舫录》写得最为详细:"翠花街,一名新盛街,在南柳巷口大儒坊东巷内。肆市韶秀,货分隧别,皆珠翠首饰铺也。扬州鬏勒,异于他地,有蝴蝶、望月、花篮、折项、罗汉鬏、懒梳头、双飞燕、到枕松、八面观音诸义髻,及貂覆额、渔婆勒子诸式。女鞋以香樟木为高底,在外为外高底,有杏叶、莲子、荷花诸式;在里者为里高底,谓之道士冠;平底谓之底儿香。女衫以二尺八寸为长,袖广尺二,外护袖以锦绣镶之,冬则用貂狐之类。裙式以缎裁剪作条,每条绣花两畔,镶以金线,碎逗成裙,谓之凤尾……"当年的新胜街,显然是一条女人购物街。下文还有一句重要的话:"纻秋阁在翠花街,余旧居也,阁外种梅十数株。"那么,绿杨旅社所在的新胜街,也是《扬州画舫录》作者李斗每日行经之地。

绿杨旅社的名字,据说取自王渔洋"绿杨城郭是扬州"的名句。旅社建于清末民初,起初规模不大,只有两层,房价是大洋一块二角一晚。今天绿杨旅社的规模,是后来重建的。民国十八年(1929)六月四日的《扬州日报》头版,刊有绿杨旅社的开张广告,1929年应是它重新开业的时间。从那以后,绿杨旅社陆续住过不少名流。

郁达夫在《扬州旧梦寄语堂》中说:"进了城去,果然只见到了些狭窄的街道和低矮的市廛,在一家新开的绿杨大旅社里住定之后,我的扬州好梦,已经醒了大半了。"易君左在《大江南北记游踪》中说:"这晚就在绿杨旅社谈了通宵的天,佛海兄到我家去了以后,就邀九衢兄们到绿杨,买了一些点心,从上海事件谈到姜福兰,一直到半夜四点才打横铺,东方已渐白了!"在一些日本人的笔下,绿杨旅社又被称为"绿杨旅舍"或者"绿杨精舍"。1930年,日本学者长泽规矩来扬州淘书,后来他在《扬州的旧书肆》一文中写道:"出了我落脚的绿杨旅舍,向东是新胜街,向北是辕门街。"1937年底,扬州沦陷,据《慰安妇研究》一书记载,有个名叫杉野茂的鬼子承认,他们曾在

第 4 章 洋务与洋楼——西洋建筑踏访录

扬州一座名叫"绿杨精舍"的木楼里设立慰安所，将四十七名被抓来的中国女子充当日军的性奴隶。所谓"绿杨旅舍"或者"绿杨精舍"，就是绿杨旅社。

没想到这家老旅社在经过无数风雨之后，至今仍是旅社。每当旅游季节，一些具有怀旧情结的游人特别钟情于此。有一个外地游客在住过绿杨旅社后这样写道："绿杨旅社坐落在一条不起眼的新胜街里，全木质的扶手和楼梯搭起了这栋三层楼的老宅。能在五一黄金周抢到旅社的最后一间房间，还是挺幸运的。房间真的很小，约摸五六个平方吧，一个热水瓶，两张单人床，一个四方桌，一台小彩电，木质红漆老门，没有电子门卡，还是小时候家里那种牛头牌门锁。美美地睡上一觉吧，百年老店带给你的就是这种淡淡的朴素和浅浅的温馨。"

我将来一定要在绿杨旅社至少住上一晚，最好和友人谈个通宵。

十四　新胜街·大陆旅社

在新胜街二十六号，有一座中西结合的老楼。它与绿杨旅社相对，原来也是一家旅社，叫做大陆旅社。

大陆旅社的外观很有特色。它用青砖砌成高大的墙面，用红砖砌成别致的拱门，门厅里是水磨的彩色地坪。从外面看去，墙面被砖柱分为三四个块面，每层有四个窗户。整个建筑共有三层楼。

关于这座洋楼，没有更多的说法。只知道1937年底扬州沦陷后，这里成了日军的慰安所和后勤部。由此向西不远处有中西旅社，也是日军慰安所。丰子恺有《剪报记事》云："扬州四月十六日电：最近，日军从国内运来二十六位女性，作为从军慰安妇，其宿地是扬州新胜街中西旅社。"就在大陆旅社左近。

大陆旅社在2006年成为扬州市文物保护单位。上世纪七十年代曾经加以重修。无论是建筑样式，还是历史沧桑，它在扬州近代史上都具有特别的价值。

十五　南通路·浸会医院

到南通路九十八号的苏北医院看病，常会注意到几座很旧的洋楼。它们是晚清民国时代浸会医院的旧址。

光绪十七年（1891），美国南方基督教浸礼会国外传道部——简称西差会，派遣牧师万应远与毕安司夫妇前往中国扬州布道。光绪二十六年（1900），又派医师伊文思到扬州创办浸会医院。浸会医院除为一般百姓治病外，也作为教士疗养之地。伊文思先在星桥西街购置民房，开设诊所，后扩大住院部，并聘汤润生、戴哲之两位医师共同工作。民国二年（1913），伊文思回国，由安德森来扬州主持医院工作。次年，又由医师邰尔来扬州接替安德森。因为邰尔是美国著名的外科医生，浸会医院一时名声大振。要说明的是，民国七年（1918），回国参加第一次世界大战的安德森再度来扬州主持浸会医院。一日，安德森接西差会上海办事处急电，夜间乘小船过江赴沪，经过瓜洲江心时因浪大翻船，沉江而死，诚为憾事。民国十年（1921），邰尔拆除旧屋，兴建新房，采用美国约翰·霍普金斯医院的图纸施工，使医院纯为洋式风格。墙为青砖，顶为红瓦，底部有气孔，室内有壁炉，外形酷似飞机，俗称"飞机楼"。因其设计独特，可让每个房间都照到阳光。后又兴建医师楼、护士楼，与主楼形成扬州最大的西式建筑群，占地约有九千平方米。

浸会医院

浸会医院命运坎坷。民国十一年（1922），这里曾举办高级护士职业学校。民国十六年（1927），浸会医院移交浸信会管理。民国二十五年（1936），西差会派医师穆厦来扬州，次年又离开，医院遂由女医师毕尔丝主持。不久扬州沦陷于日寇之手，医院被辟为难民收容所，由牧师施坦士、教士德玛利维持。民国二十八年（1939），詹姆斯女士来扬州担任浸会医院护士长，兼任护士学校校长，医院稍有起色。民国三十年（1941），日军强行接管医院。直至民国三十四年（1945），抗日战争胜利，美国西差会派遣牧师施坦士会同扬州卸甲桥浸会堂牧师王家庆从日寇手中接受浸会医院，浸会医院方得新生。

此后，新中国建立，浸会医院被苏北行政公署接管，改建为苏北医院。洋楼则先为苏北行政区党委使用，后交苏北医院作为住院部和办公室。

浸会医院虽已破败，但是浓缩着近代扬州宗教、医疗和中美交往的历史，也是西洋建筑在扬州最完整和最真实的体现。

十六　甘泉路·蒋氏盐号

甘泉路四十号是一幢民国初年建造的中西合璧的建筑。这个高出周围建筑的洋式门楼坐北朝南，纯用青砖砌成，有鹤立鸡群之气概。四根壁柱耸入天空，笔直挺立。最上层为三扇玫瑰窗，中间为正圆形，两旁为十字形。玫瑰窗下有一左一右两扇拱形窗，同夹在中间的长方形镶框一样，拱形窗的周围也有精细的纹样包围。门楼高两丈有馀，建筑面积达三百多平方米。

据建筑专家介绍，这座建筑的壁柱和窗户属于哥特风格，玫瑰窗下的拱形窗则是罗马风格，内部空间是传统的回字形串楼，但整个门楼呈巴洛克风格。专家说，建筑的门楼采用了西洋风格，建筑的内部依然是传统的串楼式样。用今天流行的话说,这是多种建筑风格杂糅混搭的建筑,可以称得上是中西合璧的代表。

蒋氏盐号的后人蒋兴嘉老人回忆,蒋氏盐号的创办人蒋益斋是他高祖父,出生于1846年。蒋益斋自幼家境贫寒,十六岁做学徒,因为人厚道、办事认真,加之很有主见,渐渐得到老板赏识。四十八岁那年,蒋益斋自立门户,在连云港板浦一带买了四排盐地,经

蒋氏盐号

营十年,甚有成就,便在扬州城里购得风箱巷、皮市街、蒋家桥等几处房产,及多子街(今甘泉路)临街商业用房两处。其中一处便是甘泉路四十号,作为盐局的营业用房,人称"蒋氏盐号"。民国初年,蒋益斋嫌原房破旧,请一位名叫王世贵的扬州营造商重建。王世贵特意去上海考察,绘制门楼样式,由蒋益斋选定,就这样建成了这一座中西合璧的门楼。无奈时运不济,不久盐业凋敝,蒋氏盐号倒闭。

1923年,蒋氏盐号关闭后,蒋氏将房子租给他人做西餐馆,西隔壁的两层木楼则租出去做了刘仁和茶叶店。其后这里又卖过瓷器,叫做彭玉记瓷器店,经营了两年左右时间。新中国成立后,扬州第一家国营冷饮店在这里开张,称为绿杨冷饮店。绿杨冷饮店是一家西式冷饮店。那时普通扬州人家还在使用八仙桌、长条凳,绿杨冷饮店却率先采用了火车车厢式坐椅,中间是长桌,两边是坐椅,客人对面而坐,煞是洋气。洋气的不仅是坐椅,这家店在上世纪五六十年代便开始卖咖啡,当时也算是新鲜事。店内的格局也很特别。一般店铺前面是店面,后面是生产间,而绿杨冷饮店门口是收银台,后面是店堂。店堂很宽

敞，可容二三十客人。店内的装修并不很奢华，没有电风扇，只有绿色的日光灯。但因制冷机的效果好，即使是炎炎夏日，店内也凉风习习。冷饮店关闭后，这里成了服装店。先是新潮的"大本营时装店"，后来是"一枝独秀裤行"。

甘泉路是1954年左右拓宽的。在此之前，这座建筑的大门并不像现在这样凸出到甘泉路上。现在，它成了老城里一座特立独行的洋建筑。

十七　广陵路·周氏洋楼

在少时的记忆中，广陵路西段有个邮政局，旁边是卖冰镇酸梅汤的冷饮店。很少有人注意在它的旁边有两幢二层小洋楼，那是清末民初盐商周扶九的住宅。

在绿肥红瘦的初夏，我们步行在甘泉路与广陵路道路整治的尘土飞扬中，带着迫切想一睹为快的浓厚兴趣，来到广陵路三四七号。

从北边的小门进入，一幢两层红砖小楼赫然而立。随意搭建的蓝色彩钢瓦顶的简易车棚，让我们只能顺着窄窄的巷道绕到正面，才能看出它的整体模样。两幢洋楼都是坐北朝南，到处布满了落水管道和空调外机。朝南的一幢二层洋楼砌在用麻石制作的式样类似须弥座的台基上面。面阔三大间，前后隔成六间，外加南北走廊各一道，楼上下合计建筑面积五百多平方米。台基以上的墙体用砖，分用青红两种颜色，砌方形砖柱的用红砖，砌一般墙面的用青砖，皆为扁砌到顶。窗扇颜色为棕红，窗头砖砌半圆式

周氏洋楼

拱券，门头砖砌尖顶式拱券。屋面为四坡面、四落水，另加气楼窗。北边那幢洋楼的体量，只有南楼的一半，但造型一样。两座洋楼，一前一后，一大一小，亦步亦趋，形似鸳鸯。

刚站在两幢楼间的空地上拍照，一位晒被子的大婶就认出了我们，并热情介绍正在院子里休息的邻人。经过交谈得知，两幢洋楼在上世纪八十年代之前是邮电局办理电话业务和电报业务以及办公的地方。邮电局办公楼搬迁到广陵路中段（现广陵小学西）后，这里改为邮电局职工宿舍。应她的邀请，我们跨进她家大门，见原先宽敞的四米高的厅堂，现用木板分割成客厅、书房、卧室和洗澡间。从她家出来，沿木梯登上二楼，这里保存完好、堆砌精细的青红砖墙令人惊叹。上了楼，看到对面洋楼在雄伟中显露破败的景象又让人心情沉重。

离开周氏洋楼，向南穿过狭巷，来到中式风格的正门。墙边有扬州市人民政府立于1996年的刻有"扬州市文物保护单位周姓盐商住宅"的标牌。顺着逼仄的楼梯攀上二楼，推开窗户，可见东面山墙上刻有气势恢弘的"紫气东来"四字，可以想象当年财源滚滚的盐商如何显赫与兴旺。

在扬州人熟知的近代盐商轶事中，周扶九是个十足的守财奴。这位精明强干的江西商人在发财之后，居然跑遍扬州城，为的是找到花一个铜板买到最多盐豆子的店家。这种豪富与吝啬的强烈反差，教人很难将他在孙中山二次革命时慷慨捐助三十九万两军饷的传奇故事联系在一起。

我在《风雨豪门》中说："现在的扬州人，知道周扶九的越来越少了。但是，当我们走进冷僻的青莲巷，忽然看见一座高大的青砖门楼时，我们应该知道，它原先的主人就是以豪富和吝啬闻名的近代扬州盐商周扶九。"周扶九在辛亥革命后，迁居上海跻身金融市场，与英籍犹太人哈同、安徽茶商程霖生共称上海滩三大地皮大王。但他最出名的似乎不是生财有道，而是他对生活极为吝啬的本性。这么一个人，为什么耗费巨资建两幢小洋楼，是为了炫富？为了享受？或者是有着更深层次的原因？也许答案只能是：欧风东渐在清末民初的扬州成了一种不可抗拒的潮流和时尚，纵使像周扶九这样的冥顽人物，也被历史大潮卷了进去。

十八　淮海路·王氏憩园

走在饭店林立的淮海路中段，如果你不在意，或许不会发现在这个车水马龙的闹市区里，隐藏着一个年近耄耋的幽静院落。这座西式的小楼，这株参天的松树，这条漫长的回廊以及这地面上残留的花式地砖，无不在默默述说着一个久被尘封的故事。

憩园位于扬州市淮海路一五九号，是国民党第三、四、五届中央执行委员王柏龄的故居。现为扬州市安全局下属单位，名憩园饭店，作住宿、餐饮之用。

走进憩园，坐北朝南的中心建筑是一座三层洋楼，青砖红瓦，保存完好。从楼前的石阶举步而上，便是一楼的正厅。正厅是个方正的矩形，内有两根立柱，面积约有四十平方米。正厅左右各有一间边厅，现均作为饭店待客之用。值得一提的是，东边厅内的墙角有一方约一人高的壁柜，现作饭店收纳物品之用，想当年这里也应收藏着主人的珍爱之物，或与汪氏小苑的房间壁橱有着异曲同工之妙。穿过正厅，是一条东西方向的走廊。走廊两边的尽头，各有房间一间。走廊的中间是一道典型的西式木

王氏憩园

质楼梯，拾阶而上便转到二楼。二楼房间格局和一楼相仿，走到二楼正厅的南面，便是露天阳台了。阳台栏杆为石质砌成，地面是暗黄的花岗岩，并饰以灰色的大幅花纹图案。这样的花纹，这样的栏杆，即便现在看上去，依旧品位不凡，原主人的匠心可见一斑。在喧嚣的闹市近旁，站在这座约八十年前砌成的老宅楼上凭栏而望，跃入眼帘的满是雪松的遒劲和玉兰的温婉。几棵老树的枝丫几乎遮满了全部视野，偶尔从枝叶间透出的蓝天，仿佛也被历史洗刷了一般，如此安静。再沿着西式楼梯而上，便是三楼了，这里的层高较矮，应该不作会客住宿用，只是一个阁楼。

楼前的院子很大，内植百年雪松一棵，玉兰两棵，黄杨两棵，另有芭蕉、月季等花木。院子的西北角是一个小水池，池边有湖石叠砌的假山，虽经过修缮，但原貌犹存，池边的葱绿芭蕉也应是原物。院子的东南两侧均有长廊，西南角还有壁亭一座。长廊和壁亭都依墙而建，上方木质的挂落和下方木质的围栏遥相呼应，一路到头，笔直不曲，虽不蜿蜒，却给整个西式宅院平添了诸多中式园林的味道。

据查，王柏龄故居原分为东中西三路，今存房屋计六十二间八厢。西路为憩园，即这座中西合璧的小楼及其院落，现为市级文物保护单位。

王柏龄（1889—1942），字茂如，扬州人。早年加入中国同盟会，曾参与筹备黄埔军校，先后任黄埔军校教育长、黄埔军校教导师中将师长、国民革命军第一军一师师长、第一军副军长、长江要塞司令、中央陆军军官学校教授部主任、江苏省政府委员兼建设厅厅长等职。他曾为国民党中央执行委员、中央政治会议候补委员、国民革命军陆军上将。据史料载，王柏龄后来皈依佛教。当时扬州盐业没落，寺院萧条，王柏龄发起全体寺院住持做道场七日，振作精神，革除旧规。当时重宁寺拥有寺产地数千亩，但住持不称职，王柏龄力主革退，另

第 4 章 洋务与洋楼——西洋建筑踏访录

聘高僧接任。这为扬州佛教的振兴，起了积极作用。就在他皈依佛教的时候，王柏龄修建了这座憩园。憩园，顾名思义，他是想把这里作为颐养天年的处所。

如今，当我们走过喧闹的淮海路时，请记得放慢脚步，稍作休憩，在憩园静静聆听这座洋楼给我们讲述过去的故事。

十九　吴道台宅·吴氏小洋楼

扬州古运河畔，有一片独具风格的浙派住宅建筑群。远远望去，错落有致的马头墙中独立着一座小洋楼，这就是号称"扬州九十九间半"的吴道台宅第中最新潮时尚的楼房。

进入宅第东门，经过天井、门厅，便会看见这座坐北朝南、东北西三面均有开放式回廊的两层欧式建筑。灰墙青瓦配以红砖拱门的小楼，既典雅又现代。走廊外嵌赭红色砖垛、拱券砖柱。内墙为青灰色清水整砖，屋檐盖红瓦。一楼面阔四间，其中主房二间，两侧廊房各一间，上下两层合计八间。用柳桉木制作的木质百叶飘窗，室内的吊灯、壁炉、唱片机，处处透出浓郁的西式风情。沿一楼东侧书房的楼梯盘旋而上，是曾作为卧室与起居室的二楼，现在陈列着吴氏后人吴征铠在国外的留学照片。整座小楼的北面是小花园，种有八株枝繁叶茂的

吴氏小洋楼

桂树，与一楼拱门齐高。我们去的时候是满眼蓊蓊郁郁的盛夏，料想秋风乍起后定是满园桂香。

吴道台宅第是主人吴引孙在赴任广东按察使前，聘请浙江工匠于1904年建筑的。作为

渴求闻达、探索真知的中国旧式知识分子的一员，他亦不排斥汲取西方文明来实现"修身、齐家、治国、平天下"的抱负。吴氏后人吴敬持回忆说，洋务运动兴起后，吴引孙受安徽老乡李鸿章和江苏实业家张謇的影响，计划年老归隐，在扬州发展实业，并将国外先进的文化引进国内。为了接待外国客人，他专门修建了这座具有罗马柱、拱形门和壁炉等典型欧式建筑元素而且外观仿哥特风格的小洋楼。房子建成不久，适逢辛亥革命，时任宁绍台道道员的吴引孙到上海租界避难。因此，长期闲置的小洋楼只住过两个人——一个是吴引孙的堂弟吴炽孙，毕业于日本东京教官学院，在日本人攻破扬州城以后，他在这座洋楼里住了几年。他会讲流利的日语，每当日本人来时，就出面与之周旋。虽然没有生活来源，吴炽孙仍谢绝出来为日本人做事，宁愿饿死也不当汉奸。另一个是园主吴引孙弟弟吴筠孙的孙子吴征莹，他小时候曾在小洋楼里短暂地住过一段时间。

为接待外商而建的小洋楼，由于战乱没有实现主人实业救国的宏愿。可是，吴家的后人却走出了饮誉海外的"吴氏四杰"。长子吴征铸是著名剧作家、教育家、文学家；老二吴征鉴是著名医学寄生虫学家、医学昆虫学家；老五吴征铠是著名物理化学家、中科院院士；老六吴征镒是世界知名的植物学家、中科院院士。1987年的全国科技大会，吴氏兄弟同时与会，成为一时佳话。

吴氏小洋楼好像一扇待时而开的大门。当国运乖张之际，门虽设而常关。当国运亨通之时，吴家子孙从这里通向凯旋之路。

二十　寄啸山庄·何氏毓秀楼

在充斥着老市井生活气息徐凝门街上，有一个门面看来并不显赫的园林。这座建于光绪年间的"晚清第一园"，原名寄啸山庄，因为

何氏毓秀楼

园主姓何，人们俗称何园。它的盛名不仅在于名树古木、假山池塘、亭台楼阁的移步换景，还在于拥有两座糅合了中西建筑风格的洋楼。

楼在何园西部。从南面楠木厅西巷向北，便可见一南一北前后排列、回廊相通的二层小楼。楼的主体为中国传统的串楼，四周以回廊围出宽大的院落。北面一栋曾是何家子孙的住所，现陈列何氏家族主要成员的生平史料，也是何家兴旺发达的历史画廊。每层楼都是六间。一楼过道铺着整齐的青砖，二楼为木地板。各门形状大小一样，均为双层，外面是对开红漆木扇门，里面是对开木平门。它们与中国传统住宅的最大不同，是各房间上下对称，南北通透，而且是三门一梯的独立户型。每个房间都采用日式拉门，设计成南北向的内外隔断。半圆形的拱券门窗，悬挂着的古旧吊灯，嵌入式的西式壁炉，装饰性的彩色玻璃，处处洋溢着浓郁的欧美风情。

从一楼拾级登上，二楼有小姐的书斋、琴房、卧室、梳洗化妆间及用餐间等。近看小姐卧室，中式的海梅雕花衣橱与北欧风味的饰有小花的白色矮柜相映成趣。西洋气息同样弥漫在一家之长何芷舠的卧室中。后隔间设置阔大的梳妆台和小圆桌，置物架上摆放着洋酒，壁炉上的瓷砖也是西洋风格的花纹。陈列柜里刀叉并用的西式餐具，照片框里西装革履的何家公子，在在飘逸着浓郁的西洋风。两楼之间被围成四方庭院，种植着广玉兰和绣球树。广玉兰是舶来树种，绣球树是中国固有，在不经意之间也体现着中西文明的交融与共处。

园主何芷舠的父亲何俊是道光翰林，仕途得意，是何家基业的开创者。其孙何声灏再次钦点翰林，成就了"祖孙两翰林"的传奇。到何芷舠之孙何世桢、何世枚时，他们双双成为美国密歇根大学博士，赓续了"兄弟两博士"的佳话。时至新中国，何氏后人王承书和何祚庥表姐弟一同名列院士，再次谱写了"姐弟两院士"的神曲。

人们称这两座洋楼为"玉绣楼"，我认为应更正为"毓秀楼"。毓秀者，培育英才之谓也。唯此，方能解释何家人才辈出之谜。

第 4 章 洋务与洋楼——西洋建筑踏访录

第5章 南洋与北溟
——《扬州画舫录》的国际视野

一 扬州清明上河图
——《扬州画舫录》品谈

一座城市的当代史,不仅是城市的管理阶层和精英阶层的历史,而且是城市中所有社会阶层共同生活的历史。

但是,生活在帝王将相主宰历史的时代,却能以平民视角来真实记录一座城市之当代史的,自古能有几人呢?

李斗所著的《扬州画舫录》,就是这样一部具有超前历史观的城市史。

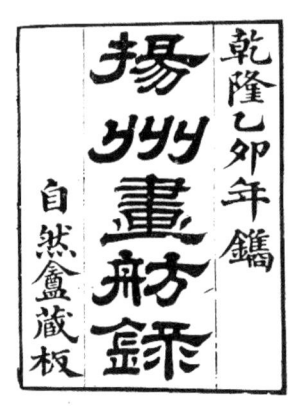

《扬州画舫录》封面

1. 版本知多少

日前,从汶河路新华书店买来一册2010年3月刚刚出版的《扬州画舫录》,陈文和点校,广陵书社出版。这是《扬州画舫录》的最新版本。

《扬州画舫录》自乾隆六十年(1795)成书之后,先后有乾隆自然盦刻本、嘉庆印刷本、道光重刊本、同治重印本、光绪申报馆本、民国古今书室本等老版

本。1949年之后的版本也可谓琳琅满目,从书架上一一检来,计有:

中华书局本:《清代史料笔记丛刊》之一,汪北平、涂雨公校点,1960年初版,1997年重印。

台北世界书局本:1963年初版,1999年二版,软精装。

江苏广陵古籍刻印社本:周光培点校,1984年出版。

山东友谊出版社本:周春东注,书后首次编制人名索引,2001年出版。

学苑出版社节选本:《历代笔记小说小品选刊》之一,王军评注,所选各节均加小标题,2001年出版。

中华书局节选本:《中华经典随笔》之一,王军评注,配有插图,所选各节均有注者自加的小标题,2007年出版。

广陵书社线装本:陈文和点校,前有广陵书社出版说明,后有扬州园林文化研究所后记,2008年出版。

广陵书社本:陈文和点校,书后编制人名、地名索引,其中地名索引为首次编制,2010年出版。

凤凰出版社本:许建中注评,2013年出版。

这样算来,书架上便有了九本不同的《扬州画舫录》,有的竖排,有的横排,有的繁体,有的简体,有的平装,有的精装,有的全本,有的选本。最早的一本是中华书局1960年出版的,纸质粗糙,而且只收了阮元、谢溶生、袁枚和作者李斗的四篇序文。中华书局1997年重印的《扬州画舫录》,纸质虽较初版为好,但内容一如旧版。相比之下,广陵古籍刻印社出版的《扬州画舫录》多出阮元、方濬颐两

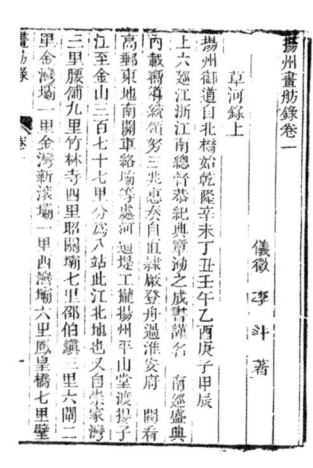

《扬州画舫录》卷首

第5章 南洋与北溟——《扬州画舫录》的国际视野

篇跋文以及大量题词,对于读者来说当然更为有用。山东友谊出版社的《扬州画舫录》,第一次加注和索引,又是简体横排,最为便利于读者。广陵书社最新推出的《扬州画舫录》,根据多种版本加以校勘,并且在人名索引之外又加上了地名索引,最大程度满足了读者的需求。凤凰出版社的《扬州画舫录》加上了许多注评,也有益于读者对原著的理解。

这些版本,必然会受到关注清代文化特别是扬州文化的广大读者的欢迎。

2. 作者何许人

《扬州画舫录》翔实记载了清代扬州全盛时期的风物掌故。凡是想了解和研究清代历史、文化、经济和风俗的,大约都离不开这部书,而且可以从这部书里找到自己所需要的东西。让人觉得奇怪和可惜的,是长期以来人们对这部书的使用非常之多,但对它的版本、作者与影响却很少有专门的研究。

比方对作者李斗,我们知道得很少。我们现在知道的,仅仅是他号艾塘(一作艾堂)字北有,扬州仪征人。生于乾隆十五年(1750),卒于嘉庆二十一年(1816)。诸生。博学多才,喜游山水。工诗文,通数学,晓音律,深为阮元赏识。李斗的著作,除《扬州画舫录》十八卷而外,还有《永报堂集》若干卷,其中包括《永报堂诗》八卷,《艾堂乐府》一卷,《奇酸记》四卷,《岁星记》二卷等。然而,除了《扬州画舫录》之外,李斗的其他著作很少为人所知。

《扬州画舫录》是一部专记扬州掌故的书,像这样专记一地掌故的书古已有之。从前叶恭绰曾赠陈从周一联,云:

洛阳名园,扬州画舫;

武林遗事,日下旧闻。

将《扬州画舫录》同《洛阳名园记》《日下旧闻录》《武林遗事》

诸书并举，亦颇值得玩味。

前人对于《扬州画舫录》有何评说，我们似乎还没有做过系统的梳理。袁枚的序里，是把它视为和《洛阳名园记》《东京梦华录》同一类书的。他把它看成是扬州的导游手册，认为"及得此书，卧而观之，方知闲居展卷，胜于骑鹤来游也"。阮元的跋里多了些沧桑感。他说扬州的全盛时期在乾隆四五十年之间，嘉庆以后便"楼台倾毁，花木凋零"，到道光间"荒芜更甚"。因此，他在为《扬州画舫录》写跋时，深沉地感叹道："五十年尘梦，十八卷故书，今昔之感，后之人所不尽知也！" 阮元是亲历了扬州从极盛走向极衰的全过程的，当他在道光十四年（1834）重读《扬州画舫录》并为之作跋时，他的心情和我们今天自然大不相同。

在李斗的同时代人中，有两个人对《扬州画舫录》的评论值得一提，这就是林苏门和凌廷堪。李斗在《扬州画舫录》中曾提到林、凌两人，林、凌两人后来又转而对李斗的书进行评论，这使人读来便多了一些兴味。

林苏门是一个文人，写过一部《邗江三百吟》，分门别类地记述扬州风物掌故，其实是一部诗化了的《扬州画舫录》。李斗在《扬州画舫录》卷六提到他："苏门字步登，号啸云，吾乡磊落之士。"而林苏门在《邗江三百吟》卷一里专门写了一节"艾堂《画舫录》"，来表示对李斗及其书的赞赏："李君艾塘斗，隽才也，为人性伉爽，好游览，结交多名士。因息肩邗上，而著此焉。此录分门别类，于扬州园亭、坊市、耆旧、新闻，采录几全，不愧雅俗共赏！"他称赞《扬州画舫录》是"岂仿《东京梦华录》，如读《清明上河图》"。这一评论，平心说不为过分。

凌廷堪是一个学者，著有《校礼堂文集》，长于考辨，贯通经学，而尤深于《礼》。李斗在《扬州画舫录》卷一称凌廷堪是"吾友"，在卷五又说他"善属文，工于选体，通诸经，于《三礼》尤深，好天文、

第 5 章 南洋与北溟——《扬州画舫录》的国际视野

历算之学,与江都焦循并称"。对于李斗的书,凌廷堪在《校礼堂文集》卷二十三里写有一篇"与阮伯元阁学论《画舫录》书",对《扬州画舫录》中的失误进行了不客气的批评,说"其中有科分误者,爵里误者,年月误者,甚至有以地名误为表字者,重校之举所不待言"。《扬州画舫录》中确实有误记之处,凌廷堪尽管是李斗的友人,但对书中失误并不袒护。不过,虽然凌廷堪看出《扬州画舫录》中有若干失误,却仍认为此书"当在《老学庵笔记》《笔耕录》诸书之上,不可与近日新书鄙闻琐说等视之也"。他毕竟是学者,看问题较一般文人更为清醒和客观。

3. 李斗故里行

李斗籍贯扬州仪征,常住扬州城里。因晚年有疾,食中药防风而愈,故名所居为防风馆。他的诗集叫做《永报堂诗集》,可知他的书斋又叫永报堂。同时,他自己说过,他的旧居名叫纻秋阁、自然庵。可见防风馆、永报堂、纻秋阁、自然庵都是李斗的书斋名。

关于防风馆,李斗有《自省》一诗说,嘉庆七年(1802)盐政当局重修《两淮盐法志》,想请李斗担任总纂,但因李斗卧病作罢。后来,李斗似乎还是参与了修志之事,并且住在盐法志编纂馆里。此后他写了《题防风馆》一诗,序中说明了防风馆的来历:"余卧病盐法志馆久矣,药不相投,乃濒于死。医者李振声来,进防风粥饮之,得生,遂以颜馆中所居之室。"防风是一种药材,顾名思义,有治风止痛之功效,既能祛风寒而解表,又能祛风湿而止痛。因其微温而不燥,药性较为缓和,故又可用于风热痛盛、目赤肿痛、咽喉不利等症。李斗的

《扬州画舫录》插图之一

病就是防风治好的，所以他把自己的临时书斋命名为"防风馆"。

永报堂是李斗诗集得名之处，可惜和防风馆一样，不知道在什么地方。

自然庵的名字见于李斗的《自然庵杂咏》。其序云："甲午之后，积岁既多，两上京师，三出岭表，亦云劳止，少有废病，乃构庵斋，榜曰'自然'。"但也不知其确凿地点。《扬州画舫录》最早的版本是"自然庵藏板"，当即此地。

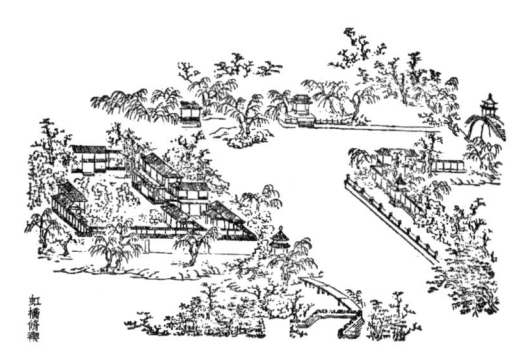

《扬州画舫录》插图之二

实际上，李斗在扬州经常搬家。他在写给友人谢未堂的诗中，说"时于又将移家"，"又将移家"四字说明了搬家之频。他还写过《移居赠邻翁二首》，也是搬家的印记。他有一首《故园有赠》，写到故园中有古井、山池、奇石，只是不知"故园"究竟在何地。他在一首《移家》诗中提到"此去唯辜父母恩，昔年松菊已无存"，则故园应该有松有菊。他又有《筑园》一诗，说"小园山事好，随在得招邀。选石穿厓窄，编篱取径遥。地空须聚水，路转不支桥。行尽无桥处，烟中来画桡"，说明其家园之美。他的《园中早春晚秋二首》，刻画了其故园景色。令人吃惊的是，他还写过《园中四咏》，分咏碧玉船、小壶天、不波水、凝香书屋四景，应该都是他心爱的园景。但是这些，如今都已无迹可寻。

唯一可考的李斗故居是纫秋阁，位于今扬州古城里的新胜街。新胜街西通南柳巷，东达国庆路，至多十分钟便可走完。我们曾花费了两个半天，沿街细寻纫秋阁的痕迹，但是它的依然如春梦无痕。

李斗虽是仪征人，其实常住扬州城。他那部用三十年心血精心结构成的杰作《扬州画舫录》，应该就是在绀秋阁里完成的。绀秋阁所在的新胜街，两百年前叫做翠花街，因买卖女性用品珠翠、绒花得名。现在这里除了一家绿杨旅社而外，几无市廛可言。街南有一大院，门前存石阶数级，曾有父老相传，此即绀秋阁旧址，但无确证。关于绀秋阁的确凿记载，只见于《扬州画舫录》："绀秋阁在翠花街，余旧居也。阁外种梅十数株。"而绀秋阁这一名字，关系到一段如烟的往事。

据李斗说，乾隆四十六年（1781），这一年是辛丑年，学者金棕亭见歌者居纟山、小史李秋枝寓于李斗的阁中，遂名其阁曰"绀秋阁"。金棕亭同时写下一段极为凄美的跋："江淹赋恨，无非累德之词；庾信言愁，大有销魂之句。拥赵君之绢被，山木能讴；指吴儿之石心，小海独唱。当歌必慨，下笔能工，丽则协乎诗人，旷达称为狂客。溯前身于青兕，共叹仙才；舞后队之紫鸾，应成法曲。"大概的意思，是赞颂居纟山、李秋枝二人的音乐辞赋才华。而"绀秋阁"之名，就是取居纟山、李秋枝之名各一字组成。

居纟山是何许人也，值得李斗如此器重？原来，居纟山原名畬金，字名求，乃是苏州人。父亲叫做居屠，住在花巷，好斗勇，善泅水，少年时与群儿浴于河，因嬉戏误杀一儿，系之于狱，十年乃归。归来后，生居纟山，居屠为其聘舟通桥陈氏之女凤姑为妇。等到居纟山长大成人，才发现他特别善于清唱。居纟山于十六岁那年远赴京师，充当某相府的十番鼓手，以自弹琵琶歌唱《九转货郎儿》名闻京师。后因归娶，离京南下，不料在甓阳地方被盗，财物一空。回到苏州，岳父见其贫窘，逼其退婚，退婚书已经写成，但女儿凤姑痛哭不依，结果退婚未果。经此事变，居纟山深感凤姑义气，悲叹自己穷困，就跑出苏州齐门外投水自尽。谁料投水不死，流浪到了扬州，投靠戏班教师周仲昭，充当扬州盐商洪氏的家乐。得到洪氏的百金报酬之后，居纟山回到苏州，租房娶妻。但婚后仅仅三日，他又独自坐船到广东惠州，加入陈府戏班，扮演老生，所得报酬，堆积如山。时间不长，他又离去，将船停泊在海珠，恰遇飓风袭来，巨浪覆舟，居纴山在瞬息之间漂流至虎门，幸而为海船商人所救。商人见居纴山未死，得知他是梨园子弟，就留他在船上专演青衣，两年后才得返回崇明。随后，居纴山自我毁容，加入扬州恒知府戏班，充任乐队。又过两年，居纴山不幸得了瘵病，几乎死去，只得投奔李斗家中，挨过了六个月。后来李斗派人送他回家，居纴山一到苏州，见了妻子凤姑，忽然口不能言，以手指着空中比划而死。妻子凤姑在悲痛中为其料理后事，将其葬于支硎山下，并在墓旁建庐相守，矢志从此不嫁。

由此看来，居纴山是一个具有音乐和表演天赋的艺术家，但他的行为有常人不可解处。例如，他为什么几次在一个地方混得很好之际，却突然要逃到别的地方？是不是他的戏子身份使得他受到了别人无法理解的痛苦，所以他选择逃走？最后他自己毁容，是否就为了避免受到难言的人身侮辱？这都是今人难以解释的。和居纴山同时住在李斗家中的李秋枝，大约是歌姬，其事迹无从考证。

我们能在新胜街重建纴秋阁吗？

4. 历史新写法

《扬州画舫录》只是一部野史笔记，但它是一部有影响、有魅力、有趣味的书。它写了许多寻常巷陌、普通人物、平凡事件。它写一条小巷从哪里通向哪里，哪里有一座小桥，哪里有一口水井。它写画家、书生、乞丐、妓女，写有钱的盐商，写说书的艺人，写出家的和尚。它写游船都起了些什么样的名字，写酒馆里卖些什么菜，写舞台上唱些什么戏。总而言之，它写当年扬州城里一切司空见惯、习以为常的凡人小事，自然也写轰动一时的社会新闻。作者写书的宗旨，是尽可能客观地记录下那个时代的一切。因此，我们觉得，《扬州画舫录》是创造了一种城市历史的新写法——它是用普通人的眼睛去看一座城市,用普通人的嘴巴去侃一座城市。在"志怪""传奇""神话"的汪洋中变得迟钝起来的读者,乍一读到这样平实的书,就好像从封闭已久的密室中忽然来到了海边,顿时感到沁人心脾的清凉。

我们至今不甚理解,这本记录十六、十七世纪扬州城市生活的书,为什么叫做"画舫录"?不错,扬州的"画舫"是有名,而书中也确有一卷题作"舫扁录",专记当时扬州的上百条游艇和画舫,另在第十一卷中亦有记叙画舫的内容。但是,关于"画舫"的内容在全书毕竟只占了很小很小一部分。画舫,是古人诗意地栖居的象征,是太平盛世的点缀,是红尘中人逃避喧嚣、寄情山水的依托。也许就因为这些,李斗才把他的书题作《扬州画舫录》吧?

《扬州画舫录》里的那些琐细的记载,具有一种人情之美。周作人先生在《〈扬州画舫录〉》一文中说:"鄙人甚不喜皮簧戏以及二胡,推至戏考剧评,亦无不然,盖几于恶乌及屋矣。阅《扬州画舫录》卷五'新城北录'下,多记戏班事,却颇有可喜处。"他举的例子是,二面蔡茂根表演《西厢记》里的法聪,伸手缩臂,搔首耸肩,僧帽快要掉了自己还不察觉。这时在座的观众都生怕他的帽子掉下来,会露出里面的头发,但茂根颜色自若。周作人说,"乃知天下事无不可书,只要见识、趣味、文字三者足以胜之"。"李艾塘记景物风俗及琐屑亦多可取,卷十一虹桥爪一带的描写,凡声技、饮食有十五六节,无不佳妙,有《景物略》《梦忆》之风而更少作客态,故亦遂更为自然,多情味也。"周作人欣赏的那些描写有:

乔姥于长堤卖茶,置大茶具,以锡为之,小颈修腹。旁列茶盒、矮竹几机数十。每茶一碗两钱。称为"乔姥茶桌子"。每龙身时,茶客往往不给钱而去。杜茶村尝谓人曰:"吾于虹桥茶肆与柳敬亭谈宁南故事,击节久之。"盖谓此茶桌子也。

清明前后,肩担卖食之辈,类皆俊秀少年,竞尚妆饰。每着藕蓝布衫，反纫钩边，缺其袘，谓之"琵琶衿"；袴缝错伍取窄，谓之"棋盘裆"。草帽插花，蒲鞋染蜡。卖豆腐脑、茯苓糕，唤声柔雅，渺渺可听。又夏月有卖洋糖豌豆，秋月有卖芋头、芋苗子者，皆本色市夫矣。

堤上多蝉，早秋噪起，不闻人语。长竿粘落，贮以竹筐，沿堤货之，以供儿童嬉戏，谓之"青林乐"。

汪某以串客倾其家，至为乞儿。遂傅粉作小丑状，以五色笺纸为戏具，立招其上，曰"太平一人班"。有招之者，辄出戏简牌，每齣价一钱。

喜欢这些琐细描写的，并非周作人先生一人。作家阿城在《威尼斯日记》中说，他在威尼斯时看得最多的是《扬州画舫录》，而《扬州画舫录》给他印象最深的是：四川和尚大嵒身患癣疥，还每天到混堂里洗澡；广储门有一艘画舫，匾上题着"一搠一个洞"；以及王家灰粪船，船长三丈，阔五尺，以载灰粪为生，惟清明时洗干净了载人，有时司徒庙演戏则装运戏箱，等等。

《扬州画舫录》就记载着这些琐细的事，但是我们从这些杂七杂八的日常小事里，深深地感受到了一个太平的世道和一种真切的生活。

朱自清认为《扬州画舫录》所记载的，正是扬州的辉煌之处。他在《我是扬州人》中说："扬州真像有些人说的，不折不扣是个有名的地方。不用远说，李斗《扬州画舫录》里的扬州就够羡慕的。"又在《扬州的夏日》中说："特别是没去过扬州而念过些唐诗的人，在他心里，扬州真像蜃楼海市一般美丽；他若念过《扬州画舫录》一类书，那更了不得了。"富庶和繁华，常常不是表现在穿金戴银上。古人说过，好在诗中使用金、银、珠、宝一类字眼来表现富贵的，通常是没有见过真富贵的穷措大。

5. 仿书何其多

《扬州画舫录》开辟了对于富庶繁华社会生活的另类写法。在《扬州画舫录》之后，出现了一批模仿它的书。从书名上看，就有捧花生的《秦淮画舫录》和西溪山人的《吴门画舫录》。但是《秦淮画舫录》和《吴门画舫录》的内容都只是写青楼妓女而已，它们关注的社会生活层面远远不及《扬州画舫录》那么丰富与广阔。顾禄的《清嘉录》与《桐桥倚棹录》在写法上显然受了《扬州画舫录》的影响，但这两本书的成就仍不能同后者相比。

在后人的笔记中，常见有引用或照抄《扬州画舫录》的。钱泳的《履园丛话》、俞樾的《茶香室丛钞》、梁章钜的《浪迹丛谈》、平步青的《霞外捃屑》等书，都曾引《扬州画舫录》中语，只不过有的注明，有的不注明罢了。

从学术上看，《扬州画舫录》的价值是不能低估的。谢国桢说过，《扬州画舫录》的长处有三点：一是以往的掌故书籍多偏重于记载古代事迹，而《扬州画舫录》特别注意记录当代风俗；二是正统的士大夫往往轻视戏剧，而《扬州画舫录》却详尽保存了戏剧的资料；三是从前的文人极少注意工程建筑技术，而《扬州画舫录》为扬州的建筑营造专门写出了"工段营造录"一卷。这些特点，说明《扬州画舫录》不但对风俗史、艺术史有重要价值，而且对科技史研究也有重要价值。

读此书三十年，其间通读五次，零星阅读次数无算，还做过三次名物索引。要说有什么书对于我来说真正称得上"开卷有益"的话，那一定非《扬州画舫录》莫属了。它是用文字绘成的《扬州清明上河图》。

二 扬州 吴门 秦淮
——《扬州画舫录》比较

乾隆年间，一个名叫李斗的扬州书生花费三十年光阴，孜孜不倦地记录自己的亲见亲闻，结果积字二十万，成书十八卷。《扬州画舫录》

不但成了扬州繁华之信史,也使得作者名垂青史。

《扬州画舫录》作为扬州文化的一个坐标,问世于乾隆六十年(1795)。这一年意味着康乾盛世的终结,也意味着扬州繁华的终结。书付梓后,很快风行,不久模仿之作就出现了。最有名的,要数西溪山人的《吴门画舫录》、个中生的《吴门画舫续录》、捧花生的《秦淮画舫录》和《画舫馀谭》。

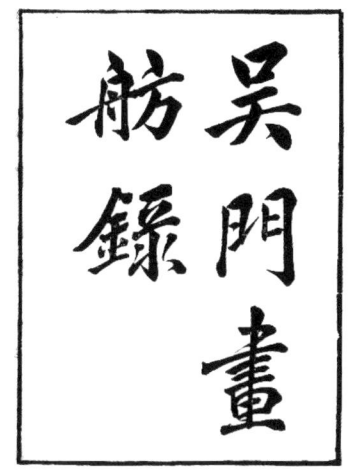

《吴门画舫录》封面

1.《吴门画舫录》

西溪山人的《吴门画舫录》,不分卷,书前有沈廷焴、郭麐、吴锡麒、汪廷楷、彭兆荪五篇序言。有两篇序言标明的时间为嘉庆乙丑和丙寅,也即 1805 年和 1806 年。这距离《扬州画舫录》的刊布大约十年。

吴门是苏州的别名,故书中所记都是苏州故事。《吴门画舫录》记载倡伎数十人,或详或略,或长或短,述其姓名、容貌、技艺、逸事。作者虽然优游于花丛,但文字并不邪淫。如对书中第一人杜凝馥这样写道:"杜凝馥,字宛兰,行三,居下塘。柔情绰态,一时有牡丹之目。性爱兰,碧箔银床,香盈一室,既对美人,复挹骚客,过者往往流连忘返。"非但不涉情色,相反对那些被迫堕入平康的女性抱有深切的同情。如记歌姬钱梦兰有个凶恶的丈夫,"少不悦则当头棒喝,不顾月缺花残,甚至温柔乡里,锥刺横施,玉藕弯中,刀痏不绝"。梦兰在"珠啼玉泣,困苦终宵"的境况之下依然梳妆接客,故作者叹道:"吁,可慨也!"

《吴门画舫录》着眼于青楼中人,但因都是作者亲见,故在存史上也不无价值。如有个马如兰，曾与著名诗人袁枚交往："马如兰，少鉴赏于随园老人，名籍甚。"还有个憨园，与著名文学作品《浮生六记》有关："潘冷香，居城中。友人竹士为余言，姬貌昳丽，解吟咏，有《柳絮诗》绝工。其二女，长憨园，次文园，喜翰墨，亦院中矫矫。"《浮生六记》中说，芸娘曾想给沈复纳妾，"时有浙妓温冷香者，寓于吴，有《咏柳絮》四律，沸传吴下，好事者多和之"。于是前去，"见冷香已半老，有女名憨园者瓜期未破，亭亭玉立，真'一泓秋水照人寒'者也，款接间，颇知文墨；有妹文园，尚雏"。沈复夫妇十分满意憨园，但因后来发生变故，事未成功。想不到这位憨园，竟在《吴门画舫录》中有载。另据《虎阜志》，曾记"乌程女子潘冷香，其夫幕游，久客不归，冷香郁郁，惟以诗词自遣。乾隆戊申，来寓下塘，有《柳絮词》四首，传诵吴中，一时名士，皆有和作"。因为此志成书略早，憨园、文园尚未长成，所以仅记了潘冷香。《浮生六记》虽是小说，其真实性由此亦可窥豹一斑。只是憨园其母姓潘，《浮生六记》误记为姓温了。

《吴门画舫录》也有涉及扬州的地方，如记崔秀英系来自维扬："崔秀英，一名漱英，行二，居山塘彩云弄。丰肌弱骨，雅度翩跹，净洗铅华，见者不疑其平康人也。慕寂静，寡酬应。尝买舟游西子湖，登鹫岭，步苏堤，抚西泠松柏，吊小青墓，飘飘有出尘之想。……喜拨弦，一歌小调，喉珠一串，不数燕赵佳人，盖是曲以北地胜，姬来自维扬，得擅其妙。"又记花鼓戏艺人陈桐香曾到过扬州："陈桐香，字璧月，行三，浙之姚江人。微眺含睇，蛾眉连娟，裙下双跌，尤为罕俪。工演剧，非昆非弋，俗谓花鼓戏者是。……姬少

《吴门画舫录》卷首

倾心于梁溪某公子，有终焉之志。将之邗江，公子填词赠别云：'阿娘知道嫁东风，挈儿也作飘零絮。'盖时姬尚十五待字女也。"

据说有些歌姬听说作者撰写此书，主动请作者把自己写进书里的："郑默琴，字韵梧，少字良家，及笄而父悔之，其人鄙弃不复争。乡里鉴于前车，无问名者。父母相继卒，旋为匪人卖，遂入籍。居恒怏怏，不屑作倚门伎俩。欲择人事，而物色风尘，蹉跎未偶者数年矣。闻余辑《画舫录》，介客述梗概，属书之。"

《吴门画舫录》成书后七八年，又有个中生作《吴门画舫续录》，分为内编、外编、纪事三卷。其自序时间在嘉庆癸酉，也即1813年。据作者说，他写此书只是想为苏州歌姬做点拾遗补缺的事情。就补录人物而言，《吴门画舫续录》的确做到了。而且正因为要补《吴门画舫录》之缺，所以此书收录的范围更广。譬如，《吴门画舫录》只记了一个扬州人崔秀英，《吴门画舫续录》则记了三个扬州人，为我们今天了解当年扬苏之间的交流，提供了难得的材料。

当年旅苏的扬州美人中，第一个是豪侠好义的王兰珍："王兰珍，行大，维扬人，今居下塘袁家弄。丰姿艳逸。词气倜傥，有豪侠好义之风。余初晤时，即语余以人情之儇薄，随举一二事，意跃跃不平，见于眉睫，其冷眼热心人哉。"其次是长于酬应的卞爱珠："卞爱珠，字琴霞，维扬人，今寓水潭头琴香旧居。姿貌中人，长于酬应，谈言爽利，无娇慵态。能持家，御下颇严肃。"最后是善解人意的田小莲："田小莲，行二，维扬人，向与卞琴霞同寓礼拜寺前。婧服倪装，献酬应对，靡不中节。而浅笑低颦，百端交集，意灵犀一点，通澈人寰。"可见当时扬州歌姬在苏州的风采。

书中又多记擅长昆曲者，如潘素珍"豪于饮，工昆曲"；徐小娥"昆曲能联净旦于数阕，各极其妙"；孔蓉仙"幼读书，能通字义，昆曲与姊相伯仲"。书中写有的苏州歌姬曾经"学曲于邗江"，"游江淮

第5章 南洋与北溟——《扬州画舫录》的国际视野

间工小曲",可以看成是扬苏文化交流的实证。至于有一位苏州风尘女子高玉英,爱读《红楼梦》,常常与人论难"真假"二字,给人的印象也很深。

最有意义的是,书中谈到清中叶后期苏州雅部的没落和花部的兴起。起初,"未开宴时,先唱昆曲一二出,合以丝竹鼓板,五音和协,豪迈者令人吐气扬眉,凄婉者亦足魂销魄荡。……今则略唱昆曲,随继以[马头调]、[倒扳桨]诸小曲,且以此为格外殷勤,醉客断不能少,听者亦每乐而忘返。虽繁弦急管,靡靡动人,而风斯下矣"。即使在昆曲的故乡,昆曲的地位也不得不让位于[马头调]、[倒扳桨]诸小曲了,这也是社会风气使然。

2.《秦淮画舫录》

捧花生的《秦淮画舫录》,成书于《吴门画舫录》稍后的嘉庆二十二年(1817)。此书所写,乃是南京秦淮河一带的风月佳话。书前有杨文荪、汪度、陈云楷及作者捧花生写的四篇序言,书后有马功仪、长海两跋。

《秦淮画舫录》共分上下两卷,卷上为"记丽",卷下为"征题"。书中所记皆为秦淮倡优,其中也不乏特立独行之辈。如有一位丽人叫金袖珠,和苏州的高玉英一样,"嗜读《红楼梦》,至废寝食,《海棠》《柳絮》诸诗,皆一一背诵如流"。作者认为这种女子不是《红楼梦》的会心人,就是《红楼梦》的个中人。书中又记载了一些善于唱昆曲的丽人,如纪招龄"心绝慧悟,无论新声旧谱,才一按拍,如银瓶泻水,使人听之忘倦";陆绮琴"其父本梨园老教习,探亲过白门,遂家焉,绮琴早按宫商,妙娴丝竹"。此外,杨龙和润香都以音律见称,又各自带领戏班一部,一个叫四松堂,一个叫九松堂。当时人有诗云:"别有雌雄谁辨得?四松堂与九松堂。"

《秦淮画舫录》虽着眼于脂粉,语言也相当雅驯。如一开头写金袖珠："袖珠，行一，姓金氏，茂苑人。早乃伶仃，依外家以居。娴静不多言，余评为花中水仙，殆非过誉。装束甫毕，即摊卷相对。而修眉惨绿，恒觉楚楚可怜，盖促迫尚无嘉耦也。"语气之间，并无猥亵之意。

书中写到不少来自扬州府的妙龄女子，如娴于丝竹的陆绮琴："陆绮琴，名桐，以字行，泰州人。所居春波楼，在丁官营内。其父本梨园老教习，探亲过白门，遂家焉。绮琴早按宫商，妙娴丝竹。"擅长歌吹的陆朝霞："朝霞为绮琴女弟，蛾眉漫睩，纤弱如也。尝买画舫，邀蓣宾、邺楼，载游桐湾桃渡间。朝霞拨四条弦，歌篷弄数阕，蓣宾复倚洞箫和之。东船西舫，莫不停桡悄听，艺也而进乎神矣。"被迫卖艺的文心："文心，字馨玉，生长绿杨城郭，年约十八九。本良家姿，荡子行不归，逾三年。先其父母来吾乡，投其戚某，戚又转徙他郡，不得已遂赁水榭，结凤窝焉。"工唱小调的蒋玉珍："玉珍，蒋九女也，号袭香，同居文心家。丰姿濯濯，向人瓠犀一露，百媚俱生。性尤灵敏，工小调。近有新腔号《三十六心》者，当筵一奏，令人魂魄飞越。"雅淡脱俗的王岫云："王岫云，字小燕，行二。母家本姓李，邗江人王氏妇也。邺楼颜所居曰剪波楼，在丁官营口。纤腰微步，罗袜生尘，略无教坊习气。便捷善酬对，座客微论雅俗，口谭手画，莫不各如其意。素性雅澹，不以势位易其志。"波俏俊逸的顾爱子："爱子，姓顾氏，扬州人。本佐冯乙官家，无何买屋手帕巷，自立门户。年二十余，波俏有佚致。"丰腴笃实的张宝苓："张宝苓，字韵仙，本邑人，或云邗江人。住贡院前吴蔻香故宅。年十九，面圆而腴，星眸四射。余初与姬晤，叩其姓字年齿，殷殷作

《秦淮画舫录》封面

第 5 章 南洋与北溟——《扬州画舫录》的国际视野

245

答,甚觉笃实可亲。"红颜薄命的徐桂龄:"徐桂龄,字凤珍,行四,后又号月仙,扬之宝应人。寓板桥侧。余初见子鸳赠姬作,因悉其美而且才。因循未得晤,嗣将同子鸳往访之,乃姬已先一月为山下土。"最可怜的是为爱殉情的扬州姑娘张喜子:"张喜子,扬州人。先居钓鱼巷,所谓欢喜团者也。后住水关西去石婆婆巷中。年约二十二三,鬟发如云,丰神骀荡。"喜子后来爱上一个漆工,却因不能结合而自杀殉情。

《秦淮画舫录》问世次年,作者馀兴未尽,又作《画舫馀谭》。书中对于当时秦淮游船上盛唱昆曲和其他曲艺的倡优,多有着墨。秦淮河的昆曲,以画舫清唱为多,称为"清音小部",但也不限于清唱,还能登场演出大戏。秦淮河房中的正规演出,据《画舫余谭》说:"顾双凤之《规奴》,张素兰之《南浦》,金太平之《思凡》,解素音之《佳期》,雏鬟演剧,播誉一时。"均是一般人不大注意的史料。

3. 三种《画舫录》,平心论短长

一般认为,《吴门画舫录》《吴门画舫续录》《秦淮画舫录》与《画舫余谈》均学步于《扬州画舫录》。它们关注清中期的文人冶游韵事,将笔墨集中于青楼倡伎身上,同时也反映了江南一带的城市面貌、风土人情,是研究清代江南文化的重要材料。除了这些书以外,受到《扬州画舫录》影响的还有《清嘉录》《桐桥倚棹录》一类笔记。

《扬州画舫录》应该说是一部奇书,奇就奇在它的目光不仅着眼于主流社会、上流社会、精英社会,其视野几乎遍及一座城市的上上下下各个阶层。举凡帝王、官僚、文士、平民、倡优、工匠、乞丐、园林、街巷、琴棋、书画、武林、医家,莫不在书中各得其所。因此我认为,《扬州画舫录》是一部真正的平民文化史,作者的历史眼光其实相当的前卫。

而《吴门画舫录》《秦淮画舫录》等书虽说是追随《扬州画舫录》

而作，但实际成就和客观影响皆有天壤之别。《扬州画舫录》的宗旨，如作者自序所言："尝以目之所见，耳之所闻，上之贤士大夫流风余韵，下之琐细猥亵之事，诙谐俚俗之谈，皆登而记之。……凡志书所详别无异闻者概不载入，或事有可录而闻见有未及者，遗漏之讥亦所不免。"就是说，李斗写作的目的是实录整个社会情态，绝非限于风月一隅。《吴门画舫录》《秦淮画舫录》只是在关心风月这一点上与《扬州画舫录》相似，整个视野无法与《扬州画舫录》相比。

《吴门画舫录》作者自序说："吴门为东南一大都会，俗尚豪华，宾游络绎。宴客者多买棹虎邱，画舫笙歌，四时不绝。垂杨曲巷，绮阁深藏。银烛留髡，金觞劝客。遂得经过赵李，省识春风，或赏其色艺，或记彼新闻，或伤翠黛之漂沦，或作浪游之冰鉴，得小传一卷。"明确地自白，他写的就是"画舫笙歌"而已。在《吴门画舫录》的序言中，沈廷炤将其比为"张氏妆楼之记，陆家小名之录"，郭麐将其看作"烟花南部之录，胭脂北里之记"，吴锡麒则认为"此梅鼎祚《青泥莲花记》、余怀《板桥杂记》之续也"。质言之，《吴门画舫录》是一本专记苏州青楼生涯的书。《吴门画舫录》之画舫，乃是狭义的画舫，即夹伎游艇。

《吴门画舫续录》作者自序说："西溪山人《吴门画舫录》成于癸亥甲子间，一时茂苑名花，皆为传其丰致，写其性情，直擅黄徐妙手。……录中诸人，迄今不及十载，存者已仅止二三，而群芳之争向春风，其秀出一时者，又踵相接也。余叹红颜之莫驻，悲彦会之靡常，爰续是编，藉资谈助。"可知他写书的目的，是想为《吴门画舫录》做点拾遗补缺工作。因而《吴门画舫续录》之画舫，仍是狭义的画舫。

《秦淮画舫录》作者自序说："游秦淮者，必资画舫，在六朝时已然，今更益其华靡。颇黎之镫，水晶之琖，往来如织，照耀逾于白昼。两岸珠帘印水，画栋飞云。衣香水香，鼓棹而过者，罔不目迷心醉。……

第5章 南洋与北溟——《扬州画舫录》的国际视野

247

因成于画舫之游,即题曰《秦淮画舫录》。"由此看来,《秦淮画舫录》之画舫依旧是指狭义的画舫(游艇),和《扬州画舫录》的画舫是指广义的画舫(整座城市)含意完全不同。

在明清时代,南京、苏州、扬州三地的风月繁华确有相似之处,因此清代的几种《画舫录》只出现于这三座城市,绝非偶然。杨文荪《秦淮画舫录序》说:"山塘绿水,酒地花天,烟月红桥,争船箫局。大江南北,述冶游者,无不哆口繁华,醉心佳丽矣……此捧花生《画舫录》所由昉也。"山塘绿水指苏州,烟月红桥指扬州,加上南京的秦淮画舫,正好鼎足而三。周铭鼎《题秦淮画舫录》诗云:"山塘烟柳扬州月,何似湖名唤莫愁。"自注道:"吴门、扬州俱有《画舫录》。"可见清人已将扬、苏、宁三种《画舫录》相提并论。实际上,他们也承认扬州的影响最大,如江安《题秦淮画舫录》云:"一晌扬州残梦觉,累人懊恼赚人痴。"应该说,如果没有李斗的书,就不会就吴门、秦淮二书出现。

比照几种《画舫录》,眼光最接近于《扬州画舫录》的唯有《吴门画舫续录纪事》。它除了记载倡伎人物,也记风情掌故,如说苏州风尘女子有三绝:"周筱玉之琴,陈映华之酒,戈镜珠之琵琶,可称三绝。若孔琴香之妙语解纷,程默琴之脉理风鉴,皆不意于风尘中遇之。"又记苏州船娘的装束变化:"时世妆大约十年一变。余弱冠时,见船娘新兴缓鬓高髻,鬓如张两翼,髻则叠发高盘,翘前后股,簪插中间,俗呼元宝头,意仿古之芙蓉髻。后改为平二股,直叠三股,盘于髻心之上,簪压下股,上关金银针,意仿古之四起髻。今又改为平三套,平盘三股于髻心之外,意仿古之灵蛇髻也。鬓则素尚松缓,若轻云笼月然。"可惜这类有价值的社会生活史料在书中并不多。

三种《画舫录》，只有《扬州画舫录》署作者真实姓名李斗，《吴门画舫录》作者西溪山人、《吴门画舫续录》作者个中生无考。《秦淮画舫录》作者捧花生，据考本名车持谦，江宁府上元县人，字子尊，号秋舫。

三 南洋帆影 北溟驼铃
——《扬州画舫录》中的外国

打开李斗的《扬州画舫录》，不仅鲜活的乡土气息扑面而来，更有珍贵的异国风情点缀其间。

一个普通文人的笔触所至，其实也反映了一个时代的开放程度，和一座城市的国际视野。

两百年前的这部文人风土笔记，用不经意的文笔告诉今人，清代中叶的扬州人，究竟拥有多少关于世界的知识。可以说，在李斗《扬州画舫录》的国际视野中，充满了南洋帆影，北溟驼铃。

1. 高丽

扬州与朝鲜半岛的交往，可以追溯到唐代。当时侨居扬州的外国人数以千计，其中大多来自波斯、大食、昆仑、日本、高丽等国。

扬州曾经有过一座高丽馆，专门接待高丽使节。打开李斗的《扬州画舫录》，我们才进一步发现高丽文化与扬州文化交融的点点滴滴。

甲　淮南旧有高丽馆

扬州在历史上曾有高丽馆的设置，这是朝廷在扬州建立的专门接待高丽官方使节的机构。但是扬州的高丽馆在哪里，并无明文记载。

而李斗的《扬州画舫录》提供了重要的线索。荷花池古称砚池、南池。李斗在《扬州画舫录》卷七写道："砚池即南池。志云：元丰七年，诏京东淮南筑高丽馆，以待朝贡之使，废于建炎。后郡守向子固于绍兴间重建，扁其门曰'南浦'，以为迎饯之所。或曰，今之'春满江城'距南池不远，疑南池即南浦。"根据李斗的推测，宋代扬州的高丽馆应该位于今荷花池附近。

实际上，来到扬州的高丽人不都是官方的使节。最早到扬州来的崔致远，他的身份并不是使节。在崔致远之后，还有一位崔溥在明代来过扬州，并留下了珍贵的记载。

乙　安家叔侄俱有名

李斗《扬州画舫录》卷九有一句不引人注意的小注："广储门街东，为安家巷。"现在这条与高丽人有关的小巷仍在东关街上。

在中韩交往史上，有两位与扬州关系非常密切的人物。一位是唐代的崔致远，一位是清代的安麓村。他们都来自朝鲜半岛，为中韩交往作出过卓越贡献。安麓村因生活的时代较崔致远更近，而且他居住过的安家巷仍在，所以更应该引起我们的关注。

安麓村在扬州的情况，主要见于《扬州画舫录》的记载。

安麓村生活于康乾年间，因随高丽贡使入京而常住中国。他和他的父亲安尚义曾经是清代权相明珠的家臣，后在天津、扬州两地业盐，遂成为最富有的盐商。安氏与同在扬州经营盐业的山西巨富亢氏齐名，并称为"北安西亢"。《扬州画舫录》中关于安麓村的记载共有六处：

卷一记安麓村镌刻孙过庭《书谱》石碑事。孙过庭是唐代书法家，以草书擅名。安麓村将孙过庭的《书谱》刻成石碑，表现了他对中国书法艺术的酷爱。安麓村所刻《书谱》石碑，原置康山草堂壁上，今草堂虽已不存，康山之名犹在。

卷二记安麓村强邀汪肤敏写字、观剧事。这件逸事反映了安麓村爱才若渴和不拘小节的性格。安麓村家中蓄养戏班，可以随时为主客演出，这正是清代扬州盐商的普遍风气。

同卷又记安麓村赏识朱九枪法事。安麓村不仅喜爱中国书法、戏曲，还喜爱中国武术。朱九尤其擅长"白蜡杆"之技，扬州有此技就是从朱九开始的。

卷六记安麓村生活奢华事。扬州盐商的奢华是历史上有名的。而安麓村，正如《扬州画舫录》所说，在"扬州盐务，竞尚奢丽"的风气中以他最盛。

卷九记安麓村买八哥事。扬州人好笼养禽鸟，并有擅长仿效鸟鸣的口技者。在明清之际，全国著名的口技家郭猫儿、画眉杨等都在扬州活动。安麓村不但喜爱中国的书法、戏曲、武术，还喜爱中国人的驯鸟，令人称奇。

卷十记安麓村资助朱彝尊事。朱彝尊是浙西词派鼻祖，博览群书，尤好金石，曾参与编纂《明史》，著有《日下旧闻》《曝书亭集》《经义考》等。安麓村以万金赠朱彝尊，可见当时扬州盐商崇文好儒风气之一斑。

值得注意的是，《扬州画舫录》卷十三中还提到安麓村的侄子布乐亨。李斗说，乾隆九年（1744）五月，扬州盐商贺君召家园林莲花盛开，中有红白一枝，时以为瑞，御史准泰为之倡和。一时响应者颇众，除了扬州文士外，还有一位"朝鲜布乐亨在公"。据考，这位"朝鲜布乐亨在公"就是安岐的侄子布乐亨。安麓村请人摹刻的《书谱》拓石，后来一直保存在布乐亨家，布乐亨还为之写了跋文，可知他也通晓汉文。

丙　装潢看重高丽纸

康乾年间是大清帝国蒸蒸日上的时代。一方面，清室坚持闭关锁国；另一方面，中外文化经济交往势不可挡。正如《红楼梦》描写许多"洋货"进入中国那样，当时欧亚各国与中国的来往已是一种常态。诸如俄罗斯国、波斯国、茜香国、真真国、日本国、暹罗国、高丽国等，均与中国有各种交往。王熙凤得意地说："那时我爷爷专管各国进贡朝贺的事，凡有外国人来都是我们家养活，粤、闽、滇、浙所有的洋船货物，都是我们家的。"曹家在江浙一带负责为皇宫内府征集、制造所需物品，同时也兼替朝廷接待海外商船。正因为如此，王熙凤对舶来工艺品十分熟悉。

作为曹家为官之地的扬州，因得时代风气之先，也早就将来自朝鲜半岛的特产——高丽纸，当做日用品列入富家装潢必备的材料之中。

据《扬州画舫录》卷十七说，当时扬州的油漆匠有"三麻、二布、七灰、糙油、垫光油、朱红油饰做法，计十五道"。其中的用料，多为本地固有，如桐油、线麻、苎布、红土等，但也有来自外地的，如"南片红土""广花砖色""洋青刷胶"等。更重要的，是要"满糊高丽纸，搓油烫蜡金砂各砖，窗户纸上喷油，工料同科"。高丽纸又名韩纸，系高丽贡纸，多用于书画，产于朝鲜。高丽纸质地坚韧，表面光洁，受墨微渗有韵，最宜书画。宋人《负暄野录》云："高丽纸以棉茧造成，色白如绫，坚韧如帛，用以书写，发墨可爱。此中国所无，亦奇品也。"然而这种进口的高级纸张，在扬州是常用来糊壁的。

同卷又说，古时的"装潢匠"，今称为"裱作"，负责对各种天花板加以糊裱装饰。裱作的工艺相当复杂，所用材料少不了各种纸张。李斗说，扬州的天花糊裱，"纸有棉榜、头二三号高丽、西纸、山西绢、棉方白、二方栾、竹纸、料连四、清水、连四毛边、连四抄纸、锦纸、蜡花、呈文、宫青、西青、皂青、方稿、裱料、银笺、蜡花、宫笺、甓红、朱砂笺、小青、倭子、京文、桑皮诸纸"。其种类之多，近考究之极。当然，民间也有用芦席之类充当天花的，这乃是穷人的穷办法，即李斗所谓"近今有组织竹篾为顶篷者，民间物耳"。

丁　李斗书曾传海东

《扬州画舫录》所记录的高丽文化在扬州的脉络，一直得到延续。

到晚清，又有几位韩国人留下了他们与扬州的友好故事。

一位叫做赵玉坡，是当时韩国的进士。韩国本是海外文物之邦，受中国传统文化的影响颇大。那里的士大夫雅尚词翰，尤其喜爱临摹古帖，有的造诣很深，书法出入于晋唐之间。因为韩国取士，不拘一格，即以写字而言，也素来不像中国这样用所谓"馆阁体"来束缚读书人，所以韩国文人在书法方面倒是多有成就。赵玉坡是一个擅长书法的韩国文士。他是奉使来华的，完成公务后，便沿着运河南下，游历南方名胜。他经过扬州时，扬州士大夫们因久慕其名，纷纷拜访，求索墨宝，门槛几乎踏破。扬城有一个乡贤，平时好行善事，社会上凡有灾难，少不了他倾囊捐助。赵玉坡向来仰慕其人，一到扬州就大书联额相赠，扬州乡贤也以各种善书回报。两国士人以德论交、以文会友，一时传为佳话。

另一位韩国人名叫表君，也是个出色的书法家。他经常寓居在扬州府所属的高邮县城。从来论中国书画者，首先讲究笔力，认为书法的真谛是用身体带动手臂，用手臂带动手指，当各处关节灵通之后，运笔方能自如。奇怪的是，这位韩国人表君写字不用手，却用口衔着毛笔书写。表君本是韩国名士，以书法游历中国，长期住在高邮北门外的第一楼。扬州人见他用嘴含笔写字，一笔一画均极精妙，无不叹为观止。于是向他求墨宝的人，经常坐满了一屋子。当时人评价说，将三寸毛锥吞吐于唇吻之间，却能够写出一笔好字来，也算是一种"神技"了。

此外，扬州八怪之一的罗两峰有个韩国友人，名叫柳得恭，也值得一提。罗两峰是在北京结识柳得恭的，因为志趣相投，遂成莫逆。罗两峰曾为柳得恭画像，又为之写兰，在兰旁复添荆棘，写罢掷笔说："自别君后，满目都是此物，奈何！"柳得恭说："大江南北，岂无桃李？"罗两峰摇头叹道："没有！没有！"罗两峰写给柳得恭的送别诗中，有"才逢欲别意迟迟，后会他生或有期"之句，柳得恭写给罗两峰的答谢诗中，有"他日相思空怅望，二分明月古扬州"之句——可见两人友情之诚挚。

有意思的是，《扬州画舫录》一书可能很早就传到了朝鲜半岛。点校《扬州画舫录》的陈文和先生说，《扬州画舫录》记载了乾嘉考据学派领袖人物惠栋、戴震的第一次见面是在扬州两淮盐运使卢见曾的衙署，这是中国学术编年史上的一件大事。乾嘉学派的另一代表人物钱大昕，《扬州画舫录》称其"合惠、戴二家之学集为大成"。值得注意的是，朝鲜十八世纪晚期学者朴齐家《楚亭全书》中亦有此语。陈文和认为，朴齐家多次往来中国，其史源或即《扬州画舫录》。

2. 琉球

《扬州画舫录》卷二提到一个名叫汪楫的扬州人，说他的书法以骨胜，有杨凝式、米芾之神，举过博学鸿词，授以检讨官衔。最引人注目的，是他曾"充封琉球正使，为其国王书殿榜，纵笔为擘窠大书，王惊以为神，著《琉球使录》"。

琉球古作流求，今称冲绳，最初见于《隋书·流求国》。明洪武间，中国与琉球王国开始建立宗藩关系。明清两代，琉球王国不断向中国派遣留学生学习中国语言，因此琉球语受到汉语的影响，琉球国官方文字为汉字。自明洪武五年（1372）起，琉球王国一直使用中国年号，奉行中国正朔。直至清光绪五年（1879），日本强行"废琉置县"为止。历代琉球王都向中国皇帝请求册封，这种关系延续了整整五个世纪。

汪楫，明末清初人，原籍徽州，占籍仪征，寄居扬州。曾任《明史》纂修官，官至福建布政使。康熙二十一年（1682），翰林院检讨汪楫被朝廷任命为册封琉球正使，翌年率使团出使琉球。康熙重视册封使节的选派工作，遵照他的要求，礼部从内阁、六科、翰林院和行人司等机构中推荐了近百人作为候选对象。汪楫因为"文学颇通，人亦甚优",被康熙封为正使,内阁中书舍人林麟焻被任命为副使。汪楫使团是清朝第二次派出的册封琉球王使团。

汪楫出使海外的主要任务有两项,一是祭祀琉球故王,二是册封琉球新王。在等候信风归航期间,汪楫一行照例在琉球居留了一段时间。在这段时间里,琉球国的臣子曾送汪楫等黄金银两,结果汪楫"一文不取,一一奉还"。汪楫和他同僚们的廉洁品德令琉球人深深感动,为此特地建了一座"却金亭"。汪楫在琉球期间,还多处题字撰文。回国后著述《使琉球杂录》《册封疏钞》等书,书中明确写到钓鱼岛在中国境内。

汪楫出使琉球的大致经过,是康熙二十年(1681)冬琉球来使请封,二十一年春朝廷选定汪楫和林麟焻为正副使,该年秋天离京至闽出海,二十三年春回国。

在汪楫率领的赴琉球使团中,还有一个扬州人禹之鼎。禹之鼎是宫廷画家,专司肖像的绘制。当时清朝国力强盛,藩属不断来人朝贡,每次来华觐见的外国使节,都由宫廷画家绘制肖像留存,禹之鼎即任此职。禹之鼎随汪楫出使琉球,也是肩负绘像的使命。

禹之鼎随团出访琉球归来,获得了巨大的荣誉。《王会图》序中赞扬他:"禹生天才隽妙,无愧古人。今官鸿胪序班,方充琉球伴使,衔命入闽。"《兴化县志》中有禹之鼎传略,说他"康熙中授鸿胪寺序班,随册使至琉球,名播中外"。《扬州画舫录》也有禹之鼎小传,称他的绘画"出入宋元,遂成一家,写真多白描"。

琉球王国在清代中叶已为扬州人所熟知。

3. 缅甸

《扬州画舫录》卷十七题为《工段营造录》。李斗在这卷中谈到了各种工匠,如瓦匠:"营舍之工,黄河以北称为泥水匠,大江以南称为瓦匠。瓦匠貌不洁,皮皱肤瘃,不为燥湿寒暑变色。"李斗认为,瓦匠最大的特点是能够攀高，他特别写道："缘高如都卢国人。"

"都卢"是古国名，一般认为在南海一带。都卢国人擅长爬竿之技，因此古代中国人常常把杂技中的爬竿称为"都卢寻橦"。在汉代百戏表演中，"都卢寻橦"占有重要的地位。古人诗赋对此描写颇多，如张衡《西京赋》云："乌获扛鼎，都卢寻橦。"傅玄《正都赋》云："都卢捷足缘修竿。"橦是柱子，寻和缘都是攀爬的意思。《前汉书·地理志》有一句话："合南浦有都卢国。"后来颜师古注云："都卢国人劲捷善缘高，故张衡《西京赋》云'都卢寻橦'。"

都卢国人善于攀援，从古代留传至今的图像看，他们的登高属于杂技表演，主要有三种形式：一是固定式，即将长竿固定在地上，用绳索在两边打桩固定，演员向上攀援；二是移动式，即一人以手擎、肩扛、额顶的方式竖起长竿，另一人在竿上进行表演；三是将长竿固定在马车上，马车一边奔驰，演员一边在长竿上表演各种惊险的花式动作，难度最大。古代中国人认为，最擅长这种攀高杂技的，莫过于都卢国人。

都卢国究竟是哪个国家呢？一般认为，其地在今缅甸伊洛瓦底江中游卑谬附近。中国和缅甸是山水相连的邻邦，两国的贸易往来可以追溯到秦汉。后汉时称缅甸为掸国，掸国王先后三次遣使来中国通好，并带来了缅甸的珍宝、音乐、杂技和魔术。掸国使者带来的杂技和魔术，受到中国人的热情赞扬，特别是缅甸艺人爬高竿的精湛表演几乎被当成"都卢国人"的绝技。

都卢是"夫甘都卢"的省称。《汉书·地理志》提到"夫甘都卢国"，法国汉学家费琅认为"夫甘"就是"蒲甘"，也即缅甸的蒲甘（Pagan）古城。这种说法得到多数学者的赞同。

缅甸属于南海一带的国家。记载南海的文献，以中国史籍最早，也最为详尽。《前汉书》有这样一段话："自日南、障塞、徐闻、合浦，船行可五月,有元都国。又船行可四月,有邑卢没国。又船行可二十余日,有谌离国。步行可十馀日,有夫甘都卢国。自夫甘都卢国船行可二月馀,有黄支国。"

据考证,都元国、邑卢没国、谌离国、夫甘都卢国、黄支国分别相当于现今的马来半岛、苏门答腊岛、缅甸、印度、斯里兰卡等地。这充分说明,汉代的中国商船就已沿着印度支那半岛航行到东南亚各地。

李斗书中虽然只提到一句都卢国,而且是在形容瓦匠能够攀高时顺便提到的,但这也如实反映了当时扬州人的国际知识。

4. 尼泊尔

《扬州画舫录》多次提到一位尼泊尔的僧人,他的名字叫佛驮跋陀罗。据说这位尼泊尔僧人曾在扬州天宁寺翻译《华严经》:"义熙间,梵僧佛驮跋陀罗尊者译《华严经》于此。"

天宁寺是清代扬州八大名刹之一。它的历史到底始于何时,众说纷纭。最早的说法,是说唐代柳毅舍宅造寺,这个柳毅就是唐代传奇《柳毅传》中的主人公。柳毅是小说中的人物,我们不必深究。普通的说法是东晋时谢安捐出别墅建寺,以供尼泊尔僧人佛驮跋陀罗在此翻译《华严经》。但是,对这一说法学者有不同的意见。

佛驮跋陀罗意译"觉贤",是北天竺迦毗罗卫国人,其地在今尼泊尔境内。他原是释迦族甘露饭王的后裔,因祖父在北天竺一带经商而迁居出来。佛驮跋陀罗少年时父母相继病故,寄养于舅家。青年时出家,诵经时一天能读完一个月的功课。他受了具足戒后,更加勤学,博通经典,以精于禅定和戒律出名。其后去罽宾,在那里遇中国僧人智严。智严请他到中国弘法,这正符合他的夙愿。他们先走雪山,继走海道,辗转三年到达中国山东。晋义熙四年(408),他们听到高僧鸠摩罗什在长安,就前去拜见。但他们的风格不同,鸠摩罗什出入宫廷，声势显赫，佛驮跋陀罗甘于淡泊，不喜繁华。因而佛驮跋陀罗离开长安，前往各地弘佛，先后到过庐山、荆州、扬州。不久，另一高僧法显游历印度归来，他们开始合作译经，译出了卷帙浩繁的《华严经》六十卷。《华严经》非常艰深浩瀚，一向无人翻译，直到佛驮跋陀罗才完成这一大译事。这对佛教的发展关系甚大，所以他的翻译地点也以"华严堂"为名，以示纪念。

佛驮跋陀罗是一个伟大的翻译家，问题是他所在的"扬州"究竟是什么地方。佛驮跋陀罗生活在晋代，晋代的扬州是指扬州刺史部所在地建业，即今南京。赵朴初主编的《中国佛教》指出，佛驮跋陀罗是在"扬都（今南京）"的中华门外完成了《华严经》的翻译。他译经所在的寺庙，因为是司空谢石所建，又称"谢司空寺"，而扬州天宁寺因为是谢安所建，亦名"谢司空寺"，这就造成了误会。当然，对于约定俗成的说法，我们不妨把它看成是一个美丽的错误。

实际上来扬州弘佛的天竺高僧另有其人，名叫迦达多。传说迦达多在山中坐禅时，有飞鸟来投食与他。在南朝刘宋时期，迦达多来到建康、广陵一带进行佛教活动，他也是最早来到扬州的外国僧人。

5. 阿拉伯

阿拉伯人在扬州的活动很早。唐代扬州的"商胡"多来自阿拉伯世界。阿拉伯人在扬州经商的同时，也把他们的宗教文化传播到了扬州。

《扬州画舫录》卷九详细谈到东关街两侧的巷子走向，如说羊巷通芍药巷，问亭巷通财神庙小巷，观巷直通罗湾，而"马监（巷）通三祝庵，街西为礼拜寺巷"。礼拜寺就是清真寺，是伊斯兰教穆斯林礼拜的地方。现在东关街马监巷东侧，依然有一座古清真寺，应该就是李斗记载的"礼拜寺巷"所在。

李斗书中多次提到伊斯兰文化在扬州留下的痕迹。如写大东门店铺时，说在钓桥旁边有一家羊肉店，名曰"回回馆"。写广储门外河中的舫匾时，说有一条画舫，名叫"马回子牛舌头"。这都是中阿文化交流的见证。

根据《扬州画舫录》提供的线索，我们在如今的扬州可以很方便地寻找到伊斯兰文化的点点滴滴：

如淮海路北段西侧，原有张回回巷。巷中本有明代将军张忻宅第，因张忻系回民，故名"张回回巷"。近年来，张回回巷与梅家巷、书院巷、集贤庄等一起拆除，改建为集贤小区。

又如汶河南路东侧的南门街上，有仙鹤寺，亦名礼拜寺。该寺为南宋德祐元年（1275）伊斯兰教先知穆罕默德圣人第十六世裔孙普哈丁来扬州传教时募款所建。《嘉靖惟扬志》和《江都县志》都有记述："清真寺在南门大街，宋西域普哈丁建。"相传扬州仙鹤寺、广州狮子寺、泉州麒麟寺、杭州凤凰寺合称为东南沿海地区伊斯兰教四大名寺。

当然还有古运河东岸的西域先贤普哈丁墓。多年前，我写过一篇《仰望普哈丁》的散文，回忆我少年时代经常坐船，在运河上走来走去。从小小的舷窗里，每次都望见岸边的高坡上面，有一座神秘的庙宇。郁郁葱葱，缥缥缈缈，竟不知是何方神仙。一直到好多年后，才知道它的名字叫做回回堂，或者巴巴窑，正式的名字却是普哈丁墓。又过了好多年后，独自来此瞻仰先贤，见到大门的门额上题写着"西域先贤普哈丁之墓"九个大字。关于普哈丁的死，有一些传奇色彩。据说他离开扬州之后，曾往天津、山东各地游历传教，然后沿运河乘舟南下。在途中，他已经病重，并且自觉可能不久于人世。他便嘱咐同行的人，说他一旦去见真主，务必将他葬在扬州运河东岸的高冈上。果然，他在从济南返回扬州的途中，病逝在船上。人们按照他的遗言，将他的遗体葬在现在的墓地。墓园原是专为安葬普哈丁的，后来又陆续安葬了一些其他阿拉伯人。在普哈丁之后，有南宋的阿拉伯人撒敢达、明代的阿拉伯人马哈谟德等阿拉伯先贤，也葬在普哈丁墓园之内，甚至民族英雄左宝贵、明代名将张忻等回族人也安息于此。

阿拉伯人在扬州留下了许多传奇故事，现在的扬州还有波斯庄和菱塘回族自治乡。清真饮食传入扬州，要比肯德基、麦当劳早一千多年。

我想起我说过的一句话：一个能够接纳异质文化的城市，才是有前途和有希望的。

四　他山之石　可以攻玉
——《扬州画舫录》中的舶来品

扬州一直是具有开放传统的城市。但对于扬州的开放史，人们通常只关注"商胡离别下扬州"的唐代，而忽视了"近来事事夸洋款"的清朝。

实际上康乾时期扬州社会生活的"国际化"，已经达到了令人惊讶的程度。回顾这一段历史，应使我们感到振奋，同时更感到警醒。

1. 玻璃

玻璃在今天，可说是最普通的东西。玻璃窗、玻璃门、玻璃杯、玻璃球、玻璃幕墙、玻璃柜台等，无处不在。将时光倒溯到清代，事情就完全不是这样了。

在清初，玻璃是皇家贵族的珍玩。到清中叶，扬州富贵人家已纷纷用玻璃窗、玻璃房、玻璃镜显示身份。而扬州的普通人家，也渐以陈设玻璃制品为荣。

甲　曾是尊贵与奢侈的象征

中国本土玻璃的制造有悠久的历史，但中国古代玻璃是指石英一类透明或半透明的晶体，并非现代意义上的玻璃。现代意义上的玻璃制品，最早是以舶来品的形式进入中国的。

作为从西方进口的洋货，玻璃在清初价格昂贵。据记载，清初一块不足两平方尺的平面玻璃，相当于三间瓦房的价格，约为三百馀两白银，比黄金还贵。正因为如此，《红楼梦》才多次写到玻璃制品，如第二回的玻璃盆、第五回的玻璃盏、第六回的玻璃屏、第三十一回的玻璃缸等，以衬托贾府的富贵与奢华。

在《红楼梦》的时代，玻璃几乎是和珠宝、鼎彝一样珍贵的东西。黛玉初进荣府，被众嬷嬷引入荣禧堂，只见大紫檀雕螭案上"一边是鏨金彝，一边是玻璃盆"。在康乾年间，玻璃异常稀罕，宫廷与官府常用它作为摆设，所以玻璃才进入了林姑娘的视线。有意思的是，玻璃也和珍珠、琥珀等一样，可以成为丫环的名字。《红楼梦》第五十九回写道："鸳鸯、琥珀、翡翠、玻璃四人都忙着打点贾母之物。"玻璃，就是贾母房里的一个丫头。

而在《扬州画舫录》中，写到玻璃的地方更多。当玻璃在中国还是奢侈昂贵的舶来品时，扬州富贵人家中玻璃已经相当普及了。这里略举《扬州画舫录》有关玻璃的几个例子：

卷六写当时扬州有水明楼，楼名来自杜甫的诗句"残夜水明楼"。之所以命名为水明楼，是因为楼中窗户全用玻璃，楼宇如水一般透明。李斗引《平山堂图志》说，水明楼"仿西域形制，盖楼窗皆嵌玻璃，使内外上下相激射，故名"。

卷七写当时的九峰园，园内有深柳读书堂，"堂前构玻璃房"。又写园中风漪阁，"阁后曲室广厦，轩敞华丽，窗棂皆置玻璃，大至数尺，不隔纤翳"。又写池边有厅，"是屋窗棂，皆贮五色玻璃，园中呼之为玻璃房"。又写烟渚吟廊，"取黄石叠成翠屏，中置两卷厅，安三尺方玻璃，其中或缀宣石，或点太湖石。太湖即九峰中之二峰，名之曰'玻璃厅'，上悬御扁'澄空宇'三字。"皇上所赐"澄空宇"之名，必然与澄澈空明的玻璃有关。

卷九写当时小秦淮岸边，有名妓苏高三寓所，除了正楼、厢楼、中楼之外，"楼下三间，两间待客，一间以绿玻璃屏风隔之，为高三宴息之所"。

卷十二写当时的怡性堂，说它"对面设影灯，用玻璃镜取屋内所画影，上开天窗盈尺，令天光云影相摩荡，兼以日月之光射之，晶耀绝伦"。

最重要的是卷十七，写扬州的营造法则，说："民间厅事，置长几，上列二物，如铜磁器及玻璃镜、大理石插牌，两旁亦多置长几，谓之靠山摆。"就是说，不仅是盐商之家，即便是普通人家，客厅的长几上都要放置铜器、瓷器、玻璃镜、大理石之类的摆设，以为通例。这使人想起《红楼梦》写贾政率众视察刚刚竣工的省亲工程时，"及至门前，忽见迎面也进来一起人，与自己的形相一样，却是一架大玻璃镜"。玻璃镜即使在贾府，也应是稀罕之物，才使得贾政感到懵头转向。清初的玻璃镜都是外国贡品。据《大清一统志》记载，康熙九年（1670）佛朗机人入贡物品有哆啰呢、象牙和大玻璃镜。又据清人《朔方备乘》记载，俄罗斯人于康熙十五年（1676）来贡玻璃镜。玻璃镜的身份之贵，可想而知。这种大玻璃镜，既然连见多识广的贾政都感到奇怪，更不必说少见多怪的刘姥姥了。所以《红楼梦》第四十一回写刘姥姥刚从屏后找到一个门，只见一个老婆子也从对面迎着进来。刘姥姥诧异，心中恍惚，莫非是亲家母？后来她又摸又扪，才明白原来是一面玻璃镜。

谁能相信，贾府的炫富之宝，其实是扬州盐商家的寻常之物？

乙 边寿民的玻璃屋和阮元的玻璃诗

玻璃在清中叶的扬州，实际上远远走出了盐商园林的高墙，而成为时尚文人的宠物。

一个令人觉得不可思议的事实是，扬州八怪之一的边寿民，曾建过一个玻璃屋，以透过玻璃观察芦雁。边寿民善画花卉翎毛，尤以泼墨芦雁驰名江淮。他笔下的雁，无论是飞鸣还是食宿，都能曲尽其态。

边寿民的成功，归功于他对雁的仔细观察，而这又归功于玻璃。他在家乡淮安的芦苇荡里，建了一座苇间书屋。书屋建在淮安旧城东北隅梁陂桥附近，四面环水，芦苇丛生，湖水澄碧，蓼花嫣红。书屋有一小亭，周边设玻璃窗，边寿民则在亭内观察大雁飞鸣、食宿、游泳的情态。他因此得造化之神机，寥寥数笔就能勾画出芦雁的千姿百态，以至有"边芦雁"之誉。郑板桥曾说："边生结屋类蜗壳，忽开一窗洞寥廓。"就是指边寿民透过玻璃窗观察自然的情景。

边寿民玻璃屋的造价应当不菲。因为在清代中叶，玻璃依然是昂贵珍稀的东西，连位居高官的阮元都难得一见。阮元写过一首诗，叫做《咏玻璃窗》，原诗如下："纸护窗棂已策功，玻璃更比古时工。虚堂密室皆生白，曲榭高楼尽避风。尺五天从窥去近，一方垣许见来同。尽教对镜层层照，不用开轩面面通。疑画幅裁花烂漫，胜晶帘却月玲珑。常留净几香烟碧，分射深廊蜡炬红。隔断寒碜尘明湛湛，看穿秋水影空空。虽然遮眼全无界，可是身居色界中。"

作为三朝元老、九省疆臣的阮元，连紫禁城都进去过，世间还有什么东西没有见过？而区区玻璃窗，他却甘于花这么多心思详加描摹！玻璃窗能透光、能避风、能观景、能防尘，所以阮元说"纸护窗棂已策功，玻璃更比古时工"，赞叹玻璃窗要比传统的纸糊窗户好得多。

这又让人想起《红楼梦》第四十九回写到宝玉，"一面忙起来揭起窗屉，从玻璃窗内往外一看，原来不是日光，竟是一夜的雪，下的将有一尺厚，天上仍是搓绵扯絮一般"。玻璃窗使贾宝玉看到了一个白雪世界，也使中国人看到了一个科技发达的西方世界。阮元歌咏的玻璃窗，它的新潮与时尚绝不下于如今的宝马汽车和苹果电脑。

丙 从贵族走向民间的历史轨迹

第 5 章 南洋与北溟——《扬州画舫录》的国际视野

阮元说"玻璃更比古时工",表明他知道中国古代就有玻璃。最迟在西周,中国人已掌握玻璃制造技术。在河南洛阳、陕西宝鸡的西周早期墓葬中,都发现过玻璃管、玻璃珠。经专家用光谱鉴定,认为中国的"铅钡玻璃"与西方的"钠钙玻璃"分属两个系统。中国古代的玻璃,是利用一种特有原料独立制造出来的。

中国在不同的时期,对玻璃有不同的称谓。《尚书》中的璆琳,《盐铁论》中的琉璃,《穆天子传》中的药玉,乃至明清时期民间所称的"料",都是指玻璃。

中国玻璃的发明与青铜冶炼有密切关系。青铜的主要原料是孔雀石、锡矿石和木炭。在冶炼过程中,由于各种矿物质的熔化,在排出的铜矿渣中会出现硅化合物,呈浅蓝或浅绿色。这些透明而鲜艳的物质,就是古代的玻璃。

在公元前三四千年,古埃及人也已制造出自己的玻璃。十二世纪,西方出现商品玻璃。十八世纪,为适应研制望远镜的需要,制出光学玻璃。十九世纪,比利时首先制出平板玻璃。此后,随着玻璃生产的工业化和规模化,各种用途和性能的玻璃相继问世。

中国古代玻璃绚丽多彩、晶莹璀璨,但轻脆易碎、不耐寒热,因为它的主要成分是铅钡,烧成温度较低。铅钡玻璃不适合制作饮食器皿,只适合加工成各种装饰品。比起陶瓷、青铜、玉石来,中国古代玻璃的发展很不充分。而西方古代玻璃以钠钙玻璃为主,耐温性能较好,不怕冷热变化,因此其用途和产量都远远好于中国古代玻璃。在这种情况下,引进西方玻璃是中国唯一正确的选择。

大约从汉代开始,来自罗马、波斯的玻璃制品及技术就开始传入中国。但由于古代交通条件的限制,外来玻璃与本土玻璃长期共存。唐宋以来的玻璃制品,一直有本土与外来之分。本土玻璃虽有一定规模,并在日常生活中得到运用,在质量上却无法与西亚玻璃相抗衡。

宋人程大昌《演繁录》指出："中国所铸琉璃，有与西域异者。铸之中国，则色甚光鲜，而质甚清脆，沃以热酒，随手破裂。至其来自海舶者，制差朴钝，而色亦微暗，可异者，虽百沸汤注之，与磁银无异，了不损动，是名'蕃琉璃'也。"因此，进口的玻璃器皿就长期成为中国上流社会宝爱的奢侈品。

外国玻璃的大量进口，是在明中叶。这与世界地理格局的大改写关系密切。欧洲人建立海上霸权，以枪炮开辟东方市场，无论中国人愿意不愿意，西方的产品包括玻璃开始涌入中国，并成为中国人日常用品的一部分。

他山之石，可以攻玉，中国人对于玻璃采取了拿来主义。《扬州画舫录》关于玻璃的记载，是扬州城市开放史的具体见证，也是玻璃从贵族走向民间的历史轨迹。

2. 珐琅

珐琅是从外国传来的舶来工艺，一经与中国本土文化相结合，就变成了璀璨夺目的中国工艺。

扬州、广州、北京曾是中国珐琅器物的三大产地，而蜚声京师的"珐琅王"竟是一个扬州人。

重读《扬州画舫录》，才更明白扬州的开放历史和我们的历史使命。

甲　谁是京师珐琅王

珐琅又称佛郎、法蓝，是外来语的译音。很少有人知道，这个词源于古西域地名——拂菻。古代中国人把东罗马帝国和西亚地中海沿岸制造的搪瓷嵌釉工艺品，通称为拂菻嵌、佛郎嵌、佛朗机，简化为拂菻，然后才转音为发蓝、珐琅。

古代中国的珐琅，最初是从大食国传来的。大食是唐宋时对阿拉伯国家的总称。珐琅艺术传到清代康熙、雍正、乾隆时，愈加盛行起来。主要产地除北京外，便是广州和扬州。在雍乾时代，扬州有王世雄其人，擅长此技，制品精美，享誉京师，人称"珐琅王"。

"珐琅王"这个美称，好像后来的"泥人张""面人郎"一样，是约定俗成的。但"泥人张""面人郎"因为时代较近，为大家所知，而"珐琅王"几乎被人们遗忘了。

"珐琅王"王世雄，生活在雍正、乾隆年间，扬州人。关于王世雄的记载，仅见于《扬州画舫录》。

《扬州画舫录》卷二在谈到扬州盐商园林时，提到扬州晋商王履泰、尉济美本都是山西富室，同在扬州经营盐业。不过他们平日在家闲居，并不亲自做盐生意。他们总是委托管家去经营盐业，那些管家深谙盐法。在他们周围，聚集着各种有一技之长者。其中，朱某精通算账，其兄擅长下棋，姚某工于小楷，其子善画图样，还有一个史某所画的建筑图样与一般人完全不同。这些特殊人才受到了扬州盐商的特别器重。此外，在这些能工巧匠中还有个从事珐琅工艺制造的良工王世雄：

若王世雄，工珐琅器，好交游，广声气，京师称之为"珐琅王"，又良工也。

李斗的这段话包含这样一些信息：王世雄和那些精通财会、弈棋、书法、绘图的人一样，在当时是受到上流社会重视的专家；王世雄喜欢到处游历，广交朋友，扬州、北京是他经常活动的地方；王世雄的珐琅制作技艺尤为精工，不但名传扬城，而且誉满京师，所以北京人尊他为"珐琅王"。

"珐琅王"的称号可与当时的"样式雷"媲美，是对匠人的一种崇高褒奖。在清代两百多年间，主持皇家建筑设计的是一个雷姓的世家。这个家族中有七代人如雷发达、雷金玉、雷家玺、雷家玮、雷家瑞、雷廷昌等，主持过皇室建筑诸如宫殿、皇陵、圆明园、颐和园等的设计，因此被誉为"样式雷"。

有资料说，因清宫中珐琅器物需求量巨大，故于乾隆四年（1739）从广州招来珐琅艺人梁绍文，从扬州请来珐琅艺人王世雄，进宫制作珐琅器。这一时期的清宫，珐琅制品几乎处处可见。小到床上使用的帐钩，大到书房陈设的屏风，甚至高与楼齐的佛塔——北京故宫与承德避暑山庄都有珐琅佛塔——以及日用品如桌椅、床榻、酒具、砚台、匣子、笔架、摆设、佛像等，无不用珐琅工艺制成。

《扬州画舫录》还有一处提到珐琅，是在卷十三。

李斗写到小金山时，说小金山处于水中，水上架木为桥，桥上构有方亭，柱栏檐瓦，皆裹以竹。因为桥身外观华丽，犹如晶莹玉润的珐琅，故名"玉版桥"。玉版桥由湖北人建造。湖北人善于制竹器，他们有一种特殊的工艺，是弃去竹青，只用竹黄，谓之"反黄"。"反黄"就是削取竹筒内壁的黄色表层，经加工后，在其表面进行抛光或者镌刻，是竹子制品中的独特品种。此技始于清初，盛于乾嘉。制作时，选南竹为材，去除竹青和竹肌，留下纸一般薄的竹黄片，经过煮、晾、压等流程，施以刻、贴、拼等工序，最终才成。用"反黄"做成的工艺品，看起来雅致富丽，犹如金玉一般，当时扬州善于这一技艺的人，惟有三贤祠僧人竹堂而已。小金山下的整座玉版桥，居然全部用"反黄"法为之，所以《扬州画舫录》形容它"与剔红珐琅诸品同其华丽"。

"与剔红珐琅诸品同其华丽"一语说明，当时珐琅制品虽然十分昂贵，但在扬州也并不罕见。而且那时扬州所见的珐琅制品也不止一种，既有"剔红珐琅"也即漆雕珐琅，也有别的样式。"同其华丽"四字给人的印象，则是珐琅制品的华美靓丽、流光溢彩。

乙　中国珐琅流传史

珐琅的基本成分为石英、长石、硼砂和氟化物，与陶釉、琉璃、玻璃同属硅酸盐类物质。古代中国人习惯于将附着在陶瓷胎表的称为"釉"，附着在建筑瓦件上的称为"琉璃"，附着在金属表面上则称为"珐琅"。

根据制作工艺的不同,珐琅分为掐丝珐琅、錾胎珐琅、绘画珐琅等。源自波斯的铜胎掐丝珐琅,约在蒙元时传入中国,明代大量烧制,景泰年间达到高峰,后世称为"景泰蓝"。此后,景泰蓝就成了铜胎掐丝珐琅器物的代称。

元代珐琅器物的造型与同时代的瓷器造型相同。元代珐琅在制作工艺上是单线掐丝,即只以一条铜线表现图案的轮廓,不像清代以后的双线掐丝。在纹饰上,元代珐琅常用缠枝莲的花卉、叶子、花蕊等,与当时瓷器的风格一致。在颜色上,元代珐琅的紫红和墨绿都是透明的,原料均进口而来。元代的黄色为娇嫩的杏黄,红色像鸡血一样浓艳,白色纯净鲜明,蓝色湛蓝悦目。

明代珐琅器物分掐丝和錾胎两种。这时的珐琅器物初为贵族妇女赏玩,后受到皇家重视,珐琅制作也由皇宫御用监官员负责。宣德时,掐丝珐琅纹饰活泼。嘉靖间,珐琅釉色对比强烈,风格粗犷豪放。万历时,珐琅除了继续以蓝色为地,还出现以白、绿、赭等色为地的现象,图案题材也更丰富

清代珐琅器物仍多为皇家所用,制作地点分别在北京、广州、扬州三处。由于工艺的进步,这时的珐琅器物胎更薄,丝更细,色彩也更鲜。花纹变得繁复,却不如明代活泼。这时的珐琅品种有屏风、宝座、香筒、地炉、熏炉、手炉、佛塔、酒壶、碗盘、筷子、笔架、笔洗等。康熙时,珐琅铸胎分量很重,龙的样子都是正面的,面目显得苍老。雍正时,珐琅器物数量不多,台湾收藏一件有款识的珐琅豆。这时的珐琅装饰多用手绘,黑色的尤其珍贵。乾隆间,珐琅器物数量甚多,颜色出现一度流行的粉色,金色更是光辉夺目。在工艺上,普遍采用双线掐丝法,并出现了掐丝、绘画相结合的装饰法。嘉庆以后,珐琅烧造逐渐式微。

珐琅技术自传入中国后，在康、雍、乾三朝得以长足发展。三朝作品在造型、釉色、纹饰、落款上各具特色。总的说来，康熙珐琅亮丽洁净，雍正珐琅制作工整，乾隆珐琅装饰繁缛，且多中西合璧。

清代珐琅作坊主要集中在北京、广州、扬州三地。广州因为是国门开放的前沿，所以接受外来艺术最早。康熙年间，广东巡抚杨琳曾上书朝廷，报告广东工匠潘淳、杨士奇能烧造珐琅物件。后来杨琳给他们安家费和盘川费，并命他们带着徒弟，随同官吏乌林大、李秉忠起程赴京。同时，杨琳又在广州觅得珐琅计时表、珐琅铜片画等，贡献给皇上。

扬州成为珐琅制作的另一个中心，是因为它具有交通便利和财力雄厚两个条件。扬州盐商的奢华生活，吸引了珐琅这样昂贵的技术与产品涌入扬州。据记载，清宫造办处的珐琅匠人，都是从广州和扬州选进的。扬州的掐丝珐琅技术名重京师，器型华美，色彩和谐，图案多变，别具风格。清宫的养心殿、怡和轩、守望阁等内廷居室的陈设装饰，如槅扇、栏板、桌灯、天球、瓶尊等珐琅器物，均为扬州工匠所制。

丙 珐琅工艺在扬州

清代珐琅器物的制作工场，第一数清宫内务府造办处，此外便是广州和扬州。广州和扬州烧制的珐琅器物，都多少受到宫廷风格的影响，按照皇家的样款来烧制内廷的物件。但另一方面，由于地域文化的差异，广州和扬州的珐琅又带有明显的地方特色。

广州珐琅的特色，是錾胎珐琅器件铸胎厚重，技术熟练，錾活匀细，黏着力强，很少崩裂或脱落。同时，广州珐琅造型靓丽，装饰豪华，结构严谨，布局繁密。乾隆曾降旨在长春园北部修建方外观、海晏堂、远瀛观等西洋式建筑，需要大量的珐琅器物陈设。这些器物大多在广州烧造，因而也促进了广州錾胎珐琅的发展。然而广州烧造的这批珐琅陈设，在1860年圆明园遭劫时悉数化为灰烬。

扬州珐琅的特点，是掐丝珐琅器物造型别具一格，釉色冷峻，喜用绿蓝，偶有少量粉红色珐琅器物生产。扬州珐琅的色彩对比强烈，掐丝线条纤细，器物的造型、色彩与技法均与京广有异。扬州烧制过大量宫廷使用的珐琅器物，在乾隆年间进贡京师。扬州珐琅主要用掐丝工艺，有时以掐丝与嵌玉相结合。与京广珐琅追求静止和稳定的风格不同，扬州掐丝珐琅强调图案的灵动、旋转和生动。但是扬州珐琅的镀金不如北京厚实，亮度稍差。扬州珐琅制品的纹饰，除了用番莲花之外，又有传统的花卉、虫蝶、人物、山水、楼阁等题材，均为扬州珐琅独到之处。

扬州之所以成为珐琅器物的著名产地，原因之一是有悠久的金属加工传统。汉代广陵王墓出土过制作精细的金属饰件，说明当时广陵已有成熟的锤揲、掐丝、焊接、镶嵌等工艺。唐代扬州金银器制作繁荣，造型规整而富有变化，杯盘、碗口多作菱花形。扬州三元路工地出土的镂空金栉，用薄金片錾刻而成，栉背满缀花纹，下部成梳齿状，主体纹饰为奏乐飞天和蔓草纹，边饰为莲瓣纹、联珠纹、鱼鳞纹、蝴蝶纹，雍容华贵，细密繁复，线条细如蚁足，具有盛唐金银纹样的典型特征。杜牧《扬州》诗有"金络擎雕去，鸾环拾翠来"之句。宋代南京大报恩寺出土的宝塔上，多有扬州工匠姓名。明清扬州市民佩金戴银成风，《扬州画舫录》记载翠花街上"皆珠宝首饰铺也"。

康熙年间在扬州担任两淮巡盐御史的曹寅，收藏过很多珐琅器皿。后来曹家出事，康熙帝于五十九年（1720）二月初二日在曹寅之子曹頫奏折上写朱批训斥道："近来你家差事甚多，如珐琅、磁器之类，先还有旨意件数，到京之后送至御前览完才烧。今不知骗了多少磁器，朕总不知。"康熙时因绘画珐琅工艺不够成熟，那时的珐琅彩瓷胎必须由景德镇制作，由景德镇沿江顺流而下，入鄱阳湖，经九江关，过江宁府，然后沿大运河北上京师。沿途之间，南京、扬州都是曹寅做官的地方。曹寅位居江宁织造、两淮御史，又好古玩器物，因此可能牵涉御造珐琅事宜，导致康熙痛斥。曹寅在扬州生活过那么长时间，他家丰富的珐琅收藏必然让扬州人大大开阔了眼界。

清宫旧藏乾隆年间扬州制造的掐丝珐琅凫尊一件，为铜胎镀金。凫作卷尾立式，全身以绿色珐琅釉为地，以掐丝作羽毛，以镀金饰双爪，以锤鍱为卷尾，中部有太极图，实为文物精品。

清中叶在珐琅工艺发展史上是个重要时期。社会安定，经济繁荣，清宫御用造办处的工匠多达几百人。造办处设立各种"作"来制造御用器物，"珐琅作"便是其中之一。广州的梁绍文，扬州的王世雄，都是经过精挑细选后入宫供奉的珐琅名工。

因为《扬州画舫录》的记载，我们才知道京师"珐琅王"是扬州人，才知道扬州工匠在吸收和拓展舶来工艺方面的骄人历史。今天的"扬州工"还不应当比当年的"珐琅王"做得更好吗？

3. 眼镜

眼镜现在已成为人们日常使用物件，但在古代却是稀罕的舶来品。李斗《扬州画舫录》卷二写到一个名叫涂冬的扬州写真画家，专门为人画肖像。涂冬"居小秦淮，凡妓之来者，涂必摹其形，不下百数十人矣"。最奇怪的是，"人之短视者多带眼镜，除之则面必变，涂能画短视不带眼镜而能肖，其技亦巧矣"。这一段看似轻描淡写的文字，提供给我们一个重要的信息：在两百多年前，扬州普通人戴眼镜已经不是什么稀罕事。涂东所画的多是风尘女子，而他能把那些平时离不开眼镜的女子画得"不带眼镜而能肖"，表明眼镜这种洋货在当时的扬州已经相当普及。

一般认为，眼镜最早出现于1289年的意大利佛罗伦萨，据说是一位名叫阿尔马托的光学家和一位名叫斯皮纳的比萨市民发明的。后来，美国发明家富兰克林因身患近视和远视，于1784年发明了远视、近视两用眼镜。1825年，英国天文学家乔治又发明能矫正散光的眼镜。因此，眼镜是由西方人发明，是没有疑问的。

据记载，三朝元老和一代大家阮元的仕途，与眼镜有密切关系。阮元参加殿试时，得到的试题竟然是"眼镜"。阮元是一个对于各种新鲜科学技术发明都感兴趣的人，因而他写的《眼镜诗》既贴切又风雅，受到乾隆皇帝的高度赞赏，被评为一等一名。阮元的诗写道："引镜能明眼，玻璃试拭磨。佳名传叆叇，雅制出欧罗。""叆叇"是眼镜的古名，"欧罗"则是指西方。阮元对于眼镜的具体描绘是："窥户穿双月，临池湛一波。连环圆可解，合璧薄相磋。玉鉴呈毫颖，晶盘辨指螺。风中尘可障，花上雾非讹。"最后，阮元引用了古代圣人多是"重瞳"的传说，恭维乾隆说："眸瞭宁须此，瞳重不恃他。圣人原未御，目力寿征多。"所谓"重瞳"，原意是一个眼睛里有两个瞳孔。在古代传说里，重瞳者一般都是圣人，如仓颉、虞舜、重耳、项羽等。阮元说乾隆皇帝不需要戴眼镜，是因为他的目力好，乃是长寿的标志，显然是一种恭维。

中国人什么时候使用眼镜的，很难稽考。明人《留青日札》说："每看文章，目力昏倦，不辨细节，以此掩目，精神不散，笔画信明。中用绫绢联之，缚于脑后，人皆不识，举以问余。余曰：'此叆叇也。'"这里的叆叇，即是眼镜。虽然中国历史博物馆所藏明画《南都繁会景物图卷》里，描绘永乐年间有一老者戴着眼镜，但是眼镜的普及已到了清代。在明清之交，眼镜还被视为奇珍异宝。康熙皇帝曾赐少宗伯以水晶眼镜。当时虞山蒋文肃为庶吉士，侍直内廷，奏道："臣母年老眼昏，乞恩。"康熙亦赐之眼镜，以为殊荣。嘉庆年间，有《续都门竹枝词》咏道："近视人人戴眼镜，铺中深浅制分明。更饶养目轻犹巧，争买皆由属后生。"而早在康乾时代，扬州已经普及了眼镜，可见扬州是当时最早引进西方物品的城市之一。

4. 自鸣钟

自鸣钟是一种按时自击以报告时刻的机械钟。这种机械钟是西洋人在明代传入中国的。明人《五杂俎》说："西僧利玛窦有自鸣钟，中设机关，每遇一时辄鸣。"清人《檐曝杂记》说："自鸣钟、时辰表，皆来自西洋。钟能按时自鸣，表则有针随晷刻指十二时，皆绝技也。"这种来自西洋的舶来品，在清代中叶的扬州富贵人家十分常见。

李斗在《扬州画舫录》中，至少有三处写到自鸣钟这种昂贵的舶来品。卷十二写怡性堂的建筑，说它"左靠山仿效西洋人制法，前设栏，构深屋，望之如数什百千层。一旋一折，目炫足惧，惟闻钟声，令人依声而转。盖室之中设自鸣钟，屋一折则钟一鸣，关捩与折相应"。同卷又写一个常住扬州的徽州人汪大黉，"工隶书，精于制自鸣钟"，可谓科学奇人。另外，卷十七又说，扬州民间厅事长几上的摆设，通常有"雉尾扇、自鸣钟、螺甸器、银累丝、铜龟鹤"之类。联系到《红楼梦》中所写的"只听外间屋里槅上的自鸣钟'当当'的两声"，便可知自鸣钟这种奢侈品，也只有扬州盐商和荣宁两府才能用得起。

自鸣钟是西方传教士在明代万历年间带入中国的。最初把自鸣钟带来的，据说是耶稣会会士罗明坚与巴范济。他们于万历十年（1582）见到广东总督，以一座中国人闻所未闻的西洋自鸣钟作为礼物，换取了在肇庆居留四五个月的恩许。后来，天主教传教士利玛窦等于明末来到北京，在呈给万历皇帝的献礼中，包括自鸣钟两座。清代的康熙皇帝对西方科学技术有极大的热忱，对自鸣钟也十分喜爱。康熙有《咏自鸣钟》诗一首，咏道："法自西洋始，巧心授受知。轮行随刻转，表指按分移。绛帻休催晓，金钟预报时。清晨勤政务，数问奏章迟。"可见自鸣钟对于康熙来说，不是把玩之物，而是实用之器。

在乾隆时代，铜壶滴漏与自鸣钟曾同时置于宫中，以示中国传统

第 5 章 南洋与北溟——《扬州画舫录》的国际视野

计时器与西洋舶来计时器并驾齐驱，不分伯仲。然而到了乾隆后期，漂洋过海而来的西洋自鸣钟越来越由原来的科学技术象征，变为贵族消遣的高级玩具和商人炫富的奢侈摆设。在自鸣钟进入中国的早期，中国人感兴趣的不是它的实用价值，而是它精美的外观、悦耳的声音，以及有趣的附件如活动的人物、开闭的花朵之类。把科技当成玩物，这是极其可悲的。

而自鸣钟在清代中叶的扬州，也明显不是实用品，而是时髦物。嘉庆年间成书的《邗江三百吟》，将自鸣钟归于"趋时清赏"一类，说："自鸣钟以定时刻，扬州趋时之家，间亦用之。近日有用闹钟设于厅上者，时刻周流转换。未换之先，隐隐声如击柝，一换则如撞洪钟声。时刻之分，原以钟声之数为定，此钟惟以时刻欲换之际，忽铿铿然如奏乐一般，闹毕即撞，撞亦以数定。厅上乃宾客往来之地，藉以骇人见闻。"由此可见，自鸣钟在清代扬州是一种炫富的物品。这就像贾宝玉携带怀表一样，只是为了表示身份而已。

值得深思的是，两百年前生活在扬州的汪大黉竟然"精于制自鸣钟"！这一方面说明当时扬州的自鸣钟已达到相当多的数量，另一方面说明中国人并不缺乏创造力。可惜当时的清朝是无声的中国，个别能工巧匠的聪明才智并不能改变全社会对于科学技术的无知与漠视。鲁迅在《关于翻译的通信》中说："社会上大抵以为西洋人只会做机器——尤其是自鸣钟。"汪大黉的聪明才智打破了世人的俗见，也证明只有在一个重视科技的健全社会里，科技才能得到正常的发展。

5. 西洋镜

西洋镜又称西洋景，是旧时常见的民间游乐形式，几十年前在扬州街头可以见到，尤其在教场。那是在一只匣子里装着画片，匣子前面设有小孔，孔中置有放大镜，人从小孔窥视匣子内部，可以看到种种稀奇的图景。因最初图片多是西洋画，所以叫西洋镜。李斗《扬画舫录》卷十一说，乾隆年间曾有南京人来扬州表演这种玩意：

江宁人造方圆木匣，中点花树、禽鱼、怪神、秘戏之类，外开圆孔，蒙以五色玻璃，一目窥之，障小为大，谓之"西洋镜"。

据老北京风俗，西洋景在北方也称"拉洋片"，是清末北京街头最受欢迎的娱乐方式之一。在电影尚未传入中国的年代，西洋景是一种重要的文化娱乐。拉洋片是老北京天桥最吸引人的杂耍，天桥八怪之一的大金牙就是拉洋片的。因为西洋景的画片中常有西湖的景致，所以在江南与上海一带也叫"西湖景"。

很难想象，这种清末才流行于老北京天桥与老上海城隍庙的玩意，早在清代中叶的扬州教场就已司空见惯。嘉庆时有《扬州教场茶社诗》云："戏法西洋景，开书说唱弹；门前多摆满：摊。"是写扬州教场的风光。道光时又有《风月梦》写道："陆书因闻得扬州系繁华之地……今日午后无事，带着跟来的小厮小喜子，到教场闲顽，看了几处戏法、洋画、西洋景。"也是写扬州教场的风情。

实际上，扬州在更早的时候已经出现了透镜暗箱的制造家，在古籍中有明确记载。如《虞初新志》说，康熙年间江都人黄履庄，以擅长制造"临画镜"和"缩容镜"等光学器具出名。在摄影术问世前，中国人已经应用暗箱等光学器具。在此基础上，清代科学家郑复光系统研究了它的原理和制造方法，于1835年著成一部光学著作——《镜镜詅痴》，可谓中国现存最完整而系统的光学专著。《镜镜詅痴》一书的作者郑复光，字浣香，生于乾隆年间，安徽歙县人，少年时代随父亲来到经济文化发达的扬州生活。他见当时扬州城里有人放映幻灯图片，受到很大启发，就悉心探究光学道理，著成了《镜镜詅痴》一书，总结自己对于光学研究的成果。

《镜镜詅痴》一书共分四卷，内容大致分为两部分。第一部分论光学原理，包括色彩常识、光的种类、透视关系，还以人的视觉器官构造说明透镜成像原理；接着解释各种透视镜和屈光度的关系，以及两片以上的复式透镜的设计和计算方法。第二部分论光学器具制造，其中包括对"绘画暗箱"和"放大器"的介绍。关于绘画暗箱的使用，郑复光说："有山水园亭，欲取其景于尺幅纸上作图，置匣暗处，以凸对之，则景自凸入平镜内。上透通光平镜而出蒙纸，能收山水园亭，宛然纸上，而分寸无失。若取人景，不但须眉毕具，并能肖其肉色，非绘事所及。"在某种意义上，正是西洋镜启发了《镜镜詅痴》的问世。郑复光提出的光学理论，至今放射着中国人科学探索精神的光芒。

6. 西洋画

西洋画是指区别于中国传统绘画的西方绘画，包括油画、水彩画、水粉画等。西洋画注重写实，以透视和明暗表现物象的体积与质感，追求物体在一定光源照射下所呈现的色彩效果。中西绘画的区别是：西洋画注重写实，中国画注重写意；西洋画多用色块，中国画多用线条；西洋画讲究透视，中国画讲究散点；西洋画以人物为主，中国画以自然为主。近代维新先驱康有为在谈到近代中国画时，感慨地说："中国画学至国朝而衰敝极矣！"他赞赏西洋画家郎世宁，并大声疾呼："他日当有合中西而成大家者！"

其实，就在郎世宁用西洋画征服清宫的时候，在郑板桥以文人画征服盐商的时代，西洋画正在悄悄进军扬州。

"西洋画"三个字，在《扬州画舫录》中已经明确提到。李斗在卷十四记载石壁流淙的时候，指出园中有"西洋画"。石壁流淙近年在今瘦西湖万花园复建，当年是盐商徐氏的别墅，所以一名"徐工"，后来乾隆赐名"水竹居"。石壁流淙是一座精巧豪华的园林，建筑物极多，其中有一座静照轩，它的奇特之处是用绘画当做门户。在静照轩东角有小门，进去后有屋一间，可容二三人，"壁间挂梅花道人山水长幅，推之，则门也"。进门后又有屋一间，窗外多风竹声，由此而入,"虚室渐小,设竹榻,榻旁一架古书,缥缃零乱,近视之,乃西洋画也"。奇妙的是,在这幅西洋画后面,又是一扇门,"由画中入,步步幽邃,扉开月入,纸响风来,中置小座,游人可憩,旁有小书厨,开之,则门也"。门后石径逶迤,小水清浅,短墙横绝,溪声遥闻,似乎墙外另有佳境,却无从进入。这时"向导者指画其际,有门自开,粗险之石,穿池而出。长廊架其上,额曰'水竹居'"。当年石壁流淙的建筑构思,就如此出奇制胜,竟然多处以中国画与西洋画作为门户的装饰。

狭义的西洋画,是指油画。油画起源于欧洲,大约十五世纪时由荷兰人发明,它传入中国的时间约在明清之交。清朝的宫廷画院,在康熙、雍正、乾隆三朝达到鼎盛。此时西洋传教士络绎来华,意大利的郎世宁、法国的王致诚、捷克的艾启蒙等人,带来了西洋画凹凸明暗的透视技法,以精细逼真的艺术效果大受皇室青睐。令人惊讶的是,在西洋画为宫廷贵族情有独钟的时候,在扬州盐商家也备受宠爱。

乾隆时代的扬州,一边是八怪书画勃然兴起,一边是西洋绘画大行其道,中西绘画在扬州画坛争奇斗艳。扬州八怪之一的边寿民,画过许多类似素描的小品,如莲藕、菱角、芋头、毛豆之类,都有明暗凹凸的光影效果,显系受到西洋画影响。

当西洋画传入中国之后,西洋画与中国画之间必然会发生交流。中国水墨画与散点透视的技法,曾被西洋画家采用,如法国人王致诚的《十骏图》就兼有中西之长。同时,清代宫廷画家如冷枚、焦秉贞、丁观鹏等也受西洋画的影响,注重凹凸明暗的光影效果,笔法更为纤细写实。

特别要提出的是,清代受西洋画影响的中国画家,基本上是宫廷画师。而在扬州,却有平民画家主动研习西洋画技法,并达到了逼真的程度。这就是《扬州画舫录》卷二提到的扬州画家张恕:"张恕,

第 5 章 南洋与北溟——《扬州画舫录》的国际视野

字近仁,工泰西画法,自近而远,由大及小,毫厘皆准法则,虽泰西人无能出其右。"在李斗笔下,张恕的西洋画甚至超过了西洋人。这个论断是否可信,值得推敲。但李斗既然用"虽泰西人无能出其右"一语评价张恕,至少表明李斗曾亲眼看过大量的西洋画,否则不能下此语。换言之,乾隆时代扬州的西洋画,像李斗这样的布衣文人,已是司空见惯了。

7. 西洋莲

说到扬州在中外文化交流史上的掌故,人们总会想到盛唐扬州的铜镜,上面铸有来自西域的海马葡萄图纹。其实在清代,扬州也有同样重要的例证。例如,《扬州画舫录》卷四记载当时扬州寺庙中佛龛的制造,有"雕西番莲箍头""雕西洋莲瓣"等装饰。卷九记载扬州缎子街的缎铺,说当时扬州市井有追逐时尚色彩的风气,"扬郡着衣,尚为新样,十数年前,缎用八团,后变为大洋莲、拱璧兰颜色"。这里说到的西番莲、西洋莲、大洋莲,都是来自西方的纹饰或颜色。

西番莲是原产于美洲热带地区的一种芳香水果,有果汁之王的美誉。西番莲品种众多,为多年生常绿攀缘木质藤本植物。从形态来看,西番莲有卷须,单叶互生,具叶柄。花分两性、单性,萼片有五个,成花瓣状,其背顶端常具一角状附属器。花冠与雄蕊之间,有一至数轮丝状或鳞片状副花冠,形状各异。西番莲夏季开花,花型大,淡红色,有清香。西番莲的原产地是拉丁美洲,现在中国的福建、广东、广西、海南、江西、四川、云南、重庆均有栽种。晚清时,海上画家任伯年于1881年曾作过一幅画,就叫《西番莲》。

西番莲亦称西洋莲或西洋菊,因花型美丽,藤蔓婀娜,故形成流行的纹饰,称为"西番莲纹"。明末清初之际,国门被迫打开,海上交通渐兴,西方传教士大量来华,东西方文化往来频繁,西方的建筑、雕刻和装饰艺术渐为国人接受。尤其是雍正、乾隆、嘉庆时期,在京城出现了模仿西式建筑与室内装饰的风气。最典型的是北京西郊长春园的一些建筑，从外在形式到室内装潢，无一不是西洋风。为装饰和布置这些西洋建筑，又制作出大批用西洋花纹装饰的家具。其表现手法，通常是以一朵花为中心，向四外延展枝叶，可根据家具的构件形态随意延伸。因为西番莲的茎蔓是匍匐而生的，根据这个特点，它既可做大面积的板面装饰，又可作缠枝花纹用于边缘装饰。

这种西洋花纹在西方称"巴洛克"或"洛可可"。因为它首先出现在路易十五时代，所以又称"路易十五样式"。这种西洋风格的样式，对东西方的文化交流产生过极大的作用。中国称这种西洋纹饰为"西番莲"，西番就是西洋的意思。在近年的古玩拍卖会上，经常出现造型精美的乾隆莲瓣大碗，纹饰为西洋花卉纹，瓷质洁净，纹饰素雅；还出现铜质绘画珐琅西洋女烟壶，有铜莲瓣圆盖。它们都是西洋莲瓣纹饰在中国流行的物证。

8. 西洋楼

说扬州瘦西湖在两百年前就有了西洋建筑，似乎是痴人说梦。然而，这却是真真切切的事实。《扬州画舫录》多次记载，乾隆年间的扬州人能够"仿泰西营造法"，或者"仿效西洋人制法"，在当年的趣园还有一座西洋楼——"澄碧堂"。

第一，李斗谈到"仿泰西营造法"。

《扬州画舫录》卷十二写大虹桥北边的荷浦薰风景区，说其中有一座临水的厅堂，乾隆赐名为"怡性堂"："堂左构子舍，仿泰西营造法，中筑翠玲珑馆，出为蓬壶影。"可惜李斗没有具体描写，所谓"仿泰西营造法"到底是怎样的建筑。

第二，李斗谈到"仿效西洋人制法"。

在卷十二，李斗接下来写到怡性堂旁边的建筑，对"西洋制法"有具体的描绘："左靠山仿效西洋人制法，前设栏楯，构深屋，望之如数什百千层。一旋一折,目炫足惧,惟闻钟声,令人依声而转。"这些重重叠叠的楼台,到处放置自鸣钟,每拐一弯,则钟鸣一声,其中有"关捩与折相应",也即有机关设置。更奇异的是,"外画山河海屿、海洋道路,对面设影灯,用玻璃镜取屋内所画影,上开天窗盈尺,令天光云影相摩荡,兼以日月之光射之,晶耀绝伦……"这是仿效欧洲人,充分利用镜子的反光作用,使得室内看到天光云影,幻象重生。法国的凡尔赛宫就有著名的镜厅,又称镜廊,被视为法国路易十四国王王宫中的一件"镇宫之宝",因数百块镜片组成落地镜而得名。它被视为凡尔赛宫最奢华、最辉煌的宫殿,透过拱形落地大窗可以将后花园的美景尽收眼底。

第三,李斗谈到"西洋人好碧",而扬州人"效其制"。

在同卷中,李斗接下来写到四桥烟雨景区。此处一名黄园,因为是黄氏别墅,后来乾隆赐名趣园。趣园有很多亭台楼阁,其中有一座涟漪阁。在涟漪阁之北,有厅二座,一名澄碧堂,一名光霁堂。为什么叫澄碧堂呢?李斗写道:"盖西洋人好碧,广州十三行有碧堂,其制皆以连房广厦,蔽日透月为工,是堂效其制,故名'澄碧'。"

这样我们便知道,早在乾隆时代的扬州瘦西湖里,已经出现了西方风格的建筑。

五 忽如一夜西风来
——《扬州画舫录》中的西洋数学

中国数学从先秦时起一直走在世界前列,明以后逐渐发展滞缓。到了明末,西方数学传入中国,东西方文化交流在数学领域出现了崭新气象。当时经济繁荣、文化昌盛的扬州,在这场东西文化大交流中又怎样呢?

所幸的是，李斗《扬州画舫录》不但实录了大量扬州风情，而且透露了当时西洋数学传入中国的珍贵信息，为了解扬州与西方的文化交流提供了新的视角。

1. "梅氏成法，亦即西洋成法"

李斗在书中至少有三处地方提到西洋数学。

《扬州画舫录》卷五写徽州学者凌廷堪爱好天文历算之学，他与扬州学者焦循讨论弧三角时说：

梅文鼎

其馀皆梅氏成法，亦即西洋成法，但易以新名耳。

又说：

堑堵测量，虽通西洋于中法，然亦用八线，究与郭邢台旧法无涉也。

文中的西洋成法、西洋，都指传入中国不久的西方数学。

凌廷堪字仲子，徽州歙县人。少赋异禀，工于诗文，因仰慕同乡江永、戴震的学术成就，故潜心经史。乾隆五十四年（1789）应江南乡试中举，次年中进士，曾任宁国府学教授。后因阮元聘请，为其子之师。凌廷堪长期客居扬州，与扬州学者汪中、焦循等均有交往，而且凌廷堪和焦循都是清代中叶扬州著名的数学家。

凌廷堪对焦循所说的"梅氏成法亦即西洋成法"，其中梅氏是指清初大数学家梅文鼎。梅文鼎字定九，安徽宣城人，生于崇祯初，卒于康熙末。一生致力于天文数学研究，撰有数学著作二十馀种。明代学者崇尚理学，忽略数学，以致许多传统数学名著失传。此时西方数学传入中国，但又少有人认真研究。而梅文鼎坚信，中国传统数学固然"必有精理"，同时西方数学也可"择取其长"。总之，"法有可采，何论东西，理所当明，何分新旧"。对当时传入的西方数学，梅文鼎进行了全面系统的整理和会通,并有所创造。如他的《筹算》介绍纳皮尔算筹的计算,《度算释例》介绍伽利略比例规的算法,他还根据中国书写的特点把《同文算指》的横式算式改为直式,把直式的纳皮尔算筹改为横式等。梅文鼎的数学巨著《中西数学通》,总括了当时世界数学的全部知识,达到当时中国数学研究的最高水平。梅文鼎影响了整个清代。以至于阮元的《畴人传》以三卷篇幅评述梅文鼎及其族人的生平和成就。扬州数学家焦循赞扬梅文鼎的学术成就是"千秋绝诣,自梅而光"。

学界认为,十七世纪至十八世纪,世界上有三位齐名的大数学家,一是英国牛顿,一是日本关孝和,一是中国梅文鼎。牛顿在科学上的卓越贡献是创建微积分和经典力学,关孝和是日本古典数学的奠基人,梅文鼎则是承前启后、横贯中西的中国数学大师,被誉为"清代算学第一人"。凌廷堪对焦循说"梅氏成法亦即西洋成法",表明"西洋成法"在当时已为扬州学者所熟知。

2. "近日西人,无不皆然"

《扬州画舫录》卷十写南京学者谈泰向钱大昕学习天文算术,并转述钱大昕关于圆周率的观点说:

自刘宋祖冲之、元赵友钦,以及近日西人,无不皆然。

又说:

自九执回回以来,推西法由疏而密之渐。

文中的西人、西法,也指西洋数学。

谈泰字阶平,江南上元人,乾隆举人,任山阳县学教谕、南汇县学训导。音律算数,无不精通,曾到扬州参加虹桥雅集。他的老师钱大昕夸奖他说:"中法之绌于欧罗巴,由于儒者之不知数。东原氏殁,斯学无传。

钱大昕

比来金陵，得谈子阶平，其于斯学，形几于深造者。"明白提到谈泰精于"欧罗巴"即欧洲之学。

谈泰所说的祖冲之是南北朝时人，他为计算圆周率，在书房地上画了一个直径一丈的大圆，然后一一算出周长，得出圆周率 π 的值准确到小数点后七位，创造了当时世界上的最高水平。另一位赵友钦生活于宋末元初，他分析历代圆周率的近似值，提出外圆内接正四边形起算圆周率的方法，由圆内接正方形算起，逐次由四边求八边，八边求十六边，求到一万六千多边，获得近似值验证了祖冲之 π 值的准确度。这都是中国古代数学取得的成就。西方的圆周率传入中国后，也证实了祖冲之和赵友钦的正确性。

焦循

3. "仿西人图作算器，皆合其式"

《扬州画舫录》卷十三又写镇江学者郑伟学九数勾股之术，常与扬州焦循切磋学问，他还"仿西人图作算器，皆合其式"。原文是：

> 郑伟，字耀廷，丹徒人。父锡五以继父病不起，割股致卒。母俞氏，年未二十，守节三十余年。伟性挚，多巧思，学九数勾股之术，设疑难之题与焦循相问难。又仿西人图作算器，皆合其式。

郑伟字耀廷，镇江丹徒人，性诚挚，多巧思，时常往来扬州。他的"仿西人图作算器"，似乎是按照西洋图纸制作出计算机械，是难能可贵的。当时扬州一带，西方器械已经相当流行，自鸣钟、放大镜等都不再神秘。甚至像阮元这样的高官，还亲自拆卸过来自西洋的钟表，以便弄清楚这些西方"奇器"的构造。阮元详细剖析自鸣钟的部件结构，对自鸣钟的计时系统与击钟系统中发条与齿轮的传动关系以及各种齿轮之间的传动关系，在《揅经室三集》中有清楚的描述。阮元之所以这样做，是因为他觉得这些东西有实用价值。阮元青年时代就在大考时对皇上呈作《御试赋得眼镜》诗，歌颂"雅制出欧罗"的眼镜。在《畴人传》中又多处提到与生产、生活密切相关的"西洋奇器"，如龙尾水车等。

在扬州学者中，爱好数学的除了凌廷堪与焦循外，阮元也对数学尤感兴趣。在他编纂的《畴人传》中，收有西洋天文学家和数学家的传记。阮元对此特别作了说明："欧逻巴人自明末入中国，嗣后源源而来，相继不绝。利玛窦、汤若望、南怀仁等于推步一事，颇能深究，亦当为之作传。"充分显示了扬州学者宽广的学术怀抱。

4. "去中西之见，以平心观理"

梅文鼎说，在对西洋数学传入的问题上，应该"去中西之见，以平心观理"。数学本是没有国界的，但是中国士大夫对于西方文明的态度一向十分矛盾。大抵说来，士大夫们对于西方的政治、宗教抱有抵制心态，而对于西方的科学、技术则较易接受。在明清之际，有一批热衷于学习西方文明的中国知识分子如徐光启、李之藻、王锡阐等顺应西学东渐的大势，究心研究并引进西学。当时，除了京师之外，江南就是士人研究天文、数学的中心。京师学者研究西洋数学主要是为朝廷测天制历，江南学者研究西洋数学主要是在书斋中作纯粹学理探讨。一时风气之下，梅文鼎、阎若璩、惠士奇、江永、戴震、孔广森、钱大昕、凌廷堪、李锐、焦循、焦廷琥、吴兰修、董佑诚、许宗彦、程恩泽、俞正燮、阮元、李兆洛等人，都与天文数学结下了不解之缘。

早在明末，最早将西方数学文献进行汉译的中国知识分子代表人物李之藻，已经把西方数学带到了扬州。李之藻是杭州

李之藻

人，万历进士，授南京工部员外郎，从西方传教士利玛窦习天文、数学、地理等科学。他曾用西洋算法查核隐匿钱谷之弊，政绩斐然。万历四十三年（1615），李之藻迁高邮制使，治南方运河，也把西洋数学带到了扬州。

清代扬州学者崇尚实事求是，经世致用，对于盲目恪守中法而无端攻击西法的文化顽固派很不以为然。阮元批评明末历法之争中的保守派学者魏文魁说："文魁主持中法，以难西学，反覆辩论，徒欲以意气相胜，亦多见其不知量矣。其悠谬诞妄，真不足与较也。"

纵观清代扬州的学术，可知西洋文明像春雨润物一样，已经深入到传统学界之中。《扬州画舫录》关于西洋数学的记载虽然文字简略，但在中外文化交流史上却意义深远，也证明扬州一直与世界相联系，并站在中外文化交流史的前沿。

第 5 章 南洋与北溟——《扬州画舫录》的国际视野

后　记

冬　冰

2006年年底，国家文物局公布《中国世界文化遗产预备名单》，跟扬州有关的项目有两个：大运河、瘦西湖及扬州历史城区。2012年9月，这一名单重新调整后公布，扬州从两项增加到三项：大运河、海上丝绸之路、扬州瘦西湖及盐商园林文化景观。

对扬州来说，六年两份名单的背后是，扬州牵头大运河联合"申遗"跑到冲刺线；正式参与海上丝绸之路9城市共同"申遗"；扬州地方"申遗"项目路径主题重新明确。

项目及名称的调整只是一个结果，作为参与者、亲历者，我们的团队感受到的是资料收集整理的琐碎辛苦，观点交锋碰撞的认真执著，路径价值苦苦寻觅中的焦虑担忧，峰回路转重生后的豁然开朗。

对那些幸存下来的扬州文化遗产点而言，这六年是其保护水平不断提升的过程：通过"申遗"推动，借助专业机构，按照世界遗产标准要求，扬州相关古建筑、遗址、河道、景观的基本尊严得以维护，保护状态得以改善，抗风险灾害的能力得以加强。

这六年更是扬州文化遗产价值重新发现的过程。扬州是一个对中国封建时代的经济政治文化作出了巨大贡献、产生过重要影响的通史式城市。但在"申遗"之前，罕有把扬州文化放在世界历史进程中，从人类文明演进的高度，对其价值进行梳理、研究、比较、审视。这些年来，借助三项"申遗"项目的带动，国际古迹遗址保护协会、中国建筑设计研究院历史研究所、中国文化遗产研究院、清华大学、同济大学等专业机构的专家与扬州申遗办团队一道，共同探寻扬州遗产的特色、内涵，思考大运河、海上丝绸之路、瘦西湖及盐商园林在中国文化、人类历史发展过程中的作用地位。一次次考察讨论交流碰撞带来了一次次认识上的提高。《世界的扬州·文化遗产丛书》就是三项"申遗"工作进行以来大家认识、思考的积累转化，一章章一节节的陈述判断提炼，共同展示扬州文化遗产价值再发现的初步成果。

成果来源于"申遗"过程，服务于"申遗"目标，更服务于扬州这座城市。近年来，扬州"深刻认识城市文化价值、坚守城市文化理想、突出城市文化特色，取得了遗产保护与城市发展双赢"，城市"人文、生态、精致、宜居"特色愈加明显，以大运河、海上丝绸之路、瘦西湖及盐商园林为代表的扬州文化遗产在城市发展中的地位和作用日益凸显。

"国以人兴，城以文名"。扬州市委市政府提出建设世界名城的奋斗目标，深厚的历史文化资源是扬州迈向这一目标的基础力量。在世界名城建设总体战略总局中，两个重要的着力点是将瘦西湖建成世界级公园、打造以大运河扬州段"七河八岛"为生态核心的江广融合地带生态智慧新城。《世界的扬州·文化遗产丛书》从前所未有的跨领域视角——历史、美学、文献学、遗产学、考古学、建筑景观学、民俗学等，较为系统地分析扬州文化遗产的历史原貌、物质形态、精神气质、布局结构、发展演化、建筑风格、构成要素等内容，并站在人类文明和普世精神的高度，对瘦西湖、大运河扬州段、海上丝绸之路扬州史迹等进行观察和阐述，它的出版将为扬州建设世界名城提供一个广域的参照，诠释扬州这座城市的世界精神，揭示扬州的历史内涵，展现扬州独特的文明价值。

六年来，跟我们一起走过这一过程的有：国家文物局和江苏省文物局的各位领导；国内外专业机构、高校专家及同行；扬州历任市领导；扬州地方文史专家；热爱家乡历史、珍爱古城文化的扬州市民。感谢他们多年来对扬州文化遗产事业的一贯支持，对扬州文化遗产保护研究队伍的指导和帮助，对扬州这座城市多年来无怨无悔的奉献和热爱。

本书编写时间紧、任务重，相关资料更是浩如烟海。限于编者的水平，难免挂一漏万，不当之处，恳请读者指正。

2013 年 3 月 1 日

作者简介：

韦明铧，国家一级作家，扬州市政协常委，扬州市有突出贡献的中青年专家，扬州市老艺术家协会副主席，扬州文化研究所名誉所长。长期致力于文化研究，出版《扬州文化谈片》《扬州曲艺史话》《浊世苍生》《水土一方》《把栏杆拍遍——扬州曲艺新论》《将柳腰款摆——韦明铧戏曲论文集》《二十四桥明月夜》《玉人何处教吹箫》《听唱新翻杨柳枝——中国古代时尚文化》《闲敲棋子落灯花——中国古代游戏文化》等著作近六十种。其中专著《扬州掌故》获国家图书奖，《风尘未归客》获华东图书奖，论文《〈三十六声粉铎图〉及其作者》获华东田汉戏剧理论奖，《一曲道情山水远——漫谈扬州道情》获中国曲艺最高奖——牡丹理论奖。